监察法学新论

张云霄 著

中国政法大学出版社

2020 · 北京

图书在版编目（ＣＩＰ）数据

监察法学新论/张云霄著. —北京：中国政法大学出版社,2020.4
ISBN 978-7-5620-9544-6

Ⅰ.①监… Ⅱ.①张… Ⅲ.①行政监察法-法的理论-中国
Ⅳ.①D922.114.1

中国版本图书馆 CIP 数据核字(2020)第 053803 号

出 版 者　　中国政法大学出版社

地　　 址　　北京市海淀区西土城路 25 号

邮寄地址　　北京 100088 信箱 8034 分箱　邮编 100088

网　　 址　　http://www.cuplpress.com（网络实名：中国政法大学出版社）

电　　 话　　010-58908586(编辑部) 58908334(邮购部)

编辑邮箱　　zhengfadch@126.com

承　　 印　　北京中科印刷有限公司

开　　 本　　880mm×1230mm　1/32

印　　 张　　11.75

字　　 数　　290 千字

版　　 次　　2020 年 4 月第 1 版

印　　 次　　2020 年 4 月第 1 次印刷

定　　 价　　69.00 元

感恩先生为书作序

东　浩

青灯黄卷夜影孤，香墨红砚三伏暑。
著言立说为求知，精雕细琢尚未图。
学堂三顾急急问，鲐背弓腰字字读。
金玉良言点迷津，胜览十年圣贤书。

序

PREFACE

听闻云霄所著《监察法学新论》一书付梓之际，甚为高兴，欣然为之作序。云霄同志自我要求严格，学习异常刻苦，在繁忙的纪检监察工作之余，非常注重自身法律理论素养和水平的提升，公开发表了多篇关于监察法学方面的高质量论文。正是基于实践经验和法学理论的有机结合，方使得本书分量十足，兼具"学院派"和"实战派"两大特色。更加难能可贵的是，这可能是我国第一部由个人独立完成的监察法学著作，值得学习！

统揽全书，伏案深思，可概之为三"新"：

一为选题意识新。国家监察体制改革是事关全局的重大政治体制改革，是国家推进治理体系和治理能力现代化的重要内容之一，国家监察法治化进程阔步前进，监察法学研究方兴未艾。正是处于这样的历史背景之下，积极主动地研究监察法学，无疑具有重大的理论意义和重要的实践价值。既契合鲜明的时代主题，又可以为推动监察法学的研究发展贡献力量，充分体现了作者自身所具有的前瞻性思维和学术创新精神。

二为逻辑体例新。全书在逻辑结构编排上并未机械地按照《监察法》的法律体例来安排，也不同于已经出版的其他监察法学著作的体例结构,而是大胆地实现了在"打破"之上地"整合"。全书共三大编十六章,从第一编的"监察法学概说"到第二编的"监察法学总论"再到第三编"监察法学分论"。其中,"监察法学分论"又分为"监察组织论""监察职权论""监察程序论""监察措施论""监察证据论""监察救济论""监察监督论"和"监察合作论"。全书编与编之间、编与章之间、章与章之间环环相扣。全书严密、清晰的逻辑体例首次为读者勾勒出监察法学的学科体系框架。

三为观点内容新。全书充分体现了理论联系实际的鲜明特色,所提出的一些学术观点具有创新性。比如,书中对监察法学的研究体系单独成章,较为详细地论述了监察法学的研究现状、研究对象、研究原则、研究方法以及研究任务等,为监察法学的研究提出了具有较为重要参考价值的建议。再比如,书中对于"相互配合、相互制约"的监察原则理解,不仅局限于监察机关与公安司法机关和执法部门之间的关系定位于"相互配合、相互制约",而且进一步延伸理解监察机关内设部门之间的关系定位也为"相互配合、相互制约"。还比如,书中对于我国监察官制度体系建设提出"三步走"的独到思考和建议等。在此就不逐一而论。

"走下领奖台,一切从零开始。"《监察法学新论》的出版问世,既是云霄个人之前的学术研究总结,同时又是自己学术研究的扬帆新起点。望谦虚谨慎,戒骄戒躁,常学常新,继续探寻监察法学研究的新领域,攀登监察法学研究的新高峰!

高铭暄

2020 年 1 月

前 言
PREFACE

　　党的十八大以来，以习近平同志为核心的党中央以"零容忍"态度旗帜鲜明反对腐败，坚持无禁区、全覆盖、零容忍，坚持重遏制、强高压、长震慑，以高压态势"打虎""拍蝇""猎狐"，一体推进"不敢腐""不能腐""不想腐"体制机制，我国反腐败斗争取得压倒性胜利。国家监察体制改革是以习近平同志为核心的党中央所作出的事关全局的重大政治体制改革，是强化党和国家自我监督的重大决策部署，意义重大、影响深远。随之，《中华人民共和国宪法修正案》（2018 年）和《中华人民共和国监察法》（以下简称《监察法》）正式出台，充分体现了以习近平同志为核心的党中央坚持依法治国和依宪治国相结合、坚持法治反腐的重要战略思维。在这一重大历史背景下，监察法学孕育而生。监察法学的诞生既具有历史必然性，也具有现实需求性。

　　当前，我国监察法学研究处于探索起步阶段，学术界对此已经开始了广泛研究并取得了相关成果。但是，客观而言，一是我国监察法学的研究尚未开展体系化的研究，目前大多数的研究主要集中在对《监察法》的条文解读层面上面；二是部分研究者由于缺乏监察实践经验，出现了理论与实践"断层"的现象，他们似乎在自己较为封闭的理论研究领域里搭建监察法学的"空中楼阁"。因此，如何将监察法学初步体系化地呈现出来，并且力争做到理论与实践相结合、适当回应理论热点，是笔者近些年来一直关注和思考的主要问题。结合笔者纪检监察一线的工作经验，尝试撰写《监察法学新论》一书，在探讨监察法学理论的同时，更加注重对监察实践的提炼和总结，尝试打破监察理论与监察实践的壁障，勾连监察理论与监察实践的关系，促使监察理论与监察实践的同频共振，争取为监察法学的研究发展奉献绵薄之力。

全书共分为三大编十六章，其中，第一编为"监察法学概说"；第二编为"监察法学总论"；第三编为"监察法学分论"。全书以"监察法学理论"为基点，以"监察法学总论"为引领，以"监察法学分论"为重点，力图初步打造起监察法学体系的基本框架和主要内容，并为监察法学研究的长远发展打下基础。

监察法学概说是监察法学的根基所在。在"监察法学的基础理论"这一章中，笔者主要探讨了监察法学的诞生背景、学科地位、学科体系和学科特点四方面主要内容，认为监察法学的诞生具有历史必然性和现实需求性，监察法学应当成为一门新兴的相对独立的部门法学科，其学科体系包含监察法学总论和监察法学分论两大部门，其学科特点主要表现为政治属性、交叉属性和综合属性等三个方面。在"监察法学的研究体系"这一章中，笔者主要从监察法学的研究现状入手分析。在此基础上，笔者主张尽快构建监察法学研究的统一话语平台，并提出监察法学研究体系的四个层面内容：研究对象、研究原则、研究方法和研究任务，力争为监察法学研究提供初步的理论基础。

　　监察法学总论是监察法学的总纲。在"监察法学总论"这一编中，笔者重点围绕着监察法的基本概念、立法目的、法律渊源、法律关系、基本原则、基本任务等六个方面展开论述，较为具体地阐释了关涉监察法学的一系列带有基础性、根本性和方向性的学术理论。

　　监察法学分论是监察法学的具体展示。在"监察法学分论"这一编中，笔者将其具体内容概括为八个方面：监察组织论、监察职务论、监察程序论、监察措施论、监察证据论、监察救济论、监察监督论和监察合作论。其中，监察组织论和监察职权论主要是围绕监察机关的具体职权以及组织架构体系来开展讨论的，是监察分论的基础内容；监察程序论、监察措施论和监察证据论系统地阐述了监察机关依法行使职权所应遵守的程序规范、适用的具体手段、符合的证据规则，是监察法学分论的核心内容；监察救济论、监察监督论则从有效约束监察权行使的角度出发展开讨论，是监察法学分论的重要内容；监察合作论主要是就反腐败国际合作的内容进行阐述，亦是监察法学分论的组成部分。这八个方面是相对独立但又逻辑关联紧密的统一整体，共同构建起较为科学和完整的监察法学分论体系内容。

　　监察法学具有旺盛生命力的根源就在于监察法学自身所具有的强大包容性和实践性。随着国家监察体制改革的深入推进以及监察法律法规的具体实施，笔者坚信在理论与实践科学结合基础上，我国监察法学学科建设和监察法学研究必将取得新的重大成果，也必将为国家反腐败事业发展提供强大的理论基础、理论引领和理论自信！

　　此外，为了帮助广大读者朋友们更好地理解监察法学的相关内容，笔者特将对外公开的关涉监察法学的部分法律法规和党规党纪等进行了梳理汇编，作为附录部分置于书末，仅供大家学习和参考。

本书与其说是笔者关于监察法学的专著，不如说是自己研习监察法学的心得体会。由于本人学术能力和实务经验有限，书中还有诸多需要完善之处，敬请各位读者朋友们不吝赐教！

"问渠那得清如许？为有源头活水来。"期待与各位法学同仁以改革创新的精神来共同研究、建设和发展监察法学，更好地服务全面依法治国的大局！

目 录
CONTENTS

第一编　监察法学概说

第二编　监察法学总论

第三编　监察法学分论

第一编

监察法学概说

第一章 监察法学的基础理论

本章主要围绕着监察法学的基础理论展开研究，详细论证了监察法学的诞生背景，以及监察法学作为一门新兴的相对独立的部门法，其具有的学科地位、学科体系和学科特点，为监察法学研究奠定初步的理论基础。

第一节 监察法学的诞生背景

法学学科是在漫长的人类社会发展过程中伴随着法治文明的进步、社会科学的发展而诞生的。法学学科的诞生既是社会发展需求的产物，也体现了社会发展进步的要求。我国监察法学作为一门相对独立的法学分支学科，其诞生并不是一蹴而就的，也不是凭空想象的，而是深刻基于我国实际国情和反腐败实践。我国监察法学的诞生背景可从历史层面、思想层面、实践层面和法律层面进行具体分析。

一、历史准备：我国古代对于监察法制建设的探索和成就

按照马克思主义学说的观点，一个国家选择什么样的社会制度，主要是由其一定社会发展阶段的经济基础所决定的，同时也不能脱离一个民族既有的文化传统。任何国家的制度设计，

必须根植于自己的历史文化传统，如果盲目移植或者借鉴，就会出现"水土不服"的现象。我国古代历史是"大一统"的文化，与欧洲国家所谓的城邦国家完全不同。这样的宏观历史背景和历史文化就决定了我国古代监察法制具有自身的特殊性。

我国古代监察法制萌芽于春秋战国时期，起始于秦汉，发展于三国两晋南北朝，完善成熟于隋唐，深化于宋、元、明、清，[1]逐步制定了相对严密的监察法律，[2]建立了较为完备的监察机构，形成了比较系统的监察体制，积累了较为丰富的监察经验，在整饬封建吏治、维护政权稳定以及促进社会发展进步方面取得了重要的历史成就。正如张晋藩教授所言："在封闭的政治法律文化氛围中产生的中国监察法，以其特有的制度建构、多元的监察体系、全面性的监察规范，鲜明地表达了中华民族在运用法律约束权力、规范权力，把握监察法与法律体系整体之间的互动关系，以及适应中国国情特点而形成的监察法制模式等方面的伟大创造力。"但是，我们也应当清醒地认识到我国古代监察法制是为了维护皇权和封建阶级统治的这一本质："是为了平衡统治集团内部的利益分配，控制官僚个人法定权利以外的占有，借以缓和官民矛盾，发挥官僚机构的制衡作用和实现社会的整合。"[3]因此，这从本质上有别于我国现代监察法治是为维护人民当家作主政治制度和最广大人民群众根本利益的价值目标。

---

〔1〕 有学者认为，战国、秦汉是中国古代监察法制的形成阶段，魏晋南北朝、隋唐是其发展阶段，宋、元、明、清是其完备阶段。参见张晋藩主编：《中国古代监察法制史》（修订版），江苏人民出版社2017年版，第1页。

〔2〕 比如，中国古代第一部专门性监察法规——《监御史九条》（西汉），中国古代第一部全国性的地方监察法规——《刺史六条》（西汉）。

〔3〕 张晋藩主编：《中国古代监察法制史》（修订版），江苏人民出版社2017年版，第1页。

我国古代关于监察法制的思想和实践为当今我国监察法学的诞生提供了丰厚的历史土壤。通过对我国古代监察法制进行辩证的系统的研究和分析，进而以史为鉴，汲取其中有益的经验启示，在新的历史条件下对权力运行制约和监督体系进行创新探索，从而更好地推动我国监察法学的发展和完善。

二、思想准备：习近平同志关于国家反腐败的重要思想

中华人民共和国成立以来，中国共产党作为执政党，高度重视反腐败工作，开展了卓有成效的工作，有力地保障了国家建设和改革开放的伟大事业。党的十八大以来，以习近平同志为核心的党中央从战略全局的高度对国家反腐败工作提出了一系列科学的重要思想，成为在新时代历史条件下开展国家反腐败工作的基本依据和思想指南。概括起来主要包括：

（一）"零容忍"的反腐败鲜明态度

习近平同志指出："党风廉政建设和反腐败斗争是一场输不起的斗争，不得罪成百上千的腐败分子，就要得罪十三亿人民。这是一笔再明白不过的政治账、人心向背的账！"党的十八大以来，共产党以"零容忍"的鲜明态度重拳反对腐败，高度重视惩治腐败的及时性、严厉性和全面性，坚持有贪必肃、有腐必反，坚定不移"打虎""拍蝇""猎狐"，真正做到"反腐无禁区"，不敢腐的目标初步实现，不能腐的笼子越扎越牢，不想腐的堤坝正在构筑，反腐败斗争压倒性态势已经形成并巩固发展。[1]

（二）"不断扎牢制度笼子"的重要思想

习近平同志指出："把权力关进制度的笼子里，首先要建好

---

〔1〕　参见中共中央宣传部编：《习近平新时代中国特色社会主义思想三十讲》，学习出版社 2018 年版，第 323 页。

笼子。笼子太松了，或者笼子很好但门没关住，进出自由，那是起不了什么作用的。"要加强对权力运行的制约和监督，把权力关进制度的笼子里，形成不敢腐的惩戒机制、不能腐的防范机制、不易腐的保障机制。"制度具有根本性、全局性、稳定性和长期性的特点，党规党纪和法律法规是防腐、治腐的利器。[1]党的十八大以来，以习近平同志为核心的党中央注重与时俱进深化党的建设制度改革，十分注重加强反腐败制度建设，尤其是不断完善党内法规关于反腐败的制度建设，坚持制度面前人人平等、制度执行没有特权，制度约束没有例外，坚决维护制度的严肃性和权威性，坚决纠正有令不行、有禁不止的行为，使制度成为硬约束而不是橡皮筋。[2]

（三）"不敢腐、不能腐、不想腐"的重要思想

习近平同志在党的十九大报告中明确指出，要"强化不敢腐的震慑，扎牢不能腐的笼子，增强不想腐的自觉，通过不懈努力换来海清河晏、朗朗乾坤"。第一，"不敢腐"要求有腐必惩、有贪必肃，发挥惩治的强大威慑作用；第二，"不能腐"要求坚持注重加强各项反腐败制度建设，发挥制度管人、管权、管事的重要作用；第三，"不想腐"要求注重思想层面和教育层面对反腐败的重要作用，使得公职人员在内心深处意识到腐败的危害和增强防腐的意识。"不敢腐""不能腐""不想腐"三者之间是辩证统一的整体，是纪检监察工作稳中求进、标本兼治的重要原则，是实现纪检监察工作高质量发展的具体路径。"不敢腐""不能腐""不想腐"不存在"谁先谁后"的问题，

---

〔1〕 江金权："新中国成立 70 年来反腐败斗争的经验与启示"，载《中国纪检监察报》2019 年 9 月 26 日。

〔2〕 中共中央宣传部编：《习近平新时代中国特色社会主义思想三十讲》，学习出版社 2018 年版。

需要在反腐败的实践中一体谋划、一体部署、一体推进。

（四）"用铁的纪律管党治党"的重要思想

习近平同志强调，"党要管党、从严治党，靠什么管，凭什么治？就要靠严明纪律。"党的十八大以来，以习近平同志为核心的党中央高度重视自我监督，坚持全面从严治党，带头严格遵守党章，严明党的纪律，不断增强纪律教育针对性，注重深化运用监督执纪"四种形态"，强化日常监督执纪工作，做到真管真严、敢管敢严、长管长严，使纪律始终成为带电的高压线。[1]

（五）"打铁还需自身硬"的重要思想

习近平同志多次对纪检监察队伍建设提出明确要求，强调"打铁还需自身硬"，要建立忠诚干净担当的纪检监察铁军。"打铁还需自身硬"要求纪检监察干部必须牢固树立"四个意识"，坚定"四个自信"，将严的要求、严的标准、严的管理贯穿纪检监察队伍始终，在监督别人的同时更要加强自我监督，坚持"刀刃向内"，自觉"清理门户"，坚决防止"灯下黑"，为党和国家反腐败事业的长远发展提供坚强的队伍保障。

思想准备是基础，更是行动的前导。以习近平同志为核心的党中央提出的关于国家反腐败的一系列重要思想和论述，是指导全国反腐败工作的"指南针"，同时为我国监察法学的诞生提供了深厚的思想基础，也是推动我国监察法学发展的重要指导和依据。

三、组织准备：我国原先三重反腐败体制的并立格局

改革开放以后，随着以经济建设为中心的路线确立，我国

---

〔1〕　中共中央宣传部编：《习近平新时代中国特色社会主义思想三十讲》，学习出版社 2018 年版，第 319~321 页。

经济迅速发展，伴随而来的是越来越严重的经济问题和腐败问题。为此，我国加强对腐败问题的惩治和预防力度，形成了三重反腐败体制：一是党的纪检体制，主要围绕党纪反腐展开；二是行政监察体制，主要围绕行政反腐展开；三是检察职务犯罪侦防体制，主要围绕检察反腐（或者司法反腐）展开。

（一）党的纪检体制

1978年12月，党的十一届三中全会决定恢复成立中央纪律检查委员会，开启了党的纪检机关恢复重建的新时期，随后全国各地各级纪委恢复设立。1982年9月，党的十二大通过的《中国共产党章程》专设"党的纪律"和"党的纪律检查机关"两章，对纪检机关的产生、领导体制、任务和职权等根本性问题作出规定，奠定了改革开放以来党的纪律检查工作的制度基础。党的十三届四中全会后，中共中央纪律检查委员会颁布了《关于中央纪委派驻纪检组和各部门党组纪检组（纪委）若干问题的规定（试行）》，加强对各部门党组的监督。[1]此后，党的纪律检查体制逐步完善，并不断走向制度化、规范化、常态化，在国家反腐败格局中占有基础性的重要地位。

（二）行政监察体制

为进一步加强国家行政监察工作、促进依法廉洁行政，1986年12月2日，第六届全国人大常委会第十八次会议决定恢复并确立国家行政监察体制，批准设立中华人民共和国监察部。1987年8月，国务院制发《关于在县以上地方各级人民政府设立行政监察机关的通知》，到1988年初，全国县以上的各级行政监察机关大都组建完毕，所需编制和工作人员，原则上从当时党政机关内部调剂；此外，监察部向国务院当时下属的46个

---

〔1〕 江金权："新中国成立70年来反腐败斗争的经验与启示"，载《中国纪检监察报》2019年9月26日。

部委设立派驻监察局或者监察专员办公室。行政监察机关是对行政系统内其他行政机关进行控制与制约的监督部门，本质上属于国家行政机关的组成部分。[1]

1993 年，根据中共中央、国务院的决定，中央纪委检查委员会和监察部合署办公，实行"一套人马、两块牌子"，并成为纪检监察机关。这次合署办公指导思想和总体要求是：有利于在中央和各级政府继续加强对行政监察工作的指导，便于监察机关领导班子继续向政府负责，有利于避免纪检、监察工作的重复交叉以及精简机构和人员。合署办公后的监察部仍然属于国务院序列，接受国务院领导，对国务院负责，执行《中华人民共和国行政监察法》（已失效）。地方各级监察机关合署后，仍是各级政府的组成部分，继续实行由所在政府和上级纪检监察机关领导的双重领导体制。

此后，虽然历经几次调整，但是各级党的纪律检查机关与政府监察机关合署办公的模式被固定下来并不断加以完善。2004 年 4 月，经中共中央批准决定，中央纪委、监察部全面实行对派驻机构的统一管理，将派驻机构由中央纪委、监察部和驻在部门"双重领导"改为由中央纪委、监察部直接领导。[2]

（三）检察职务犯罪侦防体制

为了应对严重的贪污贿赂犯罪发展形势，加强检察反腐力度，1989 年 8 月 18 日，我国第一个反贪局——广东省人民检察院反贪污贿赂工作局正式成立；同年 9 月，最高人民检察院在北京召开全国检察机关第一次反贪污贿赂侦查工作会议，对检察机关重建以来开展的反贪工作进行回顾，并从不同侧面认识

---

〔1〕 杜兴洋主编：《行政监察学》，武汉大学出版社 2008 年版，第 69、76 页。

〔2〕 郭华：《监察制度改革与监察调查权的界限》，经济科学出版社 2019 年版，第 47 页。

侦查工作在反贪中的重要地位。1995 年 11 月 10 日，经中央批准后，最高人民检察院反贪污贿赂总局正式挂牌成立。此后，作为重要内设机构的反贪污贿赂局在各级检察机关内部逐步建立，检察机关在检察领域的反腐败工作不断走向法治化、规范化，形成了检察职务犯罪侦查预防体制，建立了"职务犯罪侦查一体化""职务犯罪侦查信息化""职务犯罪侦防一体化"等具体工作机制。

2000 年 2 月，最高人民检察院法纪检察厅更名为渎职侵权检察厅，2005 年 2 月，在此基础上增设侦查指挥中心办公室。在《刑法修正案（四）》出台后，渎职侵权检察厅的管辖范围扩大到 42 个罪名（增加执行判决裁定失职罪、执行判决裁定滥用职权罪）。截至 2008 年初，全国省、市、县三级 3562 个检察院中 3115 个更名成立"反渎职侵权局"；其中，33 个省级检察院中有 31 个更名设局，395 个地市级检察院有 364 个更名设局，3134 个县级检察院有 2720 个更名设局，[1] 这次更名设局大大规范了全国检察机关反渎职侵权工作，反渎职侵权工作进入了一个新的发展时期，成为检察机关中与反贪局并立的两个重要自侦机关。

2016 年，经中央批准，最高人民检察院将原先的反贪污贿赂局、渎职侵权检察厅、职务犯罪预防厅合并组建新的"反贪污贿赂总局"，并升格为副部级，下设四个正厅级内设机构（一局、二局、三局、四局），真正从组织机构上实现了职务犯罪侦查与预防一体化。此后，全国各级检察机关职务犯罪侦防部门实现合并。这也为监察体制改革奠定了组织基础。

---

〔1〕 陈连福："反渎职侵权工作 30 年回顾"，载《人民检察》2008 年第 17 期，第 43~44 页。

四、实践准备：国家监察体制改革的正式开启和深入推进

党的十八大以来，随着我国反腐败斗争的深入进行，反腐败力量分散交叉、行政监察范围过窄、"纪法衔接"不畅、"两规"措施存在较大争议等深层次的体制性问题不断凸显，需要进行重大改革，于是国家监察体制改革作为破局之道和治本之策被正式提上议事日程。国家监察体制改革是事关全局的重大政治体制改革，是强化党和国家自我监督的重大顶层设计。国家监察体制改革在以习近平同志为核心的党中央的坚强领导下开展并取得了重大阶段性成果。国家监察体制改革的目标是，"整合反腐败资源力量，加强党对反腐败工作的集中统一领导，构建集中统一、权威高效的中国特色国家监察体制，实现对所有行使公权力的公职人员监察全覆盖"。深化国家监察体制改革是组织创新、制度创新，必须打破体制机制障碍，建立崭新的国家监察机构。[1]

（一）国家监察体制改革试点的正式开启

2016年1月，习近平同志在第十八届中央纪律检查委员会第六次全体会议上明确指出："要坚持党对党风廉政建设和反腐工作的统一领导，扩大监察范围，整合监察力量，健全国家监察组织架构，形成全覆盖国家机关及其公务员的国家监察体系。"这是党中央首次提出"国家监察体系"构想。

2016年11月，中共中央办公厅印发《关于在北京市、山西省、浙江省开展国家监察体制改革试点方案》，决定在北京市、山西省、浙江省等三省市及所辖县、市、市辖区设立监察委员会，开展国家监察体制改革试点工作，将过去分散的行政监察、

---

〔1〕 参见第十二届全国人大常委会副委员长李建国在第十三届全国人民代表大会第一次会议上所作的《关于〈中华人民共和国监察法（草案）〉的说明》。

预防腐败和检察机关的反贪、反渎以及职务犯罪预防等力量进行重塑性的整合。这标志着国家监察体制改革工作正式拉开序幕，也意味着国家监察体制改革由理论构想正式走向实践操作。北京等三省市着力从体制机制、制度建设上先行先试、探索实践，为试点工作在全国推开积累经验。2017年1月至8月，北京市监察机关立案共计1840件，处分共计1789人；山西省监察机关立案共计11 261件，处分共计10 557人；浙江省监察机关立案共计11 000件，处分共计9389人。[1]

（二）国家监察体制改革试点的全面推开

2017年10月，中共中央办公厅印发《关于在全国各地推开国家监察体制改革试点方案》，部署在全国范围内深化国家监察体制改革的探索实践，完成省、市、县三级监察委员会组建工作，实现对所有行使公权力的公职人员监察全覆盖。截至2018年1月，全国省市和地方各级监察委员会相继成立。

（三）国家监察体制改革的全面持续深化

2018年3月以后，随着国家监察立法工作的开展，国家监察体制改革法治化进程加快。中央纪律检查委员会和国家监察委员会在《监察法》的基础上，制定了一系列关于深化国家监察体制改革的重要规范性文件，全面加强各项制度建设，初步实现了执纪和执法的有机贯通、监察与司法的有效衔接，继续推动国家监察体制改革实践朝着纵深方向发展。

理论源于实践，理论的发展离不开实践的发展。国家监察体制改革的正式开启和深入推进为我国监察法学的诞生做好了深刻的实践准备，也必将为推动我国监察法学的发展和完善提供丰富的改革素材。国家监察体制改革与监察法学将在互相推

---

〔1〕郑光魁："全面推开国家监察体制改革试点"，载《中国纪检监察报》2017年11月11日。

动中向前发展。

五、法律准备：国家监察立法工作的有序开展和不断推动

国家监察立法工作包括两个层面内容：一是涉及我国《宪法》的修改和完善；二是涉及国家监察的专项立法，主要是《监察法》。

（一）我国《宪法》的修改和完善

2018 年 3 月 11 日，第十三届全国人民代表大会第一次会议表决通过了《中华人民共和国宪法修正案》，其将监察委员会正式纳入国家机构序列之中，以国家根本大法的方式明确了关于监察委员会的系列重要规定。第一，我国《宪法》明确了监察委员会是监察机关这一宪法定位。第二，我国《宪法》规定了监察委员会的机构设置。第三，我国《宪法》明确了监察机关的产生、人大及其常委会与监察机关的关系。第四，我国《宪法》明确了上下级监察委员会的组织关系。第五，我国《宪法》明确了监察委员会与其他国家机关等的关系。

（二）《监察法》的制定和实施

2018 年 3 月 20 日，第十三届全国人民代表大会第一次会议审议通过了《中华人民共和国监察法》（简称《监察法》）。

《监察法》共分为九章（第一章"总则"、第二章"监察机关及其职责"、第三章"监察范围和管辖"、第四章"监察权限"、第五章"监察程序"、第六章"反腐败国际合作"、第七章"对监察机关和监察人员的监督"、第八章"法律责任"和第九章"附则"）。《监察法》的各项规定基本涵盖了我国反腐败制度的各个方面，是关涉我国反腐败的基础性法律依据，具有统领性和引领性的重要作用。这在党和国家的历史上具有重大意义，特别是对于加强国家反腐败立法具有重要里程碑意义，

这也标志着在以习近平同志为核心的党中央坚强领导下，在习近平中国特色社会主义思想指引下，国家监察体制改革已取得重大阶段性成果。

法律规范是法学研究之根。国家监察立法工作的有序开展和不断推进必将使得监察法作为一门相对独立的法律部门而存在，也为监察法学的诞生提供了前期的法律准备。伴随着国家监察体制改革法治化进程的不断推进，国家监察立法工作也必将不断发展，从而为监察法学的研究提供更加丰富的法律样本，促进监察法学的繁荣发展。

六、知识准备：其他部门法学和社会科学的相关研究基础

监察法学的诞生离不开其他学科的研究基础和成果。其中，与监察法学关联性比较密切的包括：刑法学、刑事诉讼法学、行政法学、国际法学等部门法学学科，还包括：政治学、经济学和伦理学等学科。

（一）其他部门法学的相关研究基础

监察法学作为一部门法学，必然和其他部门法学联系紧密。具体而言：第一，刑法学主要是研究犯罪和刑罚、刑事责任及其罪刑关系的法律科学，其中包括对于职务犯罪构成要件以及刑罚方面的研究。第二，刑事诉讼法学主要是研究刑事诉讼程序的法律科学，其中包括关于职务犯罪追诉程序的研究，包括原来的职务犯罪侦查学研究成果。第三，行政法学是研究以国家行政管理关系和行为为主的法律科学，其中包括原来的行政监察法学研究成果。第四，国际法是研究调整设计国家之间的各种法律而形成的学科界别，其中包括国际公法关于反腐败国际条约规范和反腐败国际合作程式的研究等。上述部门法学学科的相关研究基础和成果为监察法学的诞生提供了充足的知识

准备。监察法学的研究需要以其他部门法学学科的研究基础和成果作为有力支撑。

（二）其他社会科学的相关研究基础

此外，其他社会科学的研究成果也为监察法学诞生提供了知识准备。第一，政治学是以研究权力及其制约的问题作为核心内容的社会科学，具体包括权力的来源、性质、特点、内容以及制约机制等。第二，经济学是以研究经济现象和经济规律为主要内容的社会科学，其中比较典型的是寻租理论。第三，伦理学是研究伦理规则的社会科学，其中就涉及公职人员的人性分析以及公权力的道德制约等。[1]由此可见，其他社会科学的研究成果均与监察法学之间有着千丝万缕的联系，同样为监察法学的诞生提供了相关知识准备。

第二节　监察法学的学科地位

法学形成体系或者法学内部分支学科划分是近代以来的事情。近代资产阶级革命以前，法学从未成为一门完全独立的学科，它或者被包括在神学、哲学、政治学、伦理学或者人文学科之中，或者依附于国家的立法和司法活动。既然没有形成一门独立的学科，当然也就不存在体系或者分科的问题。随着法学从其他学科中分化出来，特别是随着立法发展成为广泛而复杂的整体和随之而来的法律部门的出现，也就出现了法学的分科。[2]

具体到监察法学而言，当前，学术界关于监察法学的学科地位的研究相对较少，也存在着一些分歧。笔者认为，监察法

---

〔1〕　参见杜兴洋主编：《行政监察学》，武汉大学出版社 2008 年版，第 30~49 页。

〔2〕　张文显主编：《法理学》（第 5 版），高等教育出版社 2018 年版，第 13 页。

学是一门新兴的相对独立的法学分支学科。

一、监察法是一门相对独立的法律部门

法律部门，又称为"部门法"，它是指根据一定的标准和原则，按照法律规范自身的不同性质、调整社会关系的不同领域和不同方法等所划分的同类法律规范的总和。法律部门是法律体系的基本构成，各个不同的法律部门的有机组合便成为一国的法律体系。

中国特色社会主义法律体系可以划分为以下九个主要法律部门：宪法及宪法相关法、民法商法、行政法、经济法、社会法、环境资源法、军事法、刑法、诉讼与非诉讼程序法等。

第一，宪法及宪法相关法是我国法律体系的主导法律部门，它是我国社会制度、国家制度、经济制度、政治制度、公民的基本权利与义务、国家机关的组织与活动的原则等方面法律规范的总和；第二，民法商法是规范民事和商事活动的基础性法律，是市场经济法律制度中的"车之两轮、鸟之两翼"，民法主要是调整平等主体之间民事财产关系和民事人身关系的法律规范；商法是调整平等主体之间商事关系和商事行为的法律规范。第三，行政法是调整有关国家行政管理活动的法律规范的总和，其包括行政行为、行政程序以及国家公务员制度等方面的法律规范。第四，经济法是调整国家从社会整体利益出发对经济活动实行干预、管理或者调控所产生的社会经济关系的法律规范的总和：一是创造平等竞争、维护市场秩序方面的法律规范；二是国家宏观调控和经济管理方面的法律规范。第五，社会法是调整有关劳动关系、社会保障和社会福利关系，加强民生和社会建设的法律规范的总和，它主要是保障劳动者、失业者、丧失劳动能力的人和其他需要扶助的人的权益的法律。第六，

环境资源法是关于保护、治理和合理开发自然资源，保护环境，防治污染和其他公害，维护生态平衡的法律规范的总和。第七，军事法是有关国防和军队建设的法律规范的总和。第八，刑法是规范犯罪、刑事责任和刑罚的法律规范的总和。第九，诉讼与非诉讼程序法是调整因诉讼活动和非诉讼活动而产生的社会关系的法律规范的总和，其包括民事诉讼、刑事诉讼、行政诉讼和仲裁等方面的法律规范。[1]

法律部门的划分标准主要包括：一是法律规范所调整的社会关系；二是法律规范的调整方法。此外，笔者认为法律规范调整的主要内容也是法律部门划分标准之一。对于监察法而言，其之所以能够成为一门相对独立的法律部门，就是在于其所调整的社会关系与调整的主要方法以及主要内容等均具有自身的独特性。

（一）监察法律规范调整的社会关系

监察法律规范所调整的社会关系主要是监察法律关系，是围绕监察机关与监察对象之间的法律关系（也可以称为是监察权的主体与对象之间的关系）来展开的，其还涉及监察机关与人大之间的法律关系、上下级监察机关之间的法律关系、监察机关与监察人员之间的法律关系等。这显然有别于宪法及宪法相关法，也不同于行政法抑或刑法、诉讼与非诉讼法等。

（二）监察法律规范调整的主要方法

监察法律规范的调整方法具有独特性，其既不同于刑罚制裁方法，也不同于行政制裁方法，而是各级监察机关在依法监督和调查之后，采取相应的监察处置方法，体现的是对公权力行使的规范与制约，体现的是对公职人员的"严管"和"厚

---

〔1〕 参见张文显主编：《法理学》（第 5 版），高等教育出版社 2018 年版，第105~108 页。

爱"，体现的是促进国家治理体系和治理能力现代化的长远价值
目标。

（三）监察法律规范调整的主要内容

监察法律规范调整的主要内容就是监察权的具体规范。监察权也是一种公权力，但是与其他公权力相比，其独特之处就在于，监察权系"治官之权""治权之权"，监察权与其他公权力是监督与被监督的关系，因而监察权在国家权力体系中居于极其重要的地位，发挥着不可替代的作用。监察权促使其他公权力在刚性约束的环境中规范运行，体现了监察权与其他公权力的本质区别，也彰显了政治属性是其本质属性。[1]

因此，从上述分析可知，监察法应当定位为一门相对独立的法律部门。从根本上讲，这是由监察法的基本内容和内在属性所决定的。监察法作为一门相对独立的法律部门，有助于推动中国特色社会主义法律体系的进一步完善，使其逻辑更加科学、结构更加合理、内容更加丰富。

二、监察法学是一门相对独立的新兴的法学分支学科

监察法学是一门新兴的相对独立的法学分支学科，而不是宪法学、行政法学抑或刑事诉讼法学的附属。

（一）监察法学是一门相对独立的法学分支学科

从法律部门划分的角度，由于法学界将我国法律体系划分为宪法、行政法、民法、商法、经济法、社会法、环境资源法、军事法、刑法、诉讼法等不同法律部门，与之相应就有宪法学、行政法学、民法学、商法学、经济法学、社会法学、环境资源法学、军事法学、刑法学、诉讼法学等。一个新的法律部门的

---

〔1〕 参见李晓明、芮国强主编：《国家监察学原理》，法律出版社 2019 年版，第 56 页。

出现或迟或早都要有新的法学部门与之对应。笔者主张监察法应当作为一门相对独立的法律部门，这也就必然要求与之对应的监察法学的建立和发展，从而集中研究关涉监察法的系列理论和实践问题，促进监察立法和执法的深入发展。

（二）监察法学是一门新兴的法学分支学科

新兴学科的出现是社会科学发展规律的体现。社会发展和法治实践中产生的新问题和新需求，需要新的法学研究范式和理论体系，因而也需要发展新兴学科。[1]监察法学就属于新兴的法学学科。

1. 监察法学是应国家社会发展新需求产生的部门法学

监察法是针对我国反腐败领域的新问题、新机遇和新要求而产生的，是应着力解决我国反腐败领域长期存在的体制性和机制性问题的新需求而产生的，从本质上讲，监察法学是应国家社会发展新需求产生的。

2. 监察法学需要建立一套完备的科学的监察法学体系

监察法学涉及宪法学、行政法学、诉讼法学、法制史学、犯罪学，同时还关涉政治学、公共管理学、党建学等其他学科。这就需要建立一套完备的科学的监察法学体系，这一体系应当具有开放性和包容性，注意"以我为主、兼容并蓄"，在坚持监察法学自身特色理论基础上，充分吸收其他学科的优势内容，真正从理论层面上科学阐释监察原理，指导监察实践开展，提升监察实务水平。

第三节　监察法学的学科体系

监察法学的学科体系是指监察法学自身所包含的逻辑严密

---

〔1〕　近些年来，我国立法学、司法学、普法学、证据法学等纷纷诞生和建立。参见张文显主编：《法理学》（第5版），高等教育出版社2018年版，第15页。

的、内容完整的理论内容的总和。监察法学的理论体系是监察法学的"立学之基"。笔者认为,监察法学的学科体系可分为监察法学总论和监察法学分论两个主要部分。监察法学总论是监察法学的总纲、框架和指引,监察法学分论是监察法学的展开、详述和规范,两者是存在紧密逻辑关联的有机统一整体。

一、监察法学总论

监察法学总论是监察法学的基础所在,其主要集中讨论监察法的基本概念、立法目的、法律渊源、法律关系、基本原则和基本任务等六个方面的主要内容。第一,监察法的基本概念主要讨论监察法的主要内涵和基本属性等问题。第二,监察法的立法目的主要研究制定监察法律制度所要达到的立法理想和立法效果等。第三,监察法的法律渊源主要分析监察法律的具体来源。第四,监察法的法律关系主要阐述监察法律权力(权利)和法律义务为主要内容的社会关系。第五,监察法的基本原则主要探讨监察法规定的、贯穿监察行为和活动始终的、规范监察参与者行为的基本标准、基本准则或者基本界限。第六,监察法的基本任务主要是考察监察法所要承担的实际职责以及所要达到的价值目的和具体要求。

二、监察法学分论

监察法学分论是监察法学的重点所在,其主要是在监察法学总论基础上,分别详细阐述监察法学的具体内容。监察法学分论主要分为八个方面主要内容:监察组织论、监察职权论、监察程序论、监察措施论、监察证据论、监察救济论、监察监督论和监察合作论。

(一)监察组织论

监察组织论主要是讨论监察机关组织架构及其人员构成等

基本内容。监察组织是监察权运行的主要载体，其主要包括三个方面内容：一是监察组织机构的设置；二是监察领导体制的确立；三是监察队伍人员的配置。

（二）监察职权论

监察职权论主要是讨论关于监察机关法定职权的属性、特点以及运行规律等基本内容，我国监察权主要包括：监督权、调查权和处置权三项内容，它们是逻辑关联紧密的有机统一整体。

（三）监察程序论

监察程序论主要研究监察机关及其监察人员依法行使监察权、开展监察行为活动时所应遵循的程序性准则和规范等基本内容，其主要目的在于促使监察机关及其监察人员依法正确行使监察权，实现监察程序正义，达成监察目的。监察程序主要包括三方面内容：一是监察监督程序；二是监察调查程序；三是监察处置程序。

（四）监察措施论

监察措施论主要是研究监察机关及其监察人员依法履行监察权、开展监察行为活动所具备的各种手段和方法的总和。我国《监察法》规定的监察措施为 15 种，是监察机关及其监察人员依法履行监察权的重要载体。

（五）监察证据论

监察证据论主要集中讨论监察证据的基本概念、法定种类和主要分类等基础理论，以及监察证据运行的基本规则等，是监察行为活动目标所在和关键之处。

（六）监察救济论

监察救济论主要是讨论监察对象以及其他公民权利在遭受非法侵害之时，可获得的救济权利、救济渠道、救济方式以及救济效果等基本内容。监察救济主要包括三大部分：一是复核和复审；二是申诉和复查；三是监察救济。

（七）监察监督论

监察监督论主要是讨论如何依法对监察机关及其监察人员行使监察权进行监督的基本内容。从国家监察体制改革实施以来，无论是在制度设计还是在实践探索方面，对监察机关及其监察人员行使监察权的监督就被摆在了非常重要的位置上。

（八）监察合作论

监察合作论主要是研究我国监察机关在国际反腐败工作中的职能定位以及具体工作等主要内容。在经济全球化大背景下，进一步加强全球范围内的监察合作，对深入推进我国反腐败工作开展无疑具有重大的现实意义。既有助于加强我国反腐败国际合作的话语权，也有助于展示我国主动反腐败的良好国际形象。

第四节　监察法学的学科特点

监察法学的学科特点是监察法学区别于其他部门法学、体现自身价值的主要标志。概括起来，监察法学的学科特点主要表现为四个特点：政治属性、综合属性、交叉属性和开放属性。

一、监察法学具有政治属性

党的十九大对习近平新时代中国特色社会主义思想和基本方略作出全面阐释，"八个明确"中重要的一条就是明确中国特色社会主义最本质的特征是中国共产党领导，中国特色社会主义制度的最大优势是中国共产党领导，党是最高政治领导力量；"十四个坚持"第一条就是坚持党对一切工作的领导。开启和深化国家监察体制改革的主要目的就是要加强党对反腐败工作的集中统一领导。因此，这就决定了监察法学的开创和发展必须坚持正确的政治方向，监察法学具有政治属性。具体而言：

第一，从指导思想上讲，《监察法》第2条规定："坚持中国共产党对国家监察工作的领导，以马克思列宁主义、毛泽东思想、邓小平理论、'三个代表'重要思想、科学发展观、习近平新时代中国特色社会主义思想为指导，构建集中统一、权威高效的中国特色国家监察体制。"这就确定了监察法学学科建设的重要指导思想，体现了监察法学的政治属性。

第二，从组织结构上讲，监察委员会是具有中国特色的反腐败机构。监察委员会和同级党的纪律监察机关合署办公，履行纪检监察两项职责，其性质不同于行政机关，也不同于司法机关，而是政治机关，监察委员会的政治属性是第一属性、根本属性。

第三，从主要功能上讲，各级监察委员会在党的直接领导下，代表党和国家对所有行使公权力的公职人员进行监督，既调查职务违法行为，又调查职务犯罪行为，是党和国家自我革新、自我净化和自我完善的法律利器。[1]

二、监察法学具有综合属性

监察法学在学科体系和内容上讲，具有明显的综合属性，其涉及组织法、程序法、实体法以及救济法等内容，而这些内容之间存在着科学、紧密的逻辑关联性，是有机的统一整体。

第一，监察法学具有组织法的特征，即监察法学需要研究监察机关的设置、职能以及人员配置等具体问题，从而推动实现监察资源的优化配置。第二，监察法学具有程序法的特征，即监察法学在研究监察机关在监督、调查和处置的具体程序规

---

〔1〕 参见吴建雄主编：《读懂〈监察法〉》，人民出版社2018年版，第3页。

范以及收集、固定和使用证据方面的具体程序标准，从而推动程序正义价值的实现。第三，监察法学具有实体法的特征，即监察法学在研究职务违法和职务犯罪的具体认定方面需要刑法学理论支撑，从而推动实体正义价值的实现。第四，监察法学具有救济法的特征，即监察法学需要研究监察对象以及其他公民权利的救济问题以及监察机关的法律责任问题，从而切实保障监察对象以及其他公民的合法权益不受侵犯。随着国家监察体制改革法治化进程的深入推进以及监察法学的建设发展，以《监察法》为统领、为基础的监察法律体系将会不断发展和健全，监察法学学科体系的各个部分也将进一步实现精细化和专门化。

三、监察法学具有交叉属性

监察法学是一门新兴的相对独立的部门法学，其主要聚焦我国反腐败领域的法学理论和实践研究，而反腐败问题涉及范围广、领域宽。这就决定了监察法学学科具有明显的交叉性的特征，这种交叉性主要表现在：

第一，监察法学涉及哲学和政治学、党建学、管理学、纪检学等其他社会学科的内容，尤其在推动"纪法贯通、一体运行"过程中，要加强对监察法律制度和党的法规制度的同步性和系统性的研究，不能偏废其一，推动在监察实践中真正实现纪律审查和监察调查的科学顺畅转换衔接。第二，监察法学涉及宪法学、行政法学、刑法学、刑事诉讼法学等部门法学的内容，比如"监察法与刑事诉讼法衔接"问题，在监察实践中需要加强监察机关与检察机关、审判机关、执法部门在线索移交、调查措施适用以及案件移送等方面的协调衔接，真正形成相互配合、相互制约的体制机制。监察法学与其他部门法学之间开展深入地交流，有助于共同促进我国法学学科体系的科学协调发展。

四、监察法学具有开放属性

监察法学在学科发展趋势上具有明显的学科开放属性。开放属性是指监察法学的发展不是封闭的，而是随着监察理论和实践的不断推进而不断地向前发展，这也是监察法学保持旺盛生命力的关键所在。

第一，监察法学的学科格局是开放的，其必然随着国家监察实践的发展而不断地实现自我扩大和提升，不断地延伸研究范围和触角，从而更加宏观和全面。第二，监察法学的学科体系是开放的，其必然随着国家监察实践的发展而不断地实现自我拓展和完善，不断地填补学科体系的"空白点"，从而更加科学和系统。第三，监察法学的话语体系是开放的，其必然随着国家监察实践的发展而不断地实现自我革新和发展，不断地自身扩大话语体系的影响力，从而更加规范和权威。

第二章　监察法学的研究体系

本章围绕着监察法学的研究体系问题展开研究，主要从监察法学的研究现状、研究对象、研究原则、研究方法和研究任务等五方面主要内容进行阐释，力求为监察法学的研究理清思路、指明方向、确定重点、达成目标。

第一节　监察法学的研究现状

自从国家监察体制改革试点实施和我国监察法学诞生以来，我国监察法学的研究也随之兴起并获得快速发展。但是，总体而言，我国监察法学的研究还处于起步探索阶段，面临着诸多问题。笔者通过对现有的监察法学文献资料进行梳理，将我国监察法学的研究现状概括介绍如下。

一、从研究的基本阶段看：尚处于起步探索阶段

相较于其他部门法学的研究而言，我国监察法学作为一门新兴的部门法学，其诞生的时间较短，尚未建立起系统完整的学科体系内容；还有一些基础性的问题存在着不小的争论，需要从理论和实践层面上予以及时研究、分析并加以解决。

比如，有观点认为，"我国《监察法》是特别刑事诉讼法，"

因为监察委员会对职务犯罪的调查与普通刑事案件的侦查，在性质上是一样的，都具有追诉犯罪的法律效果。[1]对此，笔者持否定观点。这是因为《监察法》与《刑事诉讼法》是截然不同的两大部门法，《监察法》所调整的监察法律关系，其立法目标主要聚焦反腐败；而《刑事诉讼法》所调整的刑事诉讼法律关系，其立法目标则主要是兼顾惩治犯罪与保障人权的有机统一。虽然我国《监察法》与《刑事诉讼法》确实在涉嫌职务犯罪方面的规定具有一致性，即常说的"法法衔接"；但是不能因为两者在某些部分的类似以及存在着一定的联系，就断定《监察法》是特别刑事诉讼法这一结论。再比如，有学者认为，监察委员会、公安或者国安机关、检察机关、审判机关将共同构成我国刑事司法之"四元并立"格局。[2]笔者认为，此观点值得商榷。监察委员会依法行使监察权，监察权是与行政权、检察权、审判权并立的国家权力，监察委员会行使职务犯罪调查是监察权的组成部分，有着自己相对独立的运行环境和规律，显然不能因为监察委员会负责职务犯罪调查工作就将其纳入到刑事司法格局之中，我国刑事司法格局并未发生根本性的重塑。当然，对于监察法学的问题争论远远不止这些。

因此，从整体上看，我国监察法学的研究尚处于起步探索阶段，未来具有广阔的发展潜力和空间。

---

〔1〕　具体而言，第一，《监察法》有关职务犯罪调查的原则与《刑事诉讼法》的原则具有内在一致性；第二，《监察法》有关职务犯罪调查的证据规则与《刑事诉讼法》的证据规则大致相同；第三，《监察法》规定的职务犯罪调查程序与《刑事诉讼法》的规定相当；第四，《监察法》关于职务犯罪调查终结移送人民检察院依法审查起诉的程序规定与《刑事诉讼法》的规定大致相同。参见秦前红主编：《监察法学教程》，法律出版社 2019 年版，第 37~40 页。

〔2〕　参见江国华：《中国监察法学》，中国政法大学出版社 2018 年版，第 23 页。

二、从研究的主要方式来看：以学者的学理解释为主

从目前对于监察法学的研究方式来看，主要以学者对《监察法》的相关学理解释为主，即学者从各自研究专长出发，对《监察法》的条文内容进行法学理论层面的解读和释义，其大致可分为两种：第一种是聚焦《监察法》全文内容的研究，基本按照《监察法》的章节结构，从学理角度来探讨"监察法的基本原则""监察范围和管辖""监察权限""监察证据""监察程序""我国反腐败国际合作""对监察机关和监察人员的监督"以及"监察法律责任"。第二种则是聚焦《监察法》部分内容的研究，比如《监察法》的宪法定位问题；再比如《监察法》与《刑事诉讼法》的衔接问题（"法法衔接"问题）等。

从整体上看，我国监察法学的研究方式比较单一，这种单一性的研究方式和我国监察法学的发展阶段有关，毕竟我国监察法学尚处在探索起步阶段；但是，这种主要以学理解释为主的研究方法必然导致研究视野的局限性，也必然导致研究的质量问题。因此，这应当引起日后监察法学研究的重视。

三、从研究的学科背景看：涉及多个部门法学学科

监察法学作为一门新兴的法学学科，涉及与宪法学、行政法学、刑法学、刑事诉讼法、法制史等多门法学学科有关的问题。因此，从目前监察法学研究人员的学科背景来看，涉及多个部门法学学科的专家学者，其主要包括：宪法学领域的专家学者、行政法学领域的专家学者、刑事诉讼法学领域的专家学者、刑法学领域的专家学者、证据法学领域的专家学者、法制史学领域的专家学者等。

大家都从各自的研究领域和学术特长对监察法学进行较为

深入地思考和讨论，取得了相应的成果；但是，这样的研究也往往导致由于自身学科的视野局限性限制了研究的系统性和完整性，同时也导致大家的交流不在同一话语平台上开展。比如，刑事诉讼法学的研究者往往以刑事诉讼法学的视角和思维来研究监察法学，难免使得监察法学打上深深的"刑事诉讼法学烙印"。比如，有观点指出："监察调查的实质是收集证据、认定事实、确定犯罪嫌疑人的过程，在此之后，必然涉及适用刑事诉讼审查起诉与审判程序的规定。"[1]这一观点主要存在两处错误：一是监察调查分为职务违法调查和职务犯罪调查，而且在监察调查中并不存在"犯罪嫌疑人"的称谓；二是监察调查之后并不必然就会进入到审查起诉与审判程序，对于经过调查后发现没有职务违法或者职务犯罪的，监察机关就应当撤销案件并在一定范围内予以澄清；对于构成职务违法但是情节轻微的，或者构成职务违法但不构成职务犯罪的，监察机关应当予以相应的处分；只有对那些已经构成职务犯罪的，监察机关应当依法移送检察机关审查起诉。

因此，从长远的发展角度来看，需要培养和造就一大批专门从事监察法学研究的专家学者和理论人才，从监察法学的视野和立场对监察法学进行系统研究，为监察法学的繁荣发展提供人才支撑。

四、从研究的学科术语看：存在不同称谓和不规范的问题

学科术语是学科内容成果自我展示的重要载体，是学科统一规范化建设的重要保障。但是，从目前来看，我国监察法学学科术语表达相对比较混乱，在很大程度上影响了学科建设与

---

〔1〕　卞建林、陶加培："论监察法与刑事诉讼法衔接中录音录像制度"，载《中国刑事法杂志》2019年第3期，第1页。

发展。为此，笔者在此列举一些例子：第一，有的学者论述到，"监察体制改革的目标是整合行政监察权（含党的纪律检查权）和检察机关的职务犯罪侦查权"，[1]这样的表达与官方的表达并不一致，而且也存在着知识性错误，因为监察体制改革和党的纪律监察体制改革是两项并行的重要改革，并不存在监察体制改革目标包括整合党的纪律检查权的问题。第二，有的学者认为："这种改革后的监察权实际是行政监察和检察侦查两项权力的相加，也与党的纪检合署办公，继而构成了'党纪监察、政务监察和刑事监察'三项权能。"[2]这一观点存在两个主要问题：一是误读了监察权的基本概念和基本属性；二是误读了党的纪律检查机关和监察机关合署办公模式的实质，两者绝不是简单混同，而是有着各自的运行空间和运行规律。第三，有的学者在论文题目中就写到"国家监察委员会的侦查权及其限制"，这一观点显然混淆了"侦查权"与"监察权"两者的概念。[3]第四，有的学者在论文题目中写道，"监察刑事调查权的程序重塑"，这一观点对"监察调查权"的基本概念理解存在着偏误，而且"刑事+调查权"的表达方式既不甚规范，又容易引起歧义。第五，有的学者论述道："我们认为，这四种形态的处置方式，也有轻重，是依次由轻到重的处置方式。谈话提醒最轻，批评教育重之，责令检查又重于批评教育，诫勉再重于责令检查。"[4]上述的表达内容存在两项主要问题：一是对于党的监督执纪"四种形态"的相关理解显然出现了偏差，存在用语

---

〔1〕 唐冬平："公安协助配合监察事项范围之限缩"，载《法学》2019 年第 8 期，第 59 页。

〔2〕 陈瑞华："论国家监察权的性质"，载《比较法研究》2019 年第 1 期。

〔3〕 施鹏鹏："国家监察委员会的侦查权及其限制"，载《中国法律评论》2017 年第 2 期。

〔4〕 谢尚果、申君贵主编：《监察法教程》，法律出版社 2019 年版，第 168 页。

不规范的问题；二是将党的监督执纪方式与监察机关的监督执法方式进行了混同。

因此，对于学科术语的规范化建设应当引起高度重视，否则大家的讨论和研究就无法在一个统一的平台上展开，更不用说促进监察法学研究的长远发展。

五、从研究的主要成果看：主要围绕《监察法》来展开

当前，学术界对于监察法和监察法学的研究给予了较高的关注，取得了一系列有益成果。关于监察法学的学术成果可以概括为三大类：

（一）教材类

比较有代表性的研究成果包括：秦前红主编的《监察法学教程》（法律出版社）、[1]谢尚果和申君贵主编的《监察法教程》（法律出版社）、[2]李晓明和芮国强主编的《国家监察学原理》（法律出版社）等。[3]但是，总体来看，上述教材类的成果对于监察法学的基础理论关注较少，主要聚焦《监察法》理解和适用。

（二）专著类

比较有代表性的研究成果主要包括：江国华所著的《中国监察法学》（中国政法大学出版社）、[4]杨宇冠所著的《监察法与刑事诉讼法衔接问题研究》（中国政法大学出版社）[5]、秦

---

〔1〕 秦前红主编：《监察法学教程》，法律出版社 2019 年版。

〔2〕 谢尚果、申君贵主编：《监察法教程》，法律出版社 2019 年版。

〔3〕 李晓明、芮国强主编：《国家监察学原理》，法律出版社 2019 年版。

〔4〕 江国华：《中国监察法学》，中国政法大学出版社 2018 年版。

〔5〕 杨宇冠：《监察法与刑事诉讼法衔接问题研究》，中国政法大学出版社 2018 年版。

前红、叶海波所著的《国家监察制度改革研究》（法律出版社）、[1]吴建雄、廖永安主编的《反腐败：监察与司法的法法衔接》（中国检察出版社）。[2]

（三）论文类

论文数据来源于中国学术期刊网（CNKI）。检索方式为"主题检索"，输入"SU＝监察法＋监察法学"的检索表达式，检索日期为2019年9月15日，同时只选择文献来源于CSSCI期刊以及核心期刊的文章，最终得到263篇有效期刊文献，保存其题录信息。笔者依据文献计量学和社会网络分析的基本原理和思想，采用文献统计分析、合著网络分析、关键词共词分析等方法，借助题录分析工具SATI，发文期刊、被引频次、发文机构、核心作者四个方面对数据统计分析，同时对数据做高频词统计等可视化研究。

1. 我国监察法研究文献期刊及作者统计

经统计有效题录中期刊信息得到106个发文期刊，发文量3篇以上的共有32个期刊（见图2-1），占总数的30.2%，发文量为163篇，2篇及以下共有74个期刊，在载文量较高的期刊中包括一些大学校报以及法学的权威期刊。

统计发现，本书抓取的263篇文献共涉及78位相关作者。其中，多数作者的发文量仅有1篇，发文量在5篇以上的作者共有4位，分别是吴建雄、秦前红、刘艳红、陈光中。（见图2-2）

---

〔1〕 秦前红等：《国家监察制度改革研究》，法律出版社2019年版。
〔2〕 吴建雄、廖永安主编：《反腐败：监察与司法的法法衔接》，中国检察出版社2019年版。

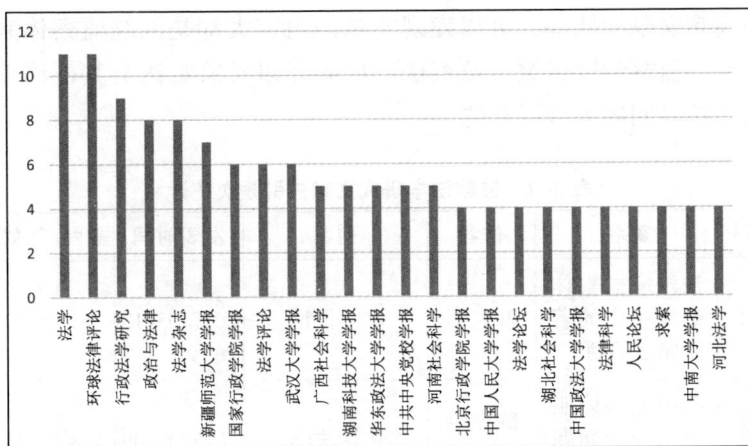

图 2-1 我国监察法学研究高载文量期刊

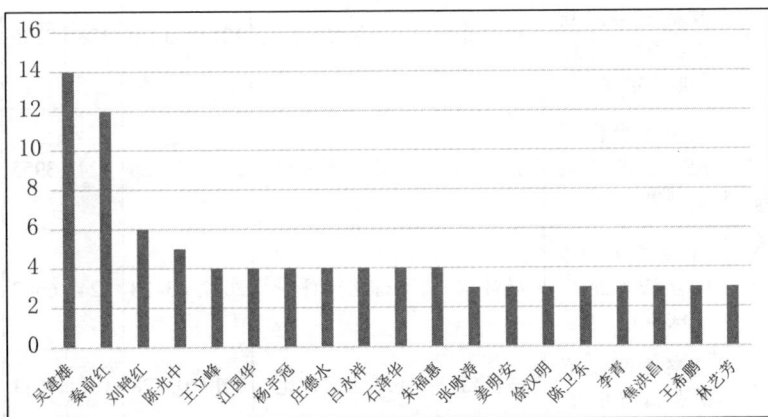

图 2-2 作者发文量统计

2. 我国监察法学研究文献被引频次分析

经过统计分析，被引频次在 50 次以上的文献有 18 篇（见表 2-1），其中韩大元教授在法学评论上发表的《论国家监察体制改革中的若干宪法问题》被引频次达 161 次。通过对这些被引高频文献的梳理，可以发现文献的内容大都是围绕监察体制改革、监察制度研究、监察法程序研究以及监察法与其他法律的衔接等问题进行展开的。

表 2-1　监察法学研究文献被引频次统计

序号	篇名	作者	刊名	发表时间	被引	下载
1	论国家监察体制改革中的若干宪法问题	韩大元	法学评论	2017/05/13	161	8007
2	我国监察体制改革若干问题思考	陈光中 邵俊	中国法学	2017/08/09	138	7316
3	国家监察委员会改革方案之辨正：属性、职能与职责定位	魏昌东	法学	2017/03/20	128	7195
4	法律正当程序视野下的新监察制度	张建伟	环球法律评论	2017/03/28	124	3955
5	《国家监察法》的立法思路与立法重点	马怀德	环球法律评论	2017/03/28	124	6587
6	监察体制改革的逻辑与方法	秦前红	环球法律评论	2017/03/28	107	4643
7	监察与司法协调衔接的法规范分析	龙宗智	政治与法律	2018/01/05	105	6421
8	关于我国监察体制改革的几点看法	陈光中	环球法律评论	2017/03/28	94	3108

续表

序号	篇名	作者	刊名	发表时间	被引	下载
9	国家监察法立法的若干问题探讨	姜明安	法学杂志	2017/03/15	83	4928
10	国家监察权的属性探究	徐汉明	法学评论	2017/12/26	83	4825
11	监察措施的合法性研究	陈越峰	环球法律评论	2017/03/28	79	2396
12	职务犯罪监察调查程序若干问题研究	陈卫东	政治与法律	2018/01/05	74	3260
13	监察制度与《刑事诉讼法》的衔接	汪海燕	政法论坛	2017/11/15	74	4075
14	监察机关办案程序初探	卞建林	法律科学（西北政法大学学报）	2017/11/10	61	2613
15	再论国家监察立法的主要问题	马怀德	行政法学研究	2018/01/15	57	4294
16	监察委员会调查权运作的双重困境及其法治路径	刘艳红	法学论坛	2017/11/10	57	3481
17	国家监察立法的六个基本问题	江国华彭超	江汉论坛	2017/02/15	56	3782

续表

序号	篇名	作者	刊名	发表时间	被引	下载
18	法治反腐视域下国家监察体制改革的新路径	刘艳红 夏伟	武汉大学学报（哲学社会科学版）	2018/01/06	50	4629

3. 高频关键词统计分析

论文中的关键词是对文章内容的高度精练和总结，通过对高频关键词的统计分析可初步了解和把握文献的大体内容。经SATI 软件统计可得，出现频次 4 次以上的关键词 46 个，其中"监察法""监察体制改革""监察委员会""法法衔接""反腐败""留置"等关键词出现频率较高，表明当前理论界对于监察法的研究主要围绕监察体制改革、监察法与其他法律的衔接、监察法的措施等进行研究，这些也是监察法和监察法学研究的热点问题。（见表 2-2）

表 2-2　高频关键词数量统计

关键词	频次	关键词	频次
监察委员会	63	调查	6
监察法	46	权力监督	6
监察体制改革	36	反腐败斗争	5
国家监察体制改革	24	审查起诉	5
监察权	21	法治	5
监察体制	19	监察委	5
留置	18	宪法	5
监察机关	17	改革	5

续表

关键词	频次	关键词	频次
职务犯罪	14	腐败治理	5
调查权	12	两规	5
国家监察	12	国家审计	5
国家监察法	11	公职人员	5
反腐败	9	改革试点	4
刑事诉讼法	8	国家监察权	4
国家监察体制	8	权力制约	4
国家监察委员会	8	法律监督	4
监察对象	8	检察院	4
法法衔接	7	人权保障	4
监察	6	侦查权	4
监察调查	6	反腐败工作	4
《监察法》	6	党内监督	4
法治化	6	检察机关	4
留置措施	6	体制改革	4

第二节　监察法学的研究对象

在学科研究中，研究对象是区分不同学科的主要依据之一，任何一门相对独立的学科都有自身独特的研究对象，因为研究对象奠定了学科研究的客观性、稳定性和延续性。[1]监察法学之所以能够成为一门独立的部门法学，关键一点就在于其具有

---

[1]　秦前红主编：《监察法学教程》，法律出版社 2019 年版，第 1 页。

独特的研究对象。对于监察法学研究对象的科学界定，事关监察法学研究的基本范围、主要价值和目标等一系列基础性问题；事关我国监察法体系的建立、完善以及具体实施问题；也事关监察法学的生命力和长远发展问题。

一、当前学界关于监察法学研究对象的主要观点

当前，学界关于监察法学研究对象的讨论相对较少，其主要观点可以概括为两方面：

（一）"四点论"

有学者认为监察法学的研究对象主要包括四个方面：第一，监察法的起源、属性、类型、特点、内容和形式、发展和演进过程。第二，监察法的具体规范、监察规范的特点及其在社会生活中的作用。第三，中外监察制度和监察法思想的比较及其发展史。第四，监察法同政治、经济、文化以及其他法的部门的关系。[1]仔细观之，上述观点所列监察法学的研究对象内容无论是涉及监察法的历史发展，还是涉及监察法的法律规范；无论是涉及监察法的比较研究，还是涉及监察法与其他学科的关系研究，其实均是围绕着监察法学的基础理论而开展的，显然监察法的基础理论只是监察法学的研究对象之一，并非其全部内容；对于监察法的实务问题研究也应当是监察法学研究对象之一。因此，上述观点对于监察法学研究对象的界定并不全面、准确。

（二）"五点论"

有学者认为监察法学的研究对象可以分为五个方面：一是国家监察组织及其体制，即监察委员会的组织架构与领导体制

---

〔1〕 秦前红主编：《监察法学教程》，法律出版社 2019 年版，第 2 页。

等；二是国家监察机关及其人员，即监察委员会的属性、地位、职权以及监察队伍建设等；三是国家监察对象及其范围，即监察对象自身的具体情况等；四是国家监察程序及其监督，即监察委员会履行监察工作所遵循的具体范式和对监察权的监督等；五是国家监察效能及其规律，即具有中国特色的国家监察体系的形成与高效能运行等。[1]通过分析，上述观点所阐明的监察法研究对象主要是围绕《监察法》法律规定来确定监察法学的研究对象，而作为一门相对独立的法学学科，监察法学的研究对象不仅仅局限于对《监察法》的理解和适用问题，当然还应当包含对监察法学的基础理论研究。因此，上述观点所确定的监察法学研究对象也同样具有一定的片面性。

二、监察法学的研究对象

监察法学作为一门法学分支学科，应当具有自己的研究对象。笔者认为，监察法学的研究对象具体包括三个主要方面内容：监察法律规范、监察基础理论和监察应用实践。其中，监察法律规范是首要；监察基础理论是根基；监察应用实践是关键；三者之间彼此联系、相辅相成。

（一）监察法律规范

对于监察法律规范开展研究是监察法学研究的首要任务。监察法学首先应将广义上的监察法作为研究对象，即凡是涉及监察工作的法律规定均应当纳入监察法学的研究范畴。作为具有基础性、统领性、综合性的我国《监察法》，则是研究监察法律规范的重中之重。通过对我国《监察法》法律条文的深入研究和分析，能够为我国监察法学的研究发展奠定坚实的基础。

---

〔1〕 李晓明、芮国强主编：《国家监察学原理》，法律出版社 2019 年版，第20~23 页。

笔者认为，对于监察法律规范的研究，应当注重三个层面的问题：第一，研究监察法律规范的立法经过，申言之，就是具体研究涉及监察法律规范的立法背景、指导思想和价值选择等，为监察法律规范的正确实施提供科学的立法指引。第二，研究监察法律规范的主要内容，即具体研究监察法律规范的字义、词义、内容含义和条文之间的关系，以及监察法律规范和监察法律体系的具体结构等，指导和规范监察实践工作的具体开展。第三，研究监察法律规范和其他涉及监察法律规范之间的具体关系，即具体研究监察法律规范与其他涉及监察法律规范之间是否存在矛盾以及如何协调一致的问题，为监察立法完善和监察执法开展提供科学有效的理论依据和建议。

（二）监察基础理论

对于监察基础理论的研究是监察法学研究的根基所在。监察基础理论主要是指解释和阐述监察工作的基本原理、基本理念、基本规律等，比如对监察权运行规律的科学认识、对监察组织原理的科学分析等。没有对监察基础理论的深入研究，监察法学就如"无源之水""无木之根"，监察法学就缺乏作为一门相对独立的部门法学的"生命力"。对于监察基础研究应当坚持"以我为主、兼容并蓄"的原则，进行全面、深入、系统地研究。

监察基础理论研究首先应当坚持"以我为主"。我国国家监察体制改革是以习近平同志为核心的党中央作出的事关全局的重要政治体制改革，是强化党和国家自我监督的重大决策部署，其被誉为确立中国特色监察体系的创制之举，是中国人民所独有的"知识产权"。[1]这就决定了我国监察法学具有强大的

---

〔1〕 贺夏蓉："准确把握监察机关的政治属性"，载《中国纪检监察报》2018年6月14日。

"中国基因"和鲜明的"中国特色"。因此，我国监察法学的研究应当坚持以习近平新时代中国特色社会主义理论为指导思想，注重运用马克思主义哲学的研究方法，破解我国监察法学基础理论问题、阐释我国监察法学基础理论体系、发展我国监察法学基础理论成果，丰富我国监察法学基础理论体系。

监察基础理论研究还需要"兼容并蓄"。"对国外的理论、概念、话语、方法，要有分析、有鉴别，适用的就拿来用，不适用的就不要生搬硬套。哲学社会科学要有批评精神，这是马克思主义最可贵的精神品质。"[1]监察法学的基础理论研究需要认真考察国外关于监察基础理论的研究成果，从中找出监察制度运行的规律性因素并积极加以借鉴和吸收，使之成为我国监察法学完善和发展的促进力，不断增强我国监察法学的国际话语权。

（三）监察应用实践

监察应用实践研究是监察法学研究的关键环节。监察应用实践主要是指监察人员围绕监察权运行为中心所开展的各种具体活动和行为，正是通过监察应用实践，才使得"书本上的监察法"变为"现实中的监察法"。

监察法学是一门实践性很强的应用型学科，这就要求监察法学的研究必须坚持理论联系实践、理论服务实践。尤其是在国家监察体制改革还在深入推进的关键时期，面临诸多实际问题需要认真加以研究并解决。比如，监察机关采取留置措施的具体规范问题；再比如，监察机关与检察机关在调查职务犯罪过程中具体配合和相互制约的问题等，因此监察应用实践研究就显得十分必要和紧迫。通过对监察应用实践进行深入研究，

---

〔1〕　习近平：《习近平谈治国理政》（第2卷），外文出版社2017年版，第341页。

着力解决监察权力运用过程中的具体问题，从而形成具有可复制、可推广的实践经验和工作机制，并适时通过法定程序上升为监察法律规范，形成具有中国特色的监察立法路径，不断增强监察法学的内生动力。

监察应用实践研究首先要遵循法律规定，做到"于法有据"；其次，监察应用研究应当坚持以监察法律实施中的具体问题为导向，开展有针对性的研究，应当注重用事实和数据说话，真正提升监察应用实践研究的质量和效果。

第三节　监察法学的研究原则

任何一门社会学科的研究都应当遵循一定的研究原则，监察法学的研究同样如此。监察法学的研究原则是指研究主体在监察法学的研究过程中所应当遵循的一系列基本规范、要求和准则。监察法学研究应当坚持四个基本原则：客观性原则、系统性原则、创新性原则和开放性原则。

一、客观性原则

马克思主义唯物论认为，物质决定意识，物质是第一位。这就要求看待问题和解决问题必须坚持实事求是。因此，对于监察法学的研究而言，客观性原则是监察法学研究的首要原则。客观性原则主要是指监察法学的研究必须坚持实事求是，如实地对监察现象和监察行为进行研究，而不是基于主观臆想的研究。这就需要无论是专家学者还是监察实务工作者，都要坚持从我国国情出发，紧密结合监察工作实践，注意发现监察法学中的"真问题"，积极开展对监察法学的研究，注意事实和数据的运用，提出完善监察法的立法建议等，决不能搞"闭门造车"，真正做到"从实践中来，到实践中去。"

二、系统性原则

哲学上的系统论的基本思想是将研究和处理的对象看作一个整体系统来对待，其主要任务就是以系统为对象，从整体出发来就系统整体和组成系统各要素的相互关系，从本质上说明其结构、功能、行为和动态，以把握系统整体，达到最优的目标。系统性原则是监察法学研究的基础原则。系统性原则也被称为整体性原则，其主要是指对于监察法学的研究内容必须全面完整、各个部分之间相互关联且符合逻辑，而不能以偏概全或者整体割裂。系统性原则要求研究者必须坚持运用联系的、全面的观点来对监察法学开展相关研究，从而科学构建起完整的监察法学体系。系统性原则要求研究者不能仅仅从某个局部出发来看待监察法学的问题，防止出现研究的片面性和局限性。

三、创新性原则

创新是引领和推动学科发展繁荣的关键所在。因此创新性原则是监察法学研究的关键原则。创新性原则主要是指监察法学的研究必须坚持理论创新和实践创新，从而科学地回答和解决监察法学中遇到的各种问题而不墨守成规。创新性原则要求研究者必须具备创新性思维，善于发现问题，并创造性地提出解决问题的方式方法。尤其是在我国《监察法》颁布实施不久和国家监察体制改革深入推进的过程中，还会遇到各种各样的问题，并且很多问题都是第一次遇到，这就要求无论是专家学者还是监察实务工作者，都必须坚持正确的政治方向，科学综合运用多种研究方法，创造出有价值的研究成果。只有这样，监察法学研究才会保持旺盛的生命力。

四、开放性原则

开放性原则是监察法学研究的重要原则。开放性原则主要是指研究者对于监察法学的研究应当秉持开放包容的研究态度，注重监察法学和其他部门法学学科以及社会科学的关联性，打通监察法学和其他学科之间的深层次性阻隔，而不能故步自封。开放性原则要求研究者在对监察法学进行研究的时候，要关注其他学科的发展与进步，并注意其与监察法学的关联性和融通性问题。在科学的比较和联系基础上，不断开拓监察法学的研究视角，进一步完善监察法学的学科体系内容，为监察法学的发展不断补充能量和活力。

第四节　监察法学的研究方法

任何一门学科都有着自己相应的研究方法，研究方法的正确科学与否直接关系到该门学科的生命力。对于法学学科而言，同样如此。监察法学作为一门重要的法学分支，也要遵循法学研究的基本方法，同时也要突出自身特色。概言之，监察法学的研究方法是指研究监察法律规范、监察法律实践以及监察法律理论的思维方式、行为范式以及途径和程序运行的总和。[1]监察法学的研究应当实现多元化，以保障研究的质量和效果。在此，笔者主要列举了监察法学的六种研究方法，即价值分析研究法、语义分析研究法、社会调查研究法、历史分析研究法、比较分析研究法以及跨学科研究法。

---

〔1〕　参见李晓明、芮国强主编：《国家监察学原理》，法律出版社2019年版，第24页。

一、价值分析研究法

价值分析研究法主要是指通过认知和评价社会现象的价值属性，揭示、确证或者批判一定社会价值或者理想的方法。价值分析研究法之所以是法学的基本方法，是因为法学的一个首要任务就是对各种利益进行评价，并确定它们在价值序列中的相应位阶，当发生利益冲突时，还要提供一种在其中进行取舍的原则。价值分析法分为两部分：一是价值认知，即探究特定的法律制度是按照哪一个阶级、阶层的利益标准与价值观念来调整社会关系和在社会主体之间分配权利义务的，其直接目的是如实地观察和描述特定法律制度所包含的价值准则和价值排序。二是价值评价，即从一定的利益和需要出发，按照一定的价值标准和准则来对特定法律制度的总体或者部分进行判断与取胜。

监察法学作为重要的法学学科分支，其同样适用价值分析研究法。我国监察制度改革和监察法律体系构建都是在中国共产党的领导下有序开展的，其不仅直接体现了党的意志，也集中体现了国家意志和人民意志，表明了全党和全国人民对于反对腐败的坚决态度。因此，这就决定了监察法学在研究中要注重价值认知和价值评价，注重将反腐败作为首要价值，同时将反腐败与民主集中、权利保障、程序正义等价值目标协调统一起来，达成法治反腐之良效。

二、语义分析研究法

语义分析研究法主要是指通过分析法律用语的要素、句法、结构、语源、语境等来揭示词和语句意义的研究方法。立法、执法和司法机构正是通过语言的操作来划定权利与义务的界限，从而宣告和推行国家意志的，立法过程、执法过程和司法过程本身都伴随着语言的操作过程。如果不能合理地对法律用语进行解释，或者法律本身就存在着语义含糊和前后矛盾的问题，那么法律就难以承担起自己的使命，既不能起到法律本身的功能，也将会给法学理论和法学观点的交流带来障碍和混乱。[1]

语义分析研究法在监察法学的研究中具有非常重要的作用。因为我国监察法学的研究尚处在起步阶段，我国《监察法》的颁布和实施时间相对较短，理论界和实务界对于《监察法》法律文本中的一些用词和用语仍存在着不同的理解，甚至存在着矛盾之处。这就导致了在监察法学研究中出现了"各说各话"的现象，比如对于《监察法》中所提到的"执法部门"的理解，有观点认为"执法部门"主要就指公安机关；有观点则认为"执法部门"则包含行政机关所有的执法部门，比如国家安全机关、审计机关等。再比如，对于《监察法》中所提到"监察专员"的理解，有的学者认为监察专员应是一机构，有的学者则认为监察专员是一自然人。还比如，大家对于《监察法》中规定的"国家赔偿"问题也存在着不同解释。因此，需要高度重视语义分析法在监察法学研究中的应用，加强对监察法律规范中语义的科学解释，从而为监察法学的研究打下坚实的基础。

三、社会调查研究法

社会调查研究法是研究性学习中的基本方法之一，现在已经被大量运用到法学学科的研究之中，其主要是指研究者提出具体问题拟订研究方案，在此基础上通过观察和实验采集资料和数据，并在此基础上提出知识性命题。社会调查法实质上是

---

[1] 参见张文显主编：《法理学》（第5版），高等教育出版社2018年版，第13页。

一种多种方法的集群，比如问卷调查法、访谈调查法、个案调查法等。通过社会调查法的运用，能够为研究者提供"一手资料"，有助于正确引导研究方向以及提出具有针对性和可行性的研究方案，从而推动研究问题的科学合理解决。

监察法学是一门实践性极强的法学学科，其不仅需要深厚的理论基础，而且离不开大量的实务支撑。在监察法学的研究中充分应用社会调查研究法具有两重意义：一是有助于为我国监察法学的研究提供坚实的实践基础和依据；二是有助于推动我国监察法学理论的不断深化和繁荣。

在我国监察体制改革正处于深化的关键时期，一是要注重个案调查研究法的运用，通过对具有典型性的个案进行深入剖析和研究，做到"以点促面"，从而推动监察工作机制的健全和发展。在运用此方法时，一定要避免出现所选取的案例不具有代表性和典型性。二是要注重问卷调查法和访谈调查法的运用，加强对监察法实施中的普遍性问题的研究，提出有针对性的立法建议，以推动我国监察法律体系的完善和国家监察体制的建设，比如对于学界普遍关心的留置措施适用问题，就可以综合采用个案调查法、问卷调查法和访谈调查法等，就留置条件的设置、留置场所的设置以及被调查人在留置期间的权利保障等展开研究，为留置措施适用机制的完善提供研究建议。

在运用此方法时，应当注意两点：一是尽量使用"一手数据资料"来进行说理论证，避免"二手数据资料"的失真；二是有效避免出现数据的不完整性和以偏概全等问题。比如，有的学者援引《中国纪检监察报》的报道，"2018 年 1 月至 11 月重庆市各级监察机关就共计提出监察建议 227 份"。[1]于此就认

---

〔1〕 乔子轩："从三份监察建议书看怎样推进标本兼治——重庆各级监察机关贯彻落实监察法有关要求掠影"，载《中国纪检监察报》2019 年 1 月 2 日。

为："从监察实践看，监察建议获得了普遍运用，并取得了一定成效。"[1]仅仅是特定时间某一地区监察机关适用监察建议数量的情况并不能必然代表监察建议适用的整体成效。换言之，该学者所引用的数据和证明结论之间缺乏科学的关联性。因此，这一问题值得引起重视。

四、历史分析研究法

一切社会现象都有其孕育、产生、发展以及消亡的历史，如果抛开历史，那么就无法正确理解和把握社会现象及其本质。因此，历史分析法广泛地运用于社会科学领域之中。

具体到法学领域，历史分析法一般是指对法律及其相关制度和实践从历史的维度进行考察，科学分析某种法律现象在历史上是怎样产生的，在发展过程中经过了哪些主要阶段，并根据其发展阶段去考察这一事物的现状及其原因的方法。[2]这一研究方法同样适用于我国监察法学的研究。

我国古代监察制度，随同国家制度的产生而逐渐形成，伴随封建君主专制的不断强化而发展、完备。我国古代的监察法是我国古代法律体系的重要组成部分，是监察实践经验的法律化。从我国古代监察法的发展与沿革可以看出，我国古代有关监察的法律法规是在不断发展完善的，这些法律内容从附着于整体法典到独立成篇，从零星条文到完整严密的专门法典，直至成为内容完善、结构严密、内部协调、形式统一的监察法律体系，其变化反映了特定时代监察实践的需要和对监察立法的

---

〔1〕 谭家超："《监察法》实施过程中监察建议的制度建构"，载《法学》2019年第7期，第123~124页。

〔2〕 参见张文显主编：《法理学》（第5版），高等教育出版社2018年版，第12页。

日益重视。于中华民族独特的传统文化氛围中孕育而生的中国古代监察法，在整肃官僚队伍、维持吏治、纠正不法、维护封建政治稳定等方面起着十分显著而重要的作用。其特有的制度建构模式表达了中华民族在运用法律约束权力、规范国家机器正常运行等方面独特的智慧。[1]而我国当代的国家监察制度创设并非"无根之木""无源之水"，其离不开我国传统文化尤其是监察法制文化，具有鲜明的"中国基因"和"中国元素"。因此，对于我国古代监察制度尤其是监察法律制度进行系统地研究，对于构建新时代中国特色的国家监察体制无疑具有十分重要的历史借鉴价值。

但是，正如有学者所言："运用历史方法的关键，可能在于避免被一系列的历史事实所'蒙蔽'，透过历史事实去发现其背后的精神、思想、文化、传统等因素，将今天的现象、问题赋予其历史层面上的意义。要避免成为一个技术型的'历史史料重砌者'，就必须拥有法哲学家的头脑和智慧，透过历史去寻找那些具有长久生命力的法律精神和理念，从而解释今天的制度为什么成为今天的样子，历史上有哪些因素发挥了什么样的作用。"[2]因此，在对我国古代监察制度研究中应当秉持中立的研究视角，取其精华，去其糟粕，注意发现和把握监察制度的运行规律，丰富我国监察法学研究体系，推动我国当代监察实践发展。

五、比较分析研究法

一般认为，比较分析研究法是指按照特定的指示系统和有

---

〔1〕 焦利：《清代监察法及其效能分析》，法律出版社 2018 年版，第 1 页。
〔2〕 陈瑞华：《论法学研究方法——法学研究的第三条道路》，北京大学出版社 2009 年版，第 221 页。

关标准将客观事物加以分类比较，以探求事物的本质和规律，并做出正确评价的方法。比较研究方法有比较久远的历史，但一般认为它直到 19 世纪中期才成为法学中的独立方法。自 20 世纪中期以来，法学中的比较分析研究方法越来越得到普遍的重视。其在学习和借鉴他国有益经验以及改进本国法律、推动国际法治发展、促进法律文化交流和法治文明互鉴等方面，发挥着非常重要的作用。[1]

具体到监察法学的研究而言，需要对我国监察制度与其他国家或者地区的监察制度进行比较分析研究。比如，北欧国家的监察制度具有比较鲜明的特点以及较为成熟的运行机制等。以现代监察专员制度为例，其于 1809 年在瑞典诞生，此后逐步在芬兰、挪威和丹麦等国也予以确立，直到 2012 年，世界范围内已有 140 多个国家或者地区建立了监察专员制度。而且，随着社会事务分工的细化，监察专员的种类也在逐渐增多，出现了很多专门领域的监察专员，比如瑞典的男女同工同酬监察专员、新闻监察专员、反托拉斯监察专员、市场政策监察专员等。[2]我国《监察法》也有监察专员的规定，我国的监察专员与域外国家或者地区的监察专员之间有着相似之处，因此有比较借鉴的意义。

但是，从本质上而言，基于国家性质和具体国情不同，两者有着根本区别，不能混淆，更不能盲目"照搬照抄"。因为"运用比较方法最易引起争议的问题，是想当然地将外国尤其是西方国家的制度想象成完美无缺的，以至于在总结出各国'共同确立的原则、规则'之后，直接将其拿来用作构建有关制度

---

〔1〕 参见张文显主编：《法理学》（第 5 版），高等教育出版社 2018 年版，第 12 页。

〔2〕 韩阳等：《北欧廉政制度与文化研究》，中国法制出版社 2017 年版，第 35 页。

的标准"。[1]这极易出现所谓"水土不服"现象，轻者出现"制度功效打折"，重者则是"制度功效失灵"。

正是要通过科学的比较分析研究，达到两个研究目的：一方面要坚定中国特色国家监察制度和监察法律体系的自信；另一方面则要借鉴监察制度的共同之处并加以科学吸收，从而对我国国家监察制度进行完善和发展。

六、跨学科研究法

跨学科性研究已有较长历史，但真正称得上跨学科的，还是在近代有了分门别类的学科建制后才逐渐形成的。现在社会学科已经成为跨学科研究的活跃领域。跨学科研究法主要是指打破和超越以往分门别类的研究方法，进行全面的综合性的研究方法。采用跨学科研究法，极大地扩展了研究视野和研究思路，有助于丰富研究体系和研究内容。

监察法学应当注重跨学科研究法。首先，需要在法学学科内开展跨学科研究，即要对监察法学和宪法学、刑法学、刑事诉讼法学、行政法学等开展综合分析研究，找出监察法学与其他部门法学之间的相同点、不同点以及彼此之间的关联，促进各法学学科之间的交流、沟通和发展。比如，监察法学的研究就离不开宪法学研究成果的指引和保障，监察法学研究具体内容中的监察机关设置问题就和宪法学有着密切关联。再比如，监察法学的研究必须和刑事法学的研究相结合，因为这涉及监察法律制度和刑事法律制度（包括刑法法律制度和刑事诉讼法律制度）的科学合理衔接问题。再比如，监察法学的研究也需要行政法学研究的支持，监察法学中的监察赔偿制度问题就和国家赔偿

---

[1]　陈瑞华：《论法学研究方法——法学研究的第三条道路》，北京大学出版社 2009 年版，第 223 页。

有着高度的关联性，需要对行政法的研究成果予以借鉴和吸收。

其次，需要注重在社会科学领域内开展跨学科研究，即要对监察法学和哲学、政治学、经济学、管理学以及社会学等进行综合分析研究，注重运用哲学、政治学、经济学、管理学、社会学等学科观点来研究监察法。我国监察法学的研究尤其是要注重与马克思主义哲学、政治学的研究相结合，充分运用辩证唯物主义和历史唯物主义的世界观和方法论来进行理论分析，为监察法学的研究提供更加充足的理论基础和支撑，繁荣监察法学的研究成果。

第五节　监察法学的研究任务

任何一门法学学科都有着自己特定的研究任务，这是推动学科进步和发展的必备要素，也是学科价值的集中体现。监察法学作为一门新兴的法学学科，理应确定自己的研究任务，为自身学科建设提供充足的动力和持久的活力。监察法学的研究任务可概括为三方面主要内容：第一，从理论创新层面上讲，监察法学的研究要着眼于构建科学完备的监察法学体系；第二，从引领实践层面上讲，监察法学的研究要着眼于推动国家的法治反腐建设；第三，从人才培养层面上讲，监察法学的研究要着眼于培养高素质的监察法治人才。

一、构建科学完备的监察法学体系

一般认为，体系是指由若干事物或者某些意识观点相互联系而构成的一个有特定功能的有机统一体。法学体系是指由各个法学分支学科而构成的具有内在有机联系的统一整体。具体到监察法学而言，监察法学体系是指由监察法学所研究的具体对象和内容而构成的有机统一整体。监察法学研究的基本任务之一就是要构建起有特色的科学的监察法学体系，为监察法学的长远发展奠定坚实基础。

笔者认为，科学完备的监察法学体系应当具备"内容科学完备"和"形式科学完备"这两项基本要求。具体而言，监察法学体系应当具备三项基本特征：第一，监察法学体系内容完整系统，即监察法学体系内容应当是全面的，包括监察法律规范、监察基础理论以及监察应用实践等，对监察法学所研究的具体内容应当全部涉及，避免出现"研究真空"；注重运用多种研究方法来对监察法学进行系统全面研究，不断丰富监察法学研究体系成果。第二，监察法学体系结构严密精准，即监察法学体系各部分内容的逻辑结构应当各自明确又相互联系、环环相扣，从而形成科学的有机统一体，而不应当存在前后重复之处或者矛盾之处。第三，监察法学体系用语规范清晰，即监察法学体系的用语表达具有规范性，而不是含糊不清、模棱两可的，一方面要注意统一规范监察法学自己的学科术语；另一方面则要注意与"纪言纪语"的联系和区别，从而不断增强我国监察法学的话语权，尤其是在国际交流中的话语权。

理论的生命在于创新。创新是哲学社会科学发展的永恒主题，也是社会发展、深化实践、历史前进对哲学社会科学的必然要求。[1]科学完备的监察法学体系当然要将监察法学基础理论的创新置于重中之重。监察法学是一门新兴的法学科学，必须从我国实际国情出发，坚持以习近平新时代中国特色社会主义思想为指导，坚定正确的政治方向，高度重视监察法学基础理论发展，充分运用马克思主义唯物论和辩证法的观点进行研究，注重科学性、基础性和原创性，善于提炼标识性、融通性

─────────

〔1〕张文显："关于构建中国特色法学体系的几个问题"，载《中国大学教学》2017年第5期，第32页。

概念,[1]逐步形成中国特色的监察法学基础理论研究成果,厚植监察法学的理论之基。

二、推动国家的法治反腐建设

有学者从认识论的角度,将法学分为理论法学和应用法学,其中理论法学主要是综合研究法的基本概念、原理和规律等;而应用法学则主要研究国内法和国际法的具体制度,以及它们的制定、解释和适用。[2]监察法学则兼具理论法学和应用法学的特征,而且更注重应用性和实践性。监察法学不仅要进行理论研究和理论创新,而且更注重解决实践问题,力促实践发展。

监察法学作为集中研究反腐败的部门法学,其研究的主要任务之一就是要推动国家的法治反腐建设,否则监察法学的研究就会成为"摆放的花瓶"。监察法学研究在推动国家的法治反腐建设方面主要体现为两个方面内容:一是要积极推动国家监察立法工作,通过对监察立法规律和特点的深入研究,充分发挥监察法学研究成果对国家监察立法的引领作用,为国家监察立法提供强大的理论基础,力争将高质量的研究成果转化为高质量的立法成果,不断推进以《监察法》为中心的反腐败立法体系化,[3]进而促进中国特色社会主义法律体系的发展。二是

---

〔1〕 张文显:"关于构建中国特色法学体系的几个问题",载《中国大学教学》2017年第5期,第36页。

〔2〕 张文显:《法理学》(第5版),高等教育出版社2018年版,第14页。

〔3〕 比如新加坡于1960年制定了预防腐败为主的《防止腐败法》;于1989年制定了惩治腐败为主的《贪污所得利益没收法》,并围绕这两部基础性法律构筑了包括《公务员惩戒规则》《财产申报法》等一系列反腐败立法规范体系。集中制定专门的反腐败基本法,可以据此明晰反腐败立法的理念、目标和原则,有利于建构系统完备、层次分明、结构严谨的立法体系,有助发挥反腐治理的整体性、协同性和实践性效果。参见金成波、张航:"推进以监察法为中心的反腐败立法体系化",载《理论与改革》2019年第4期,第270页。

要积极推动国家监察执法工作，通过对监察权运行规律和机制的深入研究，完善依法科学高效的监察权运行机制，充分发挥监察法学研究成果对国家监察执法的规范、引导和示范作用，为监察执法提供有力的理论支撑。

三、培养高素质的监察法治人才

高素质的法学人才是建设国家法治、推动社会发展及增强国际竞争力的重要力量。因此，世界各国都非常重视法学人才的培养。习近平同志在中国政法大学考察时就明确指出："法治人才培养上不去，法治领域不能人才辈出，全面依法治国就不可能做好。"中华人民共和国成立以来，我国法学人才培养经历从无到有、从小到大、从弱到强的过程，为法治中国建设作出了巨大贡献。监察法治人才是我国法学人才的重要组成部分。

监察法学研究的主要任务之一就是"以研促教"和"以研促学"，培养高素质的监察法治人才，从而为监察法学的研究提供强大智力支持和保障，有助于繁荣和发展我国监察法学，增强监察法学的话语权和影响力。在培养高素质的监察法治人才方面特别要注意两方面内容：一是建立健全监察法学学科体系，开设监察法学的专门课程，对监察法治人才进行系统的教育与培养，不断提升监察法学教育的专业化水平。二是注重理论与实践相结合，进一步加强"校监合作"，为监察法治人才培养提供监察实践的机会和平台，同时也会促进监察实务水平的提升。

自我国监察体制改革实施以来，我国诸多高校纷纷建立监察法学的研究和教学基地，同时加强对监察法学的研究以及监察法治人才的培养，积累了一些初步的经验做法。比如，我国西南政法大学依托行政法学院，成立了监察法学院，注意打破学科壁垒，整合全校多个学科优势资源，凝聚各方力量，在科学研究、人才培养、学科建设、干部培训、校地合作等方面进行了一系列的探索和努力，目的是为国家监察体制改革与反腐败法治化建设提供人才及智力支持。比如，成立了监察法学教研室；制定了监察法学本科、硕士、博士各个层次的人才培养方案；完成首届监察法实务方向法律硕士（法学、非法学）的招生工作。此外，西北政法大学对于党内法规与监察人才的培养进行八个方面探索：一是成立了党内法规研究中心；二是成立了监察法学教研室；三是着手编写党内法规和监察法学的教材；四是设置了党内法规和监察法两门课程；五是加强党内法规和监察法的学科建设；六是积极从事党内法规和监察法学的理论研究；七是人才引进；八是在行政法学院加挂"纪检监察学院"牌子，建设一个新的学科方向。[1]随着监察法学教育和研究的不断发展和进步，我国高等院校在监察法治人才培养方面也将发挥越来越大的作用。

---

〔1〕 参见金承光："《监察法》施行后的理论、实务与人才培养探索——'2019年监察法理论与实践暨监察人才培养'学术研讨会综述"，载《西南政法大学学报》2019年第3期，第128页。

监察法学总论

CHAPTER 03 第三章 监察法的基本概念

本章主要是围绕监察法的基本概念来展开论述。监察法是围绕监察权的运行而制定的专门性反腐败法律，其主要用来指导和规范监察机关及其监察人员行为，以及调整监察法律关系等。监察法属于公法、成文法、兼具程序法和实体法的特性。

第一节　监察法的概念理解

关于监察法的基本概念可以从广义上和狭义上去理解。从广义上讲，监察法是指规范国家监察机关及其监察人员依法行使监察权并开展监察行为活动的法律、法规、规章的总称，即一切关涉国家监察内容的法律规范均为监察法。从狭义上讲，监察法则是指《中华人民共和国监察法》（由第十三届全国人民代表大会第一次会议通过），是反腐败国家立法，是一部对国家监察工作起统领性和基础性作用的法律。

监察法主要是围绕监察权的运行来具体展开的，其主要内涵包括四个方面内容：

一、监察权的法定主体：各级监察委员会

监察权的主体是各级监察委员会，各级监察委员会是行使

国家监察职能的专责机关，其他国家机关则无权行使，这体现了监察权主体的唯一性和特定性。此处需要强调的是，监察人员是监察机关的工作人员，监察人员是监察权运行的具体载体，其职务行为并非个人意志的体现，而是监察机关意志的体现。因此，从严格意义上讲，监察人员并不能成为监察权的法定主体。

二、监察权的主要对象：履行公职的人员

监察权的对象为履行公职的人员，即所有行使公权力的公职人员，主要包括：公务员和参公管理人员、依法受委托管理公共事务的人员、国有企业管理人员、公办事业单位中从事管理的人员、基层群众性自治组织中从事管理的人员以及其他依法履行公职的人员。

三、监察权的主要客体：公职人员的职务廉洁性

监察权的主要客体是公职人员的职务廉洁性。监察机关及其监察人员通过依法行使监察权，认真督促公职人员依法规范行使公权力，纠正公职人员的违法行为，惩治公职人员的犯罪行为，确保公职人员的职务廉洁性。

四、监察权的运行方式：各种监察行为活动

监察权的运行方式就是各级监察委员会依法开展的各种监察行为活动，即各级监察委员会依法采取的相关监察措施，对行使公权力的公职人员进行的监督、调查和处置，从而达成监察目标。

第二节　监察法的基本属性

从一定的角度或者根据一定标准，可将法划分为不同的类别，这是对其进行科学深入研究的重要基础。监察法按照法的不同分类，分别属于：

一、监察法属于公法

公法与私法的划分主要存在于大陆法系，是大陆法系划分部门法的基础。一般认为，公法是指有关公共权力（职权）和义务（职责）的法律规定，涉及国家权力在社会生活中的地位、作用、运行程序等；而私法则是指有关私人权利和义务的规定，涉及公民、法人等非国家组织的权利和义务的规定。[1]从这个角度而言，监察法主要是对公权力进行监督和制约、调整公权力之间关系的法律规范，因此监察法显然属于公法的范畴。

二、监察法属于成文法

根据法的创制方式和表现形式不同，可将法分为成文法和不成文法。其中，成文法也称为制定法，即指具有立法权的国家机关依法制定或者认可的并以成文形式（主要是法典）出现的法律规范的总称；不成文法是指由法定的国家机关认可，不具有文字形式或者虽有文字形式但不具有规范化成文形式的法律规范的总称。[2]从我国立法规定和立法习惯看，监察法显然属于成文法的范畴，主要是由全国人大及其常委会依法制定的监察法律规范。

---

〔1〕　张文显主编：《法理学》（第 5 版），高等教育出版社 2018 年版，第 92 页。
〔2〕　张文显主编：《法理学》（第 5 版），高等教育出版社 2018 年版，第 92 页。

三、监察法兼具实体法和程序法的特质

以法规定的内容不同和价值取向为标准，可将法分为实体法和程序法。其中，实体法主要是指规范法律关系主体权利义务、以追求实体正义为基本内容的法律规范；程序法主要是指保障法律关系主体的权利义务实现或者保障职权和职责的实施所需程序、以追求程序正义为基本内容的法律规范。监察法具有实体法的特质，因为其需要规范监察法律关系主体的职权、职责、权利、义务等，确保实体正义这一价值目标的实现；同时监察法也具有程序法的特质，因为其需要规范监察活动行为的具体程序内容，确保程序正义这一价值目标的实现。

CHAPTER 04

第四章 监察法的立法目的

监察法的立法目的主要是指制定监察法律制度所要达到的立法理想和立法效果，也是立法价值的重要体现。我国《监察法》第 1 条规定："为了深化国家监察体制改革，加强对所有行使公权力的公职人员的监督，实现国家监察全面覆盖，深入开展反腐败工作，推进国家治理体系和治理能力现代化，根据宪法，制定本法。"这不仅是《监察法》立法的目的，也是广义监察法立法的目的。

第一节 深化国家监察体制改革

国家监察体制改革是以习近平同志为核心的党中央作出的重大决策部署，是事关全局的重要政治体制改革，是全面深化改革的重要组成部分。为了加强党对反腐败工作集中统一领导，解决长期以来我国反腐败体制机制的深层次问题，整合和优化反腐败资源，加强对所有行使公权力的公职人员的监督，中共中央于 2016 年 11 月决定在北京市、山西省、浙江省三省市进行国家监察体制改革试点。2016 年 12 月，第十二届全国人大常委会第二十五次会议通过《关于在北京市、山西省、浙江省开展国家监察体制改革试点工作的决定》，赋予了试点地区监察委员会监督、调查、处置三项职能，并暂停了部分法律法规中的具体条文在三地的适用。经过一年多的探索实践，国家监察体制改革试点工作取得重要进展，积累了可复制和可推广的经验。根据党的十九大部署，中共中央办公厅印发了《关于在全国各地推开国家监察体制改革试点方案》；2017 年 11 月，第十二届全国人大常委会第三十次会议通过《关于在全国各地推开国家监察体制改革试点工作的决定》，国家监察体制改革试点工作在全国正式推开。从上可以看出，国家监察体制改革是由党中央提出并主导实施的，进而将党的意志通过法定程序及时转化为国家意志和国家法律，从而实现党的意志、国家意志和人民意志相一致，确保党的领导、依法治国和人民当家作主相统一，这体现了鲜明的中国特色社会主义立法进程。

第十二届全国人民代表大会常务委员会副委员长李建国同志所作《关于〈中华人民共和国监察法（草案）〉的说明》指出："深化国家监察体制改革是组织创新、制度创新，必须打破体制机制障碍，建立崭新的国家监察机构。制定监察法是深化国家监察体制改革的内在要求和重要环节。党中央对国家监察立法工作高度重视，习近平总书记在党的十八届六中全会和十八届中央纪委五次、六次、七次全会上均对此提出明确要求。中央政治局、中央政治局常务委员会和中央全面深化改革领导小组多次专题研究深化国家监察体制改革、国家监察相关立法问题，确定了制定监察法的指导思想、基本原则和主要内容，明确了国家监察立法工作的方向和时间表、路线图。党的十九大明确提出：制定国家监察法，依法赋予监察委员会职责权限和调查手段，用留置取代'两规'措施。监察法作为我国反腐败国家立法，是一部对国家监察工作起统领性和基础性作用的法律。制定监察法，贯彻落实党中央关于深化国家监察体制改革决策部署，使党的主张通过法定程序成为国家意志，对于创新和完善国家监察制度，实现立法与改革相衔接，以法治思维和法治方式开展反腐败工作，意义重大、影响深远。"

一方面，制定监察法是为了将国家监察体制改革的已有成果进行固定，从制度层面上确认改革成果的合法性、正当性，实现"行政监察"上升为"国家监察"，明确监察机关和监察权的法律地位，与全面推进依法治国的步调相协调。[1]另一方面，制定监察法是为深化国家监察体制改革提供坚实的法律依据，做到"重大改革于法有据"，更好地从法律角度为国家监察体制改革进程提供指引，更有效地实现对所有行使公权力的公职人员的监督，更好地实现国家监察全面覆盖，保障国家监察制度改革在法治轨道上顺利运行，构建起中国特色的国家监察制度体系。

第二节　深入开展反腐败工作

"人民群众最痛恨腐败现象，腐败是我们党面临的最大威胁。"习近平同志指出："党风廉政建设和反腐败斗争是一场输不起的斗争，不得罪成百上千的腐败分子，就要得罪十三亿人民。这是一笔再明白不过的政治账、人心向背的账！"党的十八大以来，以习近平同志为核心的党中央旗帜鲜明反腐败，以"零容忍"的态度重拳反腐败，坚定不移"打虎""拍蝇""猎狐"，经过全党上下的共同努力和人民群众的积极拥护，不敢腐的目标初步实现，不能腐的笼子越扎越牢，不想腐的堤坝正在

---

〔1〕　参见马怀德主编：《中华人民共和国监察法理解与适用》，中国法制出版社 2018 年版，第 3 页。

构筑，反腐败压倒性态势已经形成并巩固发展。[1]王岐山同志在十八届中央纪委七次全会上的工作报告中指出："国家监察委员会就是国家反腐败机构，制定国家监察法实质是推进反腐败国家立法。"因此，监察法的立法目的之一就是要及时将党的十八大以来反腐败的重大成果和有益经验固定，加强党的集中统一领导，优化整合反腐败资源，坚持"治标"和"治本"协同推进，充分体现我们党对反腐败工作的高度重视和反腐败国家立法的重要成果，也充分显示我们党注重运用法治思维和法治方式反腐的决心和信心，促使我国反腐败制度体系更加科学和完善。

"同时要看到，当前滋生腐败的土壤依然存在，反腐败斗争形势依然严峻复杂，特别是政治问题和经济问题交织、区域性腐败和领域性腐败交织、用人腐败和用权腐败交织、'围猎'和甘于被'围猎'交织等问题依然突出，全面从严治党依然任重道远。"反腐败工作仍是我们党和国家在今后所面临的重要任务之一。这就决定了必须全面加强监察法的立法工作，尤其是进一步完善《监察法》的配套法律法规以及其他规范性文件，赋予监察机关强力的监察权能，树立监察机关强大的监察权威，全面构筑起"不敢腐""不能腐""不想腐"的长效机制制度，充分发挥"法治反腐"和"制度反腐"的巨大优势，深化"标本兼治、综合治理"，为深入推进国家反腐败工作提供强大的法治保障。

第三节　推进国家治理体系和治理能力现代化

国家治理体系和治理能力是一个国家的制度和制度执行能

---

〔1〕　中共中央宣传部编：《习近平新时代中国特色社会主义思想三十讲》，学习出版社 2018 年版，第 323 页。

力的集中体现。国家治理体系和治理能力现代化是我国国家治理的价值追求和目标，国家治理体系现代化和国家治理能力现代化是辩证统一的整体。国家治理体系现代化主要是指在坚持和完善我国社会主义基本制度的前提下，为了适应时代变化，不断改革与实践发展要求不相适应的体制机制、法律法规，同时又不断构建新的体制机制、法律法规，真正构建起一整套系统完备、科学规范、运行有效的制度体系，使各方面制度更加成熟更加定型。[1]国家治理能力现代化强调要善于运用制度和法律治理国家，更要善于把各方面制度优势切实转化为管理国家的效能。[2]

　　推进国家治理体系和治理能力现代化，是完善和发展中国特色社会主义制度的必然要求，也是建设社会主义现代化强国的题中应有之义。[3]推进国家治理体系和治理能力现代化，就要适应时代变化，不断改革不适应实践发展要求的体制机制，在创新中使各方面体制机制更加科学、更加完善。

　　国家治理体系和治理能力现代化首先要求治理主体必须具备治理现代社会的能力，而这种能力的基本要求就是要保障治理主体行使权力的规范性，决不允许以权谋私、权力寻租等腐败行为发生；否则，几乎不可能实现国家治理体系和治理能力现代化。因此，构建中国特色的国家监察制度和反腐败制度是推进国家治理体系和治理能力现代化的重要组成部分和必然要求，反过来又必将有效地推进国家治理体系和治理能力现代化。从这个角度上讲，加强监察法的立法工作就是要大力推进我国

---

〔1〕 习近平：《习近平谈治国理政》，外文出版社 2014 年版，第 71 页。

〔2〕 习近平：《习近平谈治国理政》，外文出版社 2014 年版，第 92 页。

〔3〕 中共中央宣传部编：《习近平新时代中国特色社会主义思想三十讲》，学习出版社 2018 年版，第 98~99 页。

反腐败法治化进程，逐步实现国家腐败治理体系的制度化、科学化、规范化和程序化，[1]并不断将反腐败制度和其他制度优势一道转化为科学的国家治理效能，力促国家治理体系和治理能力现代化，实现全面深化改革的最终目标。

---

[1] 吴建雄主编：《读懂〈监察法〉》，人民出版社 2018 年版，第 14 页。

第五章 监察法的法律渊源

本章主要讨论监察法的法律渊源问题。法律渊源，也称为"法的渊源"或者"法源"，是指那些具有法的效力作用和意义的法的外在表现形式。我国法律渊源采用的是以各种制定法为主的正式的法的渊源。具体到监察法，其法律渊源主要包括八项主要内容。

第一节 宪 法

宪法是国家的根本大法，其规定了当代中国最根本的政治、经济和社会制度，规定了国家的根本任务、公民的基本权利和基本义务、国家机构的组织结构和活动原则等。宪法具有最高的法律效力，是其他各种法律和法规的"母法"。宪法规定了监察机关的性质、地位、设置、人员构成、基本职权、与其他国家机关之间的关系等一系列监察制度规范。《宪法》对于监察制度的规定，确立了"一府一委两院"的新型国家机构体系，使得监察权成为与行政权、审判权与检察权处于同等地位的新型国家权力。《宪法》是我国监察法的重要渊源，一切关于监察制度的法律、法规、规章和其他规范性文件都不得与宪法相抵触，否则无效。

第二节 法　律

2018 年 3 月 20 日第十三届全国人民代表大会第一次会议通过了《监察法》。《监察法》是一部关于反腐败的综合性法律，兼具组织法、实体法、程序法、救济法等法律特征。《监察法》共计 9 章 69 条：第一章　总则、第二章　监察机关及其职责、第三章　监察范围和管辖、第四章　监察权限、第五章　监察程序、第六章　反腐败国际合作、第七章　对监察机关和监察人员的监督、第八章　法律责任和第九章　附则，初步建立起中国特色的国家监察法律制度。《监察法》在监察法律制度体系中具有原创性、基础性、引领性的作用，是我国监察法的主要法律渊源。

其他法律规定是指全国人民代表大会及其常务委员会依法制定的法律规范。这些有关监察制度和监察工作的法律主要有：《刑法》《刑事诉讼法》《公务员法》《法官法》《检察官法》《企业国有资产法》《引渡法》《国际刑事司法协助法》等。这些涉及监察制度和监察工作的法律规定也是监察法的重要法律渊源。

第三节　行政法规和规章

行政法规是指国务院根据宪法和法律制定的规范性文件。比如，《行政机关公务员处分条例》等。[1]此外，行政规章是指由国务院各部委根据法律和国务院的行政法规、决定、命令，在本部门的权限范围内所制定规范性文件，涉及监察工作的主

---

〔1〕《行政机关公务员处分条例》是于 2007 年 4 月 4 日由中华人民共和国国务院第 173 次常务会议通过的，需要及时予以修改。

要有：《中央和国家机关差旅费管理办法》（财行〔2013〕531号）《中央和国家机关培训费管理办法》（财行〔2016〕540号）等。涉及监察工作的行政法规和规章是监察法律渊源的重要组成部分。

第四节　监察法规

我国监察体制改革正在深入推进中，中央纪委国家监委会根据监察工作中遇到的新问题、新情况来制定和发布一些暂行规定。比如，印发的《公职人员政务处分暂行规定》（2018年4月16日）就是对监察机关对公职人员进行政务处分的主要依据。还如，印发的《监察机关监督执法工作规定》（2019年7月15日）主要是对监察机关依法开展监督执法工作，特别是对规范行使调查权等提出具体要求与规范严格，上述规范性文件作为监察法的实施办法，与纪律检查机关监督执纪工作规则相贯通，与刑事诉讼法、刑法等国家法律有效衔接。[1]笔者建议，根据我国《宪法》和《立法法》的规定精神以及我国立法制度惯例，应从法律层面上赋予国家监察委员会制定监察法规的权力，并对其制定监察法规的事项进行必要限制。这样有助于更好地促进作为最高监察机关的国家监察委员会名正言顺地依法依规指导和规范全国监察工作。

2019年10月21日，第十三届全国人大常委会第十四次会

---

〔1〕 该《规定》对监察机关开展日常监督、谈话函询、初步核实、立案调查的审批程序作出具体规定，明确各项调查措施的使用条件、报批程序和文书手续；落实监察机关与司法机关、执法部门互相配合、互相制约要求，明确互涉案件的管辖原则，以及与检察机关在案件移送衔接、提前介入、退回补充调查等方面的协作机制；强化法治思维，在措施使用、证据标准上主动对接以审判为中心的刑事诉讼制度改革；要求进一步强化自我约束，自觉接受监督，建设一支忠诚干净担当的监察队伍。参见中央纪委国家监委网站"信息公开"栏目。

议审议了《关于国家监察委员会制定监察法规的决定（草案）》，并决定国家监察委员会根据宪法和法律制定监察法规的职权。"监察法规可以就下列事项作出规定：（一）为执行法律的规定需要制定监察法规的事项；（二）为履行领导地方各级监察委员会工作的职责需要制定监察法规的事项。监察法规不得与宪法、法律相抵触。"〔1〕此外，还决定监察法规应当经国家监察委员会全体会议决定，由国家监察委员会发布公告予以公布；监察法规应当在公布后的 30 日内报全国人民代表大会常务委员会备案；全国人民代表大会常务委员会有权撤销同宪法和法律相抵触的监察法规。

笔者认为在《立法法》等法律未做修改的情况下，由全国人大常委会以决定的方式明确国家监察委员会的职权：一是满足了国家监察工作的当前实践需求；二是符合我国立法进路，即"先实践后成法"。但是，从全面依法治国的长远角度以及我国成文法的立法惯例来考虑，为了保障监察法规的统一性、规范性和权威性，笔者主张还是应当通过修改《立法法》等法律的方式，明确国家监察委员会制定监察法规的职权以及具体内容。

第五节　军事法规和军事规章

军事法规和军事规章是指我国军队有关部门依法制定的适用于军队内部的规范性文件。我国《立法法》第 103 条第 3、4

---

〔1〕　全国人大常委会法制工作委员会主任沈春耀在向第十三届全国人大常委会第十四次会议作草案说明时指出，我国宪法规定，国家监察委员会是最高监察机关，领导地方各级监察委员会的工作。制定监察法规是国家监察委员会履行宪法法律职责所需要的职权和手段。随着国家监察体制改革工作的深入推进，为保证监察法全面贯彻实施，有必要由国家监察委员会对监察法做进一步具体化的规定。

款规定，"军事法规、军事规章在武装力量内部实施。军事法规、军事规章的制定、修改和废止办法，由中央军事委员会依照本法规定的原则规定。"我国《监察法》第68条规定："中国人民解放军和中国人民武装警察部队开展监察工作，由中央军事委员会根据本法制定具体规定。"因此，军事法规和军事规章涉及监察制度和监察工作的规定也应当成为我国监察法律渊源。

第六节　司法解释

司法解释是指最高人民法院、最高人民检察院依法制定的涉及具体法律应用的规范性文件。司法解释主要分为两类：一类是抽象类解释文件；另一类是对下级司法机关就适用法律问题所做的具体解释。

司法解释往往涉及刑事法与监察法的衔接、职务犯罪证据认定、具体职务犯罪的法律适用等方面内容。比如，最高人民法院、最高人民检察院《关于办理职务犯罪案件认定自首、立功等量刑情节若干问题的意见》等。司法解释是我国监察法律渊源的重要组成部分，是监察机关依法调查职务犯罪案件的重要依据和参考。

第七节　国际条约

国际条约是指我国同外国缔结的双边和多边条约、协定和其他具有条约、协定性质的文件。国际条约本是国际法的主要渊源，但由于它对签约国有约束力，因而凡是我国政府签约的国际条约，也属于我国法的渊源之一。[1]我国所签署并批准通

---

〔1〕 张文显主编：《法理学》，法律出版社2007年版，第137页。

过、正式生效的关于反腐败和监察工作的国际条约也构成监察法的法律渊源。

国际条约具体可分为三类：第一类是国际性的条约法规，最具代表性的是 2003 年 10 月 31 日第 58 届联合国大会全体会议审议通过的《联合国反腐败公约》(The United Nations Convention Against Corruption, UNCAC)，这是联合国历史上第一部用于指导和协调国际反腐败的法律文件，也是目前关于国际反腐败最全面、最完整、最权威的国际法依据，对预防腐败、反腐败国际合作、国际追逃追赃等作以明确规范，对促进反腐败国际合作具有重要意义。[1]此外，还有 2000 年 11 月 15 日，第 55 届联合国大会审议通过的《联合国打击跨国有组织犯罪公约》等。第二类是区域性的条约法规，和我国相关的比较有代表性的主要包括：一是 2014 年 APEC 会议通过的《北京反腐败宣言》；二是《二十国集团反腐败追逃追赃高级原则》（一、零容忍：态度；二、零漏洞：制度；三、零障碍：执行）等。第三类是双边性的条约法规，比如《中华人民共和国和比利时王国引渡条约》《中国政府和加拿大政府关于分享和返还被追缴资产的协定》等。

第八节　党内法规

党内法规是否应当成为监察法的法律渊源尚存在争议。有观点认为，从一般法理学讲，党内法规不属于监察法的法律渊源。与此相反的是，有观点认为，我国实行党的纪律检查机关与监察机关合署办公；而且党内法规是监察机关制定规范文件

---

〔1〕　胡冬华：《反腐败国际追赃司法机制研究》，法律出版社 2017 年版，第 94 页。

的直接依据，同时也是监察机关对监察对象进行问责或者作出相应处分的适用依据。从这个角度上讲，党内法规也是监察法渊源。[1] 笔者认为，党内法规应当是监察法的法律渊源，"中国共产党是中国特色社会主义事业的领导核心，党的政策是立法的依据，是执法和司法的指导，因而具有法源的地位和作用"。[2] 此外，从中国特色社会主义法治体系的构建来看，完善的党内法规体系正是其中应有之义，正如中共十八届四中全会指出的，"党内法规既是管党治党的重要依据，也是建设社会主义法治国家的有力保障。"现行的涉及纪检监察工作的党内法规主要包括：《中国共产党章程》（2017 年 10 月 24 日）、《中国共产党纪律检查机关监督执纪工作规则》（2019 年 1 月 1 日）、《中国共产党纪律处分条例》（2018 年 8 月 26 日）、《中国共产党巡视工作条例》（2017 年 7 月 1 日）、《中国共产党问责条例》（2019 年 9 月 4 日）、《中国共产党党内监督条例》（2016 年 10 月 27 日）、《关于新形势下党内政治生活的若干准则》（2016 年 10 月 27 日）等。

此处需要强调两点：一是我国监察体制改革正在深入推进之中，我国监察法律体系正在形成并发展之中。比如，按照十九届中央纪委三次全会部署，中央纪委国家监委正在有条不紊地推进《政务处分法》《监察官法》等法律的起草工作。伴随着这些法律陆续出台，其也将成为监察法的重要法律渊源。二是随着监察体制改革在全国各地的开展，我国地方性法规、民族自治地方的自治条例和单行条例等也可能制定涉及监察工作的规定，因此会成为监察法的法律渊源。

---

〔1〕 参见秦前红主编：《监察法学教程》，法律出版社 2019 年版，第 54 页。

〔2〕 张文显主编：《法理学》（第 5 版），高等教育出版社 2018 年版，第 91 页。

CHAPTER 06

第六章 监察法的法律关系

本章主要讨论监察法的法律关系问题。从法理学上讲，法律关系是法律规范作用于社会生活的过程和结果，是法律从静态到动态的转化，是法律秩序的存在形态。法律关系属于社会关系的范畴，表现为人与人之间的关系；但是，法律关系不同于一般的社会关系，它是以法律规范为基础形成的、以法律权利与法律义务为内容的社会关系。监察法律关系是法律关系的一种，具有自身独特性。

第一节　监察法律关系的基本概念

从法理学上讲，法律关系具有三个明显的特征：第一，法律关系是以法律规范为基础形成的社会关系；第二，法律关系是法律主体之间的社会关系；第三，法律关系是以权利和义务为内容的社会关系。[1]具体到监察法的法律关系，其主要是指以宪法和监察法律关系为基础形成的、以涉及监察法律权力（权利）和法律义务为主要内容的社会关系。其中，监察法律关

---

〔1〕　参见张文显主编：《法理学》（第 5 版），高等教育出版社 2018 年版，第152 页。

系主体是指监察机关以及与监察机关相关的监察对象、国家机关以及其他监察参与者。监察法律关系客体主要是指公职人员职务违法和职务犯罪事实以及监察机关行使监察权的行为。监察法律关系内容主要是指监察法律关系主体之间在监察工作中形成的权利与义务。监察法的法律关系是由监察法所调整的一种特殊的法律关系，其主要特征表现为：多元性、纵向性和特定性。

一、监察法律关系的多元性

监察法所调整的法律关系并非单一性的，而具有多元性，即主要以监察机关与监察对象的法律关系为核心的多元化关系。这是由监察参与者的广泛性所决定的，这里包括监察机关、监察对象、人民代表大会、其他国家机关、监察人员、证人、鉴定人、翻译人、举报人、控告人等。各个参与者之间都可能会直接或者间接地产生相应的法律关系。

二、监察法律关系的纵向性

监察法的法律关系主要是纵向性法律关系，即监察法律关系主要表现为监督与被监督、管理与被管理、服从与被服从等关系；监察法律关系主体之间的权利（权力）与义务具有强制性，既不能随意转让，也不能任意放弃。这种纵向性法律关系是由监察权来依法保障实施的。

三、监察法律关系的特定性

监察法律关系是受监察法调整的法律关系，其法律关系的客体有着特定内容，一是公职人员的违法和犯罪行为；二是监察机关依法行使监察权的行为。整个监察法律关系都是围绕着这两种行为而形成的。

第二节　监察法律关系的主要内容

监察法的法律关系内容主要包括以下六个层面：一是监察机关与监察对象的法律关系；二是监察机关与人民代表大会的法律关系；三是监察机关与国家机关之间的法律关系；四是上下级监察机关的法律关系；五是监察机关与监察人员的关系；六是监察机关与其他监察参与人之间的关系。

一、监察机关与监察对象的法律关系

监察机关与监察对象的法律关系是监察法中最核心的法律关系，整个监察法律制度的设计和运行均是围绕着这一法律关系开展的。监察机关和监察对象之间主要是监察与被监察的关系。

首先，监察机关依法履行监察职能，通过采取相应的监察措施，对监察对象实施监督、调查和处置，实现监察权运行的价值目标。与此同时，监察机关应当承担起相应的职责和义务，一是要严格按照法定程序来行使监察权，而不能滥用或者乱用监察权；二是要依法保障监察对象的合法权益，否则应当承担相应的法律责任，使得对监察对象的监察既有力、有效，又不致任性、恣意。[1]比如，我国《监察法》第65条就是对监察机关违法行为进行惩戒的相关规定。

其次，对于监察对象而言，监察对象应当依法配合监察机关开展相应的监察工作，如实回答监察机关的问题，接受监察机关所作出的合法处置结果，不得干扰监察工作的开展。但是，

---

〔1〕　谢尚果、申君贵主编：《监察法教程》，法律出版社2019年版，第15页。

与此同时，监察对象也享有法定的权利，当自身权利遭受到监察权的不当或者不法侵害时，享有相应的救济权，以保障自身权益。比如，我国《监察法》第49条规定："监察对象对监察机关作出的涉及本人的处理决定不服的，可以在收到处理决定之日起一个月内，向作出决定的监察机关申请复审，复审机关应当在一个月内作出复审决定；监察对象对复审决定仍不服的，可以在收到复审决定之日起一个月内，向上一级监察机关申请复核，复核机关应当在二个月内作出复核决定。……"

二、监察机关与人民代表大会的法律关系

监察机关与人民代表大会的法律关系可表述为，监察机关由人民代表大会产生，监察机关对本级人民代表大会及其常务委员会负责，并接受其监督，即两者是"被监督与监督"关系。根据我国《监察法》第8条规定："国家监察委员会由全国人民代表大会产生，负责全国监察工作。国家监察委员会由主任、副主任若干人、委员若干人组成，主任由全国人民代表大会选举，副主任、委员由国家监察委员会主任提请全国人民代表大会常务委员会任免。国家监察委员会主任每届任期同全国人民代表大会每届任期相同，连续任职不得超过两届。国家监察委员会对全国人民代表大会及其常务委员会负责，并接受其监督。"此外，我国《监察法》第9条第2、3、4款规定："地方各级监察委员会由主任、副主任若干人、委员若干人组成，主任由本级人民代表大会选举，副主任、委员由监察委员会主任提请本级人民代表大会常务委员会任免。地方各级监察委员会主任每届任期同本级人民代表大会每届任期相同。地方各级监察委员会对本级人民代表大会及其常务委员会和上一级监察委员会负责，并接受其监督。"

人民代表大会及其常务委员会对监察机关和监察人员的监督方式主要有：①听取和审议本级监察委员会的专项工作报告；②组织执法检查；③就监察工作中的有关问题提出询问或者质询。

三、监察机关与司法机关和执法部门的法律关系

监察机关与司法部门和执法部门的法律关系为"互相配合、互相制约"的关系。其中，互相配合要求监察机关与司法机关和执法部门在查办职务违法和职务犯罪案件时需要通力合作，高效履职，形成工作合力。互相制约则要求监察机关与司法机关和执法部门在工作中要各自正确履职，坚守职责要求，确保办案程序公正，防止出现工作失误或者错误。互相配合和互相制约是辩证统一的关系，不可偏废。

四、上下级监察机关的法律关系

我国上下级监察机关之间的法律关系是领导与被领导的关系。根据我国《宪法》和《监察法》的规定，国家监察委员会是最高监察机关，领导地方各级监察机关；上级监察机关领导下级监察机关工作。这种法律关系包括三层含义：

一是上级监察机关应当依法对下级监察机关的监察工作进行指挥，上级监察机关依法发布的命令或者要求，下级监察机关就必须执行。比如，我国《监察法》第 17 条第 1 款规定："上级监察机关可以将其所管辖的监察事项指定下级监察机关管辖，也可以将下级监察机关有管辖权的监察事项指定给其他监察机关管辖。"

二是上级监察机关应当依法对下级监察机关的监察工作进行指导和监督。比如，我国《监察法》第 60 条规定："……申

诉人对处理决定不服的，可以在收到处理决定之日起一个月内向上一级监察机关申请复查，上一级监察机关应当在收到复查申请之日起二个月内作出处理决定，情况属实的，及时予以纠正。"

三是上级监察机关应当依法支持和保障下级监察机关开展工作，排除各种干扰因素。比如，我国《监察法》第 17 条第 2 款规定："监察机关认为所管辖的监察事项重大、复杂，需要由上级监察机关管辖的，可以报请上级监察机关管辖。"

五、监察机关与监察人员的法律关系

监察机关与监察人员的法律关系是监察机关内部的主要法律关系。两者之间是管理与被管理、监督与被监督、保障与被保障的关系。

首先，监察机关依法对监察人员进行管理和监督，对监察人员依法履职形成约束，对违纪违法甚至犯罪的监察人员进行处置。比如，我国《监察法》第 15 条规定就将"监察人员"纳入监察对象。此外，我国《监察法》第 55 条规定："监察机关通过设立内部专门的监督机构等方式，加强对监察人员执行职务和遵守法律情况的监督，建设忠诚、干净、担当的监察队伍。"其次，监察机关依法保障监察人员开展监察工作，比如，我国《监察法》第 14 条规定："国家实行监察官制度，依法确定监察官的等级设置、任免、考评和晋升等制度。"再比如，根据我国《监察法》第 64 条规定，监察对象对监察人员进行报复陷害的，监察机关应当依法给以处理。

作为监察人员，其首先应当接受监察机关的管理与监督，依法履行职责，自觉承担法律义务，廉洁自律，勤勉工作，不得徇私枉法，不得贪污受贿，不得侵犯公民合法权益。比如，

我国《监察法》第 56 条就对监察人员提出明确要求："监察人员必须模范遵守宪法和法律，忠于职守、秉公执法，清正廉洁、保守秘密；必须具有良好的政治素质，熟悉监察业务，具备运用法律、法规、政策和调查取证等能力，自觉接受监督。"其次，监察人员在依法履职过程中的合法权益应当受到监察机关的支持和保障。

六、监察机关与派驻或者派出机构、监察专员之间的关系

监察机关与派驻或者派出机构、监察专员之间是领导与被领导、监督与被监督的关系。派驻或者派出机构、监察专员的职能权限来源于各级监察委员会，依法代表其履行相应的监察职责，按照管理权限对公职人员实施监督，提出监察建议，以及依法对公职人员进行调查、处置等。派驻或者派出机构、监察专员受各级监察委员会的领导和监督，并对其负责。

这里需要强调的是我国监察专员是具有中国特色的监察机构之一，从根本上区别于西方国家的监察专员制度，不能将两者混为一谈。

七、监察机关与其他监察参与者之间的关系

其他监察参与者主要是指涉及监察工作的证人、鉴定人、翻译人、举报人、控告人等。监察机关应当保障其他监察参与者的合法权益，为其参与监察工作提供便利条件。其他监察参与人应当依法履行相应的义务，否则应当承担相应的法律责任，比如，我国《监察法》第 64 条规定："……控告人、检举人、证人捏造事实诬告陷害监察对象的，依法给予处理。"

CHAPTER 07
第七章　监察法的基本原则

　　本章主要讨论监察法律基本原则的问题。法律原则是法律的基础性真理、原理或者为其他法的要素提供基础或者本源的综合性原理或者出发点。法律原则可以是非常抽象的，例如，法律面前人人平等原则、无罪推定原则、自然公正原则；也可以是具体的，例如，任何人不能做自己案件的审判者。法律原则存在于法律运作的全过程，对制定、理解和适用法律规则具有重要的指导意义。监察法律基本原则是指导监察法律的主要规范要求，具有重要的理论意义和实践价值。

第一节　监察法律基本原则的基本概念

　　法律的基本原则是指体现法的根本价值的法律援助，它是整个法律活动的指导思想和出发点，构成法律体系的神经中枢。[1]按照法律原则的效力层次可分为：宪法原则和部门法原则。其中，宪法原则是指由宪法或者宪法性法律所确立的法律原则，其具有最高的效力等级，是部门法原则的依据。部门法原则是

─────────

〔1〕　张文显主编:《法理学》（第 5 版），高等教育出版社 2018 年版，第 120～122 页。

指适用于各法律部门的法律原则。每一个法律部门都有自己独特的调整对象和调整方法，因而都有自己的法律原则。[1]比如，刑法中的罪刑法定原则、民法中的诚实信用原则、刑事诉讼中的无罪推定原则、民事诉讼中的优势证明原则等。

具体到作为一门法学分支的监察法学，笔者认为，监察法的基本原则是指由监察法规定的、贯穿监察行为和活动始终的、规范监察参与者行为的基本标准、基本准则或者基本界限。有些监察法的基本原则是通过具体的监察法律规范予以展示的，而有些监察法的基本原则则隐含在监察法律规范之中。对于监察法的基本原则进行深入研究，有助于更好地理解监察法的立法目标和意义，也有助于更好地指导监察工作实践的开展和监察价值目标的实现。

第二节　当前对于监察法的基本原则的认知

通过梳理分析，当前学界关于监察法的基本原则认识并未达成一致，主要有以下代表性的观点：

一、"三点论"

有观点认为，监察法的基本原则包括三方面内容：[2]

第一，法律面前人人平等，即监察机关在行使监察职权的过程中，应当严格依法依规追究违法犯罪行为，任何组织和个人均不许拥有超越宪法和法律的特权。

第二，以事实为依据，以法律为准绳，即监察机关在行使

---

〔1〕 参见陈林林、夏立安主编：《法理学导论》，清华大学出版社 2014 年版，第 54~55 页。

〔2〕 参见李晓明、芮国强主编：《国家监察学原理》，法律出版社 2019 年版，第 16~17 页。

监察职权的过程中必须以客观事实为基础，严格按照法律的规定办案，尊重事实是前提，法律是标准，两者不可偏废。

第三，惩戒与教育相结合，即监察机关一方面要对已经发生的违法犯罪行为进行惩戒；另一方面，要教育被监察对象遵纪守法，惩戒与教育处于一个既对立又统一的共同体中，教育是惩戒的目的，惩戒为教育提供有力的手段，二者相辅相成，不可偏废。

二、"五点论"

有观点认为，监察工作的基本原则主要分为五个方面内容，[1]具体而言：

第一，国家监察工作严格遵照宪法和法律。就要始终坚持宪法规定的"中华人民共和国各级监察委员会是国家的监察机关"的性质定位，与党的纪律检查委员会合署办公，实现党对监察工作的统一领导；就要严格按照宪法和监察法规定的程序和要求健全完善国家和地方各级监察委员会及其派出机构，实现对所有行使公权力人员监察全覆盖；就要聚焦宪法和监察法规定的反腐败主责主业，依法开展调查职务违法和职务犯罪，开展廉政建设和反腐败工作，为构建政治上的"青山绿水"尽职尽责；就要依照宪法和法律规定，独立行使监察权，不受行政机关、社会团体和个人的干涉，办案中与审判机关、检察机关、执法部门相互配合、相互制约；就要严格按照宪法和监察法规定，严格规范监察程序，强化内部监督制约，自觉接受外部监督，落实信任不能代替监督的法治原则。

第二，以事实为根据，以法律为准绳。其中"以事实为根

---

〔1〕 参见吴建雄主编：《读懂〈监察法〉》，人民出版社2018年版，第34~39页。

据"，是指监察执法必须以案件的客观事实作为基础，严格按照法律的规定办事；"以法律为准绳"则要求监察人员在办案中既要按实体法律办事，又要按程序规范办事，事实是正确运用法律的前提，依法处置是调查事实的继续和目的。

第三，在适用法律上一律平等，保障当事人的合法权益。其中"在适用法律上一律平等"是指只要实施了职务违法和职务犯罪行为，不论其职务有多高，权力有多大，不管其家族、种族、性别、职业、社会出身、宗教信仰、教育程度、财产状况有何不同，都要毫无例外地受到法律追究，不允许有任何特权；"保障当事人的合法权益"是尊重和保障人权的宪法原则在监察执法中的重要体现。

第四，权责对等，严格监督。这是监察履职的基本要求，其强调监察人员必须坚持原则、认真负责，面对大是大非敢于亮剑，面对矛盾敢于迎难而上，面对危机敢于挺身而出，面对失误敢于承担责任，面对歪风邪气敢于坚决斗争。

第五，惩戒与教育相结合，宽严相济。其中，惩戒与教育相结合包括：一是惩戒与教育被惩戒人相结合；二是惩戒与教育社会公众相结合。宽严相济是指在对违法犯罪调查处置时，要善于综合运用"宽"和"严"两种手段，对情节不同、态度不同的职务违法犯罪人员区别对待，做到严中有宽、宽以济严；宽中有严、严以济宽。在对严重职务犯罪依法从严惩处的同时，对被调查人具有自首、立功等法定或者酌定从宽处罚情节的，还要注意宽以济严，根据犯罪的具体情况，依法应当或者可以从宽的，都应当在处置时予以充分考虑。

三、"七点论"

有观点认为，监察法的基本原则包含七个方面内容，[1]具体来讲：

第一，党的领导原则，即习近平新时代中国特色社会主义思想是监察立法的指导思想；党的领导是监察体制改革和《监察法》制定的保障。

第二，集中统一与权威高效原则，所谓集中统一，是指各项反腐败的职权集中并由监察机关统一行使；所谓权威高效，是指监察机关行使监察职能具有权威性，并且能够在监督、调查和处置过程中提高效率，提升反腐败的效果。

第三，监察全覆盖，即监察机关履行对所有公职人员的监督职责，凡行使公权力的公职人员都要受到监察委员会的监督，换言之，监察全覆盖就是指监察对象全覆盖和监察事项全覆盖。

第四，依法独立行使监察权，即监察机关的独立性受到宪法和法律的保障，监察机关在《监察法》规定的监督范围内行使监察权并恪守监察工作人员独立原则。

第五，人权保障原则，具体包括：保障被调查人的人身自由权、人格尊严和财产权、刑事诉讼基本权利、复审和申诉权。

第六，监察法治原则，具体包括：监察机关的组织和职权法定、监察机关的工作程序法定、监察机关适用监察措施的条件法定。

第七，配合制约原则，即监察机关办理职务违法和职务犯罪案件，应当与审判机关、监察机关、执法部门互相配合，互相制约。

---

〔1〕　参见秦前红主编：《监察法学教程》，法律出版社 2019 年版，第 71~90 页。

四、"九点论"

有学者认为，监察法的基本原则应归纳为九项主要内容，[1]具体包括：

第一，依法独立行使监察权原则，其主要包括三层含义：一是不受行政机关、社会团体和个人的干涉；二是监察机关应当所依之法，既包括程序法，也包括实体法，而且不能任性、恣意和滥用裁量权；三是要做到不错位、不越位和不缺位。

第二，与审判机关、检察机关、执法部门互相配合、互相制约原则，其主要包括三层含义：一是这一原则的适用范围是"职务违法和职务犯罪"，而不包括一般违纪；二是该原则的主体包括审判机关、检察机关以及包括公安机关、国家安全机关、审计、工商等多个执法部门；三是互相配合和互相制约必须兼顾，不能只讲配合不讲制约，也不能只讲制约不讲配合。

第三，有关机关和单位依法协助原则，即监察机关在依法履职过程中，凡是要取得其协助的机关和单位都属于这项原则规范的主体，都具有依法提供协助的法定义务。如果违反这项义务，就应当承担相应的法律责任。

第四，依宪依法原则，即凡是涉及监察工作的一切活动和行为都必须遵循《宪法》和法律要求，不能违反《宪法》和法律，不得与《宪法》、法律的要求相抵触，切实做到依法执法、依法监察。

第五，以事实为依据，以法律为准绳。即监察机关对于监察对象的违法行为，经过调查、收集、勘验、鉴定等方式而认定的事实，必须经过正当法律程序；监察机关在法规、规章与

---

〔1〕 参见姜明安："论监察法的立法目的与基本原则"，载《行政法学研究》2018年第4期，第17~20页。

法律相抵触的情况下，只能依据法律，否则就导致法制的混乱。

第六，在适用法律上一律平等，保障当事人的合法权益原则。这一原则的基本精神是要求监察机关及其工作人员办案公正，不徇私情，平等对待不同身份、不同职务级别、不同民族、性别和不同宗教信仰的监察对象，以平等保障当事人的合法权益。

第七，权责对等、从严监督。所谓"权责对等"，就是有权必有责，行使权力必须承担责任，行使多大的权力就必须承担多大的责任。所谓"从严监督"，是从严治党、从严治吏的治党治国方略和政策在监察领域的具体体现和要求。

第八，惩戒与教育相结合，宽严相济原则。其中，"惩戒与教育相结合"，是指对违纪违法的公职人员进行惩戒，不能单纯为了惩戒而惩戒，惩戒应当与教育相结合。"宽严相济"是指对于违纪违法公职人员进行惩戒，要全面考虑公职人员行为的性质、目的、动机、手段、对社会的危害程度等诸多情节，当严则严，当宽则宽，不能一味从严。

第九，标本兼治，综合治理原则，即反腐败既要"治标"，也要重视"治本"，特别要重视法治反腐和制度反腐的重要功效。

第三节　监察法律基本原则的主要内容

监察法律的基本原则可分为两大类：一为特有原则；二为共有原则。其中，特有原则是指监察法律本身所特有的法律基本原则，比如，坚持党的领导原则、惩戒与教育相结合原则等。共有原则是指监察法律和其他部门法一样所应遵循的法律基本原则，比如，法律面前人人平等原则、权利保障原则等。

一、特有的基本原则

特有的基本原则是指监察法律所独有的基础性的指导监察立法、适应监察法律、处理监察实务的系列准则和规范。

（一）坚持党的全面领导原则

我国《宪法》第 1 条第 2 款规定："社会主义制度是中华人民共和国的根本制度。中国共产党领导是中国特色社会主义最本质的特征。……"我国《监察法》第 2 条明确规定："坚持中国共产党对国家监察工作的领导，以马克思主义、毛泽东思想、邓小平理论、'三个代表'重要思想、科学发展观、习近平新时代中国特色社会主义思想为指导，构建集中统一、权威高效的中国特色国家监察体制。"

坚持党的领导既是监察法的首要原则，也是监察法的特色原则，是构建集中统一与权威高效的中国特色国家监察体制的基本要求和根本保证，着力实现依规治党和依法治国有机结合、纪律检查和国家监察浑然一体，将制度优势转化为治理效能。[1]理解这一原则，应当注意以下两个方面内容：

第一，从内容维度上看，党的领导具有全面性，具体而言：一是党对监察委员会的思想领导，即必须坚持以马克思主义、毛泽东思想、邓小平理论、'三个代表'重要思想、科学发展观、习近平新时代中国特色社会主义思想为指导；二是党对监察委员会的组织领导，即建立监察委员会组织机构、完善监察委员会领导体制以及配备监察委员会组成人员等均体现党的意志；三是党对监察委员会的业务领导，即对于监察委员会的监察工作也必须接受党的领导，比如请示报告制度的执行。

---

〔1〕 本书编写组编写：《〈中华人民共和国监察法〉案例解读》，中国方正出版社 2018 年版，第 22 页。

第二，从时间维度上看，党的领导具有全程性，即党的领导贯穿于监察活动的始终，即从监察机关及其工作人员受理案件线索开始，到进行线索初核，再到立案调查，以及最后的调查处置等各个环节，无不体现了党对监察工作的领导。

（二）监察全覆盖原则

监察全覆盖原则是指监察机关依法对所有行使公权力的公职人员实施监察，保障所有公权力在法治的轨道上运行，坚决避免不受监督和约束的公权力。我国《监察法》对监察全覆盖原则的表述主要有两处：第一，《监察法》第1条规定，"……加强对所有行使公权力的公职人员的监督，实现国家监察全面覆盖……"第二，《监察法》第3条规定，"……依照本法对所有行使公权力的公职人员（以下称公职人员）进行监察……"

监察全覆盖原则是国家监察体制改革的主要目标之一，也是《监察法》明确规定的基本原则之一。监察全覆盖意味着从监督"狭义政府"转变为监督"广义政府"，实现了党内监督与国家监察的无缝衔接，通过监察全覆盖，为构建"不敢腐""不能腐""不想腐"的反腐败长效机制奠定坚实基础。

这里需要强调两点，第一，有观点认为，"监察委员会与党的纪律检查委员会合署办公，因此，可以监督党员和党组织是否违反党的纪律也是监察机关的职责"。[1]这样的观点存在两处错误：一是误解了"合署办公"的真正含义，"合署办公"并不等于"职能合并"；二是没有准确理解监察全覆盖的含义，盲目扩大了监察委员会监察职责范围。第二，把握监察全覆盖的对象，要将"人"和"权"结合起来综合判断是否属于监察全覆盖的对象，不能盲目扩大监察对象范围。

---

〔1〕　秦前红主编：《监察法学教程》，法律出版社2019年版，第78页。

（三）依法独立行使监察权原则

我国《宪法》第 127 条第 1 款规定："监察委员会依照法律规定独立行使监察权，不受行政机关、社会团体和个人的干涉。"作为《宪法》下位法的《监察法》，对《宪法》的上述规定进行了确认，《监察法》第 4 条第 1 款同样规定："监察委员会依照法律规定独立行使监察权，不受行政机关、社会团体和个人的干涉。"依法独立行使监察权的原则应当从以下三方面予以理解：

1. 行使监察权的主体具有专属性

监察委员会是监察权行使的专门机关，由其代表国家对所有行使公权力的公职人员实施监察，深入开展反腐败工作，其他机关、团体和个人均无权行使监察权。监察委员会作为行使监察权的专门机关是由我国人民代表大会制度所决定的，是由我国《宪法》所明确规定的，具有政治上和法律上的正当性。

2. 行使监察权必须遵循法律规定

监察委员会行使监察权必须遵循《宪法》和《监察法》等法律规定，否则将会承担相应的法律责任。这是因为监察权作为一项针对公权力实施监察的公权力，具有高度的政治性和敏感性，其在运行过程中一旦偏离了法治轨道，势必出现严重的后果，不仅可能损害监察对象的合法权利，而且可能有损监察委员会的权威和公信。因此，监察委员会必须将"依法"作为行使监察权的前提条件，尤其是在办理涉嫌职务违法和职务犯罪案件中，监察委员会工作人员应当牢固树立法治意识、程序意识、证据意识和权利保障意识，坚决防止权力被滥用或者乱用。

3. 行使监察权需要相对独立条件

监察委员会行使监察权需要相对独立条件，主要是着力排除来自行政机关、社会团体和个人的干涉，以保障行使监察权的正当性和中立性。[1]但是，需要强调的是，所谓的"独立"不是绝对的，而是相对的，因为监察权作为一项公权力，也必须受到相应的监督和制约。我国《监察法》第七章"对监察机关和监察人员的监督"实质上就是对监察委员会行使监察权进行监督的集中规定，当然，这还需要随着国家监察体制改革深入推进，对监察权的自身监督予以进一步探索和完善。

（四）惩戒与教育相结合原则

惩戒与教育相结合原则实质上是"惩前毖后、治病救人"反腐败工作方针在监察工作的具体体现。1942 年 2 月，毛泽东同志在《整顿党的作风》报告中首次提出"惩前毖后、治病救人"；《中国共产党纪律处分条例》就将"惩前毖后、治病救人"原则明确写入其中。

惩戒与教育相结合原则主要包含两方面含义：一是监察机关必须依法对职务违法和职务犯罪行为予以严厉惩戒；与此同时，要将"教育人、挽救人"贯彻其中，促使涉嫌职务违法和职务犯罪人员真正从内心深处反省自己的问题，真心悔改；二是监察机关应当加强对监察对象的日常教育，在教育中要将办过的案例适当向监察对象进行介绍，充分发挥教育的重要预防功能，最大限度地预防职务违法和职务犯罪的发生，促使公权

---

[1] 监察权之所以强调独立性，主要是基于两点原因：一是监察权本质上是对其他公权力运行的监督和制约，而公权力对于监督和制约往往具有排斥性，其不愿意接受来自外部的监督和制约，尤其是行政权本身所具有的强烈的扩张性很可能对监察权的独立运行造成较大的困扰，监察权只有保持独立，才能最大限度地抵制包括行政权在内其他公权力不正当侵犯。二是监察权主要是针对腐败人员及其行为所开展的监督和调查，在这一组活力对抗之中，监察权的正常行使必定会遭受来自各方面的干扰和破坏，监察权只有保持相对独立，才能有效排除外界的不良因素，实现监察良效。因此，独立性可以被称为监察权的"第一属性"。参见张云霄："国家监察体制改革法治化进程初探"，载《法学杂志》2018 年第 5 期，第 30 页。

力依法合规运行。

惩戒与教育是辩证统一的关系，惩戒主要起到反腐败"治标"的功效，惩戒中蕴涵教育的目的；教育主要起到反腐败"治本"的功效和预防的作用，教育中体现着惩戒的威力，从而共同实现反腐败标本兼治之目标。

（五）互相配合和互相制约原则

互相配合和互相制约原则主要包含两方面内容：一是监察机关与审判机关、检察机关以及执法部门之间在办理涉嫌职务违法和职务犯罪案件时应当互相配合和互相制约。二是监察机关内部的职能部门之间也存在互相配合和互相制约的关系。

1. 监察机关与审判机关、检察机关以及执法部门之间互相配合和互相制约

互相配合和互相制约原则是调整监察机关与审判机关、检察机关以及执法部门之间关系的重要准则和依据。其中，"互相配合"是指监察机关在依法办理职务违法和职务犯罪过程中，要注意和审判机关、检察机关以及执法部门之间加强配合，高质量地打击职务违法和职务犯罪行为，坚决杜绝各行其是、互不通气、互相扯皮。具体包括三层意思：一是分工负责、各自独立是配合的前提，否则没有配合的必要性；二是互相配合的目的是实现国家权力运作的有效性，体现了所追求的最终价值具有统一性；三是互相配合不是无原则地妥协谦让、互相迁就，也不是联合办案。比如，根据我国《监察法》等规定，监察机关依法决定对监察对象适用技术调查措施，公安机关就应当依法采取技术调查措施，配合好监察机关工作；监察机关进行搜查时，可以根据工作需要提请公安机关配合，公安机关应当配合。还比如，监察机关依法向检察机关移送审查起诉职务犯罪案件，检察机关就应当依法受理并采取相应的强制措施。再比

如，人民法院、人民检察院、公安机关、审计机关等国家机关在工作中发现公职人员涉嫌贪污贿赂、失职渎职等职务违法或者职务犯罪的问题线索，应当移送监察机关，由监察机关依法调查处置。

"互相制约"是指监察机关与审判机关、检察机关以及执法部门在查办涉嫌职务违法和职务犯罪案件时，应当各自依法正确履职，通过程序上的制约，防止和及时纠正错误，切实保障程序公正和结果公正，切实保障案件质量。比如，监察机关依法向检察机关移送涉嫌职务犯罪案件，检察机关在依法审查后，若发现该案件应当退回补充调查的，就应当依法退回补充调查。再比如，法院通过依法审判职务犯罪案件，作出有罪判决或者无罪判决，其实都是对监察机关办理职务犯罪案件结论的一种检验，从而间接地起到对监察机关的制约作用。

监察机关与审判机关、检察机关以及执法部门之间的互相配合和互相制约是辩证统一体，不可偏废其一。互相配合强调监察机关与审判机关、检察机关与执法部门之间互相支持、互相补充、协调一致、通力合作；互相制约强调互相约束、各自把关、不错不漏、不纵不枉。[1]互相配合和互相制约原则既有序地保障监察权高效运行，又防止监察权出现肆意膨胀，避免监察机关成为一个"超级权力机关"。因此，有的观点认为监察机关与执法部门之间主要是配合关系，而不存在互相制约的关系，[2]显然这样的理解是不正确的，监察机关与执法部门在办理涉嫌职务违法和职务犯罪案件中既有配合关系，也存在制约关系。比如，在涉嫌职务犯罪案件和普通刑事案件中，就可能涉及监察机关与公安机关在管辖上的分工制约。

---

〔1〕　吴建雄主编：《读懂〈监察法〉》，人民出版社 2018 年版，第 33 页。
〔2〕　秦前红主编：《监察法学教程》，法律出版社 2019 年版，第 88 页。

2. 监察机关的内部职能部门之间互相配合和互相制约的
关系

"互相配合"是指监察机关内部的信访部门、案件管理部门、案件审理部门、监督部门、调查部门、信息技术部门等在履行监察职能时，需要互相配合和协调。比如，监督部门在日常监督过程中发现职务犯罪案件线索，应当按照程序移送调查部门予以办理。再比如，信息技术部门应当按照规定，经严格审批后，为调查部门提供被调查人的有关信息。

"互相制约"是指监察机关内部的信访部门、案件管理部门、案件审理部门、监督部门、调查部门、信息技术部门等，应当依法按照各自权限履行职能，通过程序上的制约，防止案件质量问题，确保办案质量。比如，分管监督工作的副主任和分管调查工作的副主任一般不一致；还比如，案件管理部门统一案件线索管理，依法向监督部门和调查部门移交案件线索，并对办案安全进行监督管理；再比如，案件审理部门应当依法对调查部门的调查结论进行审理，发现程序上或者实体上的问题，应当及时通知调查部门予以补正。

监察机关内部的职能部门之间互相配合和互相制约的关系是辩证统一体，不可偏废其一。监察机关内部的职能部门应当各自依法正确履行职责，既要互相配合、协调一致，形成工作合力；又要互相制约，各自把关，及时纠正和防范各种案件质量问题，确保监察权的健康运行。

（六）依靠群众原则

依靠群众原则是党的群众路线在监察法中的集中体现，也是监察机关践行以人民为中心发展理念的基本要求。依靠群众原则是指监察工作必须充分发挥人民群众的智慧和力量，监察业务工作必须与群众路线紧密结合起来，充分发挥人民群众的主动性和创造性，切实保障人民群众的合法权益。

依靠群众原则主要有三层含义：第一，监察机关及其监察人员依法行使监察权的出发点和落脚点在于通过依法惩治腐败问题，确保公权力行使的合法性和规范性，说到底还是认真践行党为人民服务的根本宗旨，维护最广大人民群众的根本利益，实现党的意志与人民群众利益的高度统一。第二，监察机关及其监察人员依法行使监察权以及开展监察工作离不开人民群众的积极支持和参与，广大人民群众通过各种方式向监察机关提供违法犯罪线索，协助监察机关开展监察业务工作，有助于监察机关依法收集证据、准确把握事实，共同为国家反腐败建设作出贡献。第三，监察机关及其监察人员依法行使监察权以及开展监察工作离不开人民群众的监督，我国《监察法》就专门规定了关于人民群众对监察工作监督的重要内容，目的就是要将监察权置于广大人民群众的监督之下，确保监察权依法规范行使。

二、共有的基本原则

共有的基本原则是指监察法与其他部门法所应共同遵循的基础性准则和规范。概括起来，主要包括以下内容：

（一）"以事实为根据，以法律为准绳"原则

"以事实为根据，以法律为准绳"的规定不仅在我国《监察法》中有所规定，而且在我国《刑事诉讼法》中也有体现，是社会主义法治原则的具体体现。其中，"以事实为根据"是指监察机关及其工作人员必须牢固树立证据意识和程序意识，依法行使监察权，以案件的客观事实作为基础和根本依据，重证据，重调查研究，忠于案件事实，对事实情况既不夸大，也不缩小，坚决避免主观臆断。

"以法律为准绳"是指监察机关及其工作人员必须严格按照法律规定的程序办理涉嫌职务违法和职务犯罪案件，并且在查明事实的基础上，严格"法律适用关"，排除一切不正当因素的干扰，从而公正处理案件。

"以事实为根据"和"以法律为准绳"是辩证统一的有机整体。"以事实为根据"是"以法律为准绳"的基础和前提，"以法律为准绳"是"以事实为根据"的继续和目的，两者存在着内在逻辑，不可偏废。这就要求监察机关及其工作人员在行使监察权过程中，必须将依法客观调查案件事实与准确公正适用法律规定紧密结合起来，切实保障监察工作质效，确保监察结果经得起历史的检验。[1]

（二）在适用法律上一律平等原则

我国《宪法》第 33 条第 2 款规定："中华人民共和国公民在法律面前一律平等。"在适用法律上一律平等原则是包括监察机关在内的所有国家机关在执法和司法中所应当共同遵守的法治准则规范。比如，我国《刑事诉讼法》第 6 条规定，"……对于一切公民，在适用法律上一律平等，在法律面前，不允许有任何特权。"我国《刑法》第 33 条规定："……中华人民共和国公民在法律面前一律平等……"我国《民事诉讼法》第 8 条规定："……人民法院审理民事案件，应当保障和便利当事人行使诉讼权利，对当事人在适用法律上一律平等。"

具体到监察机关和监察工作而言，我国《监察法》第 5 条明确规定，"在适用法律上一律平等"，这是宪法原则在监察立法的具体体现。在适用法律上一律平等意味着监察对象只要实施了职务违法和职务犯罪行为，不论其职务有多高，权力有多

---

〔1〕 江国华：《中国监察法学》，中国政法大学出版社 2018 年版，第 38 页。

大，不管其出身、种族、性别、教育程度、宗教信仰、财产状况等，都应当受到法律追究，不允许任何特权或者歧视存在。[1]

（三）权利保障原则

我国《宪法》第 33 条第 3 款明确规定，"国家尊重和保障人权"。这是一条重要的宪法性原则，并在我国诸多法律中均有所体现，这是社会主义法治文明的重要体现。

监察法学中的权利保障原则正是对"人权保障原则"这一宪法性原则的具体体现和落实。权利保障原则主要是指监察机关及其监察人员在依法履行监察职权之时，应当充分保障监察对象及其他涉案人员和一切公民的生命权、人身自由权、财产权、通讯自由权、隐私权等合法权益；不能随意侵犯公民的合法权益等，否则将承担相应的法律责任。权利保障原则能否予以有效落实直接关系到公民切实利益和监察权是否依法规范行使，也关系到监察结论是否公正准确，更关系到监察权公信能否有效建立。

具体到我国《监察法》规定，权利保障原则主要体现两方面：一方面，对于监察机关而言，权利保障原则要求监察机关在行使监察职权、采取监察措施之时，要严格按照法律规定来办理，不得用违法手段收集证据，不得侵害监察对象及其涉案人员的合法权益。根据我国《监察法》的相关规定，比如，监察机关及其监察人员在办案中发现不涉及案件的财产要及时返还当事人。还比如，对于留置措施的适用采取严格条件，对不需要继续采取留置措施的要及时解除留置措施；监察机关应当保障被留置人员的饮食、休息和安全，提供医疗服务，保障合法权益。再比如，严禁以威胁、引诱、欺骗以及其他非法方法

---

〔1〕　吴建雄主编：《读懂〈监察法〉》，人民出版社 2018 年版，第 36 页。

收集证据，严禁侮辱、打骂、虐待、体罚或者变相体罚被调查人和涉案人员。

另一方面，对于监察对象和其他公民而言，权利保障原则要求赋予监察对象和其他公民相应的救济权利，比如监察对象的复审和申诉权、监察赔偿权等。我国《监察法》第 67 条规定："监察机关及其工作人员行使职权，侵犯公民、法人和其他组织的合法权益造成损害的，依法给予国家赔偿。"

（四）权责对等原则

权责对等原则要求公权力机关以及公职人员行使公权力的同时，也要承担对等的责任，做到权责一致、权责统一。党的十八届六中全会强调，"有权必有责，用权必担责，滥权必监督"。《中共中央关于全面推进依法治国若干重大问题的决定》明确指出，"必须以规范和约束公权力为重点，加大监督力度，做到有权必有责、用权受监督、违法必追究，坚决纠正有法不依、执法不严、违法不究行为"。因此，不存在不受监督和制约的权力，也不存在没有责任的权力，所有的国家机关都享有相应的公权力，但是也必须承担对等的责任和义务。

具体到监察机关，监察机关所行使的监察权也是一种公权力；但是监察权是"治权之权""治吏之权"，是对公权力进行监察的公权力，显然具有强大的威慑力。这就要求监察机关应当做好以下三点；一是监察机关及其监察人员行使监察权更应当依法慎重地把握好权力行使的边界，尤其是在采取监察措施的时候必须依法进行，决不允许滥权或者乱权。二是监察机关及其监察人员应当依法积极地承担相应的义务和职责，比如为举报人保密、禁止插手案件办理、履行回避义务等。三是加强自我监督，采取监察信息公开、加强监察队伍建设等各项自我监督的工作举措；与此同时，监察机关及其监察人员应当主动接受包括人大监督、民主监督、社会监督、舆论监督等在内的外部监督，同样把自己行使的监察权也关进"制度的笼子"。

（五）宽严相济原则

宽严相济是我国的基本刑事政策，贯穿于刑事立法、刑事司法和刑罚执行的全过程，是惩办与宽大相结合政策在新时期的继承、发展和完善。宽严相济要求要根据犯罪的具体情况，实行区别对待，做到该宽则宽，该严则严，宽严相济；既要避免重刑主义思想，防止一味从严，也要避免受轻刑化思想影响，一味从宽。

我国《监察法》也明确提到了"宽严相济"，使得宽严相济政策具体应用到监察工作领域。这就要求监察机关在依法履职过程中，要综合考虑监察对象违纪、违法和犯罪行为的性质、目的、手段、动机以及对社会危害程度，还有监察对象的悔过认罪态度、有无自首或者立功表现等各种因素，从而对监察对象的处罚做到公正、公平和合理。

第八章 监察法的基本任务

本章主要研究监察法的基本任务。监察法的基本任务是监察法所要承担的实际职责，以及所要达到的价值目的和具体要求。确定监察法的基本任务有助于为监察法学的教学和科研提供明晰的方向指引。概括起来，作为"治权之法""治吏之法"的监察法，其基本任务包括三个层面内容：全面有效监督公权力、依法查明案件的事实以及依法惩治和预防腐败。

第一节　全面有效监督公权力

监察法的首要任务就是要对公权力实现全面有效的监督，防止出现"权力真空"。监督是监察机关的首要职责和第一职责，监督的关键之处就是要积极主动进行出击，综合采取日常监督、专项监督、廉政教育等多种监督方式和手段，对公权力行使进行精准和有效的监督。监督的重点所在就是要紧紧盯住领导干部这一"关键少数"，既要促使其肩负起领导责任，推动主体责任落实，又要发现其不正确行使权力、腐败问题等，注重发现苗头性、倾向性问题，注重抓早抓小、防微杜渐、动辄则咎，"把权力关进制度的笼子里"，避免出现"要么是好同志，要么就是阶下囚"的现象，体现监督常在、震慑常在，真正体现对广大干部的关心、爱护和负责，真正做到"严管就是厚爱"。

第二节 依法查明案件的事实

监察法的基本任务之一就是要求监察机关切实本着实事求是的原则和精神，依法查明案件的事实，在此基础上作出公平公正的处置决定。监察法通过在程序上进行周密的设计，既赋予监察机关诸多监察措施，保障监察活动的顺利推进；又对监察权实施进行约束，主要目的在于督促监察机关及其监察人员牢固树立法治思维、程序意识和证据意识，本着实事求是的原则和精神，严格依法查明案件事实，并予以精准定性，既不放纵任何违纪违法犯罪行为，也防止冤错案件发生，最终作出公平公正的处理决定。对于确有违法犯罪行为的，应当依法予以严格处置；对于没有违法犯罪行为的，应当及时予以澄清，必要时为调查对象恢复名誉从而切实树立起监察工作的权威性和公信力。监察机关依法查明案件的事实，实现程序正义与实体正义的高度统一。

第三节 依法惩治和预防腐败

党的十八届四中全会正式提出，"要形成不敢腐、不能腐、不想腐的有效机制"；《关于新形势下党内政治生活的若干准则》再次强调，"着力构建不敢腐、不能腐、不想腐的体制机制"；我国《监察法》第6条规定："……构建不敢腐、不能腐、不想腐的长效机制。"监察法作为专门的反腐败法，正是我国法治反腐和制度反腐的重要成果和具体体现。监察机关通过依法履职监督、调查、处置职能，依法严肃追究相关人员的法律责任，形成对腐败行为的强大震慑力，达到"治标"功效；与此同时，对关乎长远的反腐败制度建设不断完善，一体推进"不敢腐、不能腐、不想腐"，真正达到反腐败"标本兼治"的最佳功效，体现"治权之法"和"治吏之法"的鲜明特色，不断厚植党的执政根基，并为推进国家治理体系和治理能力现代化提供坚实保障。

第三编

监察法学分论

第九章 监察组织论

本章监察组织论主要是讨论监察机关组织架构及其人员构成等基本内容，其主要包括三个方面内容：一是监察组织机构的设置；二是监察领导体制的确立；三是监察队伍人员的配置。其中监察组织机构是监察组织论的"骨骼"；监察领导体制是监察组织论的"神经"；监察队伍人员是监察组织论的"关节"，三者之间是彼此联系、相辅相成的有机统一体。

第一节　监察组织机构的设置

监察组织机构是由宪法法律规定的行使监察权的实体性的组织结构框架体系。监察组织机构可分为两个部分：一是全国各级监察委员会；二是各级监察委员会的内部机构。

一、全国各级监察委员会的设置

我国《宪法》第 124 条第 1 款规定："中华人民共和国设立国家监察委员会和地方各级监察委员会。"我国《监察法》第 7 条规定："中华人民共和国国家监察委员会是最高监察机关。省、自治区、直辖市、自治州、县、自治县、市、市辖区设立监察委员会。"上述内容即为监察委员会设置的宪法和法律依据。根据宪法和法律规定，我国监察委员会分为四级，即国家监察委员会、省级监察委员会、地市级监察委员会和县级监察委员会。

监察委员会的设置标志着我国传统的"一府两院"国家机构体系发生了重大变化，形成了"一府一委两院"的新型国家机构体系，使得国家机构体系更加科学化和现代化。这样的重大变化也标志着监察权作为相对独立的权力形态正式开始运行，从根本上塑造着监察权与行政权、审判权和检察权之间的关系。

此处，需要强调的是监察委员会的性质问题。中央纪委国家监委法规室编写的《〈中华人民共和国监察法〉释义》在关于"监察委员会的性质"一节中指出，"监察委员会作为行使国家职权的专责机关与党的纪律检查机关合署办公，从而实现党对国家监察工作的领导，是实现党和国家自我监督的政治机关，不是行政机关、司法机关"。这一性质定位引起了学术界的热议。有学者就提出质疑，认为将监察委员会的性质定义为政治机关是不能成立的，因为"这一定位既不具有任何宪法上的根据，也没有党章和各类党内规范性文件上的依据，特别是政务处分和刑事追究活动均不是政治行为"。[1]

笔者认为，上述学者的观点值得商榷，对于监察委员会的性质应当进行全面科学地认知和理解，而不能片面理解。第一，从执政党执政的角度而言，监察机关是政治机关。因为监察机关是在党的领导下，与党的纪律检查机关合署办公，其两者在职能属性和追求目标上具有高度的统一性，都要执行党的路线方针政策，尤其是都要加强政治监督，这些都直接关乎着党的执政之基。因此，监察机关具有鲜明的政治属性，是政治机关。第二，从国家权力分工的角度而言，监察机关是监察专责机关。

―――――――――

〔1〕 吴建雄："国家监察体制改革若干问题探析"，载《新疆师范大学学报（哲学社会科学版）》2019年第5期，第114页。

监察机关与国家行政机关、审判机关和检察机关一样，各自在《宪法》的框架下依法履行职权，监察机关主要是聚焦公权力行使情况，"依法治权""依法治吏"，依法开展反腐败工作。因此，监察机关是监察专责机关，是国家反腐败机关。综上而言，将监察机关的性质定位为政治机关和监察专责机关只是认识角度不同，两者在本质上是高度一致的。

二、监察委员会内部机构的设置

监察委员会内部机构设置是各级监察机关依法行使监察权的具体组织载体，科学合理的内部机构设置是提升监察质效的关键所在。监察委员会内部机构设置可以划分为两大部分：

（一）监察委员会机关内设职能部门的设置

监察委员会机关内部机构设置是作为一级监察委员会的重要组成部分。在党和国家机构改革中，实行党的纪律检查机关与国家监察机关合署办公的体制，在内设职能部门的设置上需要进行统筹考虑、设计和安排。

以中央纪委国家监委组织机关当前的内设职能部门为例，[1]其具体包括：办公厅、组织部、宣传部、研究室、法规室、党风政风监督室、信访室、中央巡视工作领导小组办公室、案件监督管理室、第一监督检查室至第十一监督检查室、第十二审查调查室至第十六审查调查室、案件审理室、纪检监察干部监督室、国际合作局、机关事务管理局、机关党委、离退休干部局。此处，主要介绍部分内设机构职能：

1. 第一至第十一监督检查室的主要职能

第一至第十一监督检查室主要履行依纪依法监督的职责。

─────────

〔1〕 该部分内容中央纪委国家监委网站"信息公开"栏目。

监督检查联系单位（地区）领导班子及中管干部遵守和执行党的章程和其他党内法规，遵守和执行党的路线方针政策和决议、国家法律法规，推行全面从严治党，依法履职、秉公用权、廉洁从政从业以及道德操守等方面的情况；监督检查联系单位（地区）党委（党组）落实管党治党主体责任的情况，指导、检查、督促纪委监委（派驻、派出机构）落实纪检、监察责任，实施问责；向监察对象所在单位提出监察建议；综合分析研判问题，按程序提出处置意见或者移交审查调查室；综合、协调、指导联系单位（地区）及其系统的纪检监察工作等。

2. 第十二至第十六审查调查室的主要职能

第十二至第十六审查调查室主要履行执纪审查和依法调查处置的职责。承办涉嫌严重违纪或者职务违法、职务犯罪问题线索的初步核实和立案审查调查，以及其他比较重要或者复杂案件的初步核实、审查调查，并提出处理建议；向监察对象所在单位提出监察建议；可以办理下一级监察机关管辖范围内的监察事项，必要时也可以办理所辖各级监察机关管辖范围内的监察事项等。

3. 信访室的主要职能

信访室主要负责受理对党的组织、党员违反党纪行为和对行使公权力的公职人员职务违法、职务犯罪行为等的检举、控告；受理党员对中央纪委作出的党纪处分或者其他处理不服的申诉、监察对象对国家监委作出的涉及本人的处理决定不服的复审申请；综合分析信访举报情况；接待群众来访，处理群众来信和电信网络举报事项等。

4. 案件监督管理室的主要职能

案件监督管理室主要负责对监督检查、审查调查工作全过程进行监督管理，履行线索管理、组织协调、监督检查、督促办理、统计分析等职责；统一受理有关单位移交的问题线索以及下级纪检监察机关线索处置和案件查办报告；归口管理审查调查有关协调事项；对调查措施使用进行监督管理，监督检查纪检监察机关依纪依法安全办案情况等。

5. 案件审理室的主要职能

案件审理室主要负责受理中央纪委国家监委直接审查调查和省（部）级党的组织、纪检监察机关报批或者备案的违反党纪和职务违法、职务犯罪案件；承办党员对中央纪委作出的党纪处分或者其他处理不服的申诉案件、监察对象对国家监委作出的涉及本人的处理决定不服的申诉复审案件等。

6. 党风政风监督室的主要职能

党风政风监督室主要负责综合协调贯彻执行党的路线方针政策和决议、国家法律法规等情况的监督检查；综合协调党的政治纪律和政治规矩执行、贯彻落实中央八项规定精神、纠正"四风"工作、整治群众身边和扶贫领域的腐败和作风问题；综合协调党内监督、问责等方面工作等。

7. 纪检监察干部监督室的主要职能

纪检监察干部监督室主要负责监督检查纪检监察系统干部遵守和执行党的章程和其他党内法规，遵守和执行党的路线方针政策和决议、国家法律法规等方面的情况；受理对有关纪检监察领导干部涉嫌违反党纪、职务违法和职务犯罪等问题的举报，提出处置意见并负责问题线索初步核实及立案审查调查工作等。

地方监察机关的内设机构采取相似的模式，以中共河南省纪律检查委员会和河南省监察委员会为例，两者合署办公，共有 30 个内设机构，分别为：办公厅、组织部、宣传部、机关党委、研究室、法规室、信访室、案件监督管理室、案件审理室、党风政风监督室、第一监督检查室至第八监督检查室、第九审查调查室至第十五审查调查室、外事合作室、纪检监察干部监督室、网络信息室、综合事务管理室、离退休干部工作室。[1]

（二）派驻或派出监察机构（监察专员）的设置

派驻监督是中国共产党党内监督的基本制度之一。《中国共产党党内监督条例》明确将派驻监督纳入党内监督的基本制度体系。党的十九大修改的党章亦明确规定，党的中央和地方纪律检查委员会向同级党和国家机关全面派驻党的纪律检查组。一方面，考虑到党的纪律检查机关与监察机关合署办公的现实需要；另一方面，考虑到监察对象的广泛性、多样性和复杂性的客观情况，更好地实现"监察全覆盖目标"，因此我国《监察法》也对监察委员会派驻派出机构作出法律制度安排。

1. 设置派驻或派出监察机构、监察专员的具体规定

我国《监察法》第12条是对"派驻或者派出监察机构和监察专员设置"的具体规定，即"各级监察委员会可以向本级中国共产党机关、国家机关、法律法规授权或者委托管理公共事务的组织和单位以及所管辖的行政区域、国有企业等派驻或者派出监察机构、监察专员。监察机构、监察专员对派驻或者派出它的监察委员会负责"。此外，2018年10月，中共中央办公厅印发了《关于深化中央纪委国家监委派驻机构改革的意见》，其在改革派驻机构领导体制、完善派驻监督工作机制、拓展派驻全覆盖范围、提高派驻监督全覆盖质量等方面作出了全面部署，为推动全面从严治党和反腐败斗争向纵深发展提供了有力保证。

2. 设置派驻或派出监察机构、监察专员的主要关系

派驻或派出监察机构、监察专员的主体是各级监察委员会，

---

[1] 参见中共河南省纪律检查委员会、河南省监察委员会网站"信息公开"栏目。

这就决定了两方面关系：一是各级监察委员会与其派驻或派出监察机关、监察专员是领导与被领导的关系，本质是"一家人"，派驻或派出监察机关、监察专员是所属监察委员会内部机构的重要组成部分。二是派驻或派出监察机关、监察专员具有相对独立性，其是代表所属的监察委员会依法对驻在单位或者部门行使相关监察权，因此其与所在单位或者部门之间是监察与被监察的关系。这样的制度设计就确保了派驻或派出监察机构、监察专员能够充分发挥"派的权威"与"驻的权威"，更好地履行相关监察职能尤其是日常监督职能。

3. 设置派驻或派出监察机构、监察专员的具体实践

在具体的监察实践中，主要根据监察业务工作量、监察人员数量等情况，监察委员会派驻或派出监察机构、监察专员主要有两种方式：一是"单一式结构"，即监察委员会向某一单位或者部门派驻或者派出一个监察机关、监察专员；二是"综合式结构"，即监察委员会向某几个单位或者部门（一般为职能关联的单位或者部门）派驻或者派出同一个监察机关、监察专员。

在此，以派驻机构的设置为例，根据中央纪委国家监委网站显示，中央纪委国家监委派驻纪检监察机构包括：驻外交部纪检监察组、驻公安部纪检监察组、驻国家发改委纪检监察组、驻民政部纪检监察组、驻生态环境部纪检监察组、驻农业农村部纪检监察组、驻中国人民银行纪检监察组、驻国家市场监督管理总局纪检监察组、驻教育部纪检监察组、驻司法部纪检监察组、驻住房和城乡建设部纪检监察组、驻商务部纪检监察组、驻国务院国资委纪检监察组、驻国家体育总局纪检监察组、驻科技部纪检监察组、驻财政部纪检监察组、驻交通运输部纪检监察组、驻国家卫生健康委员会纪检监察组、驻海关总署纪检监察组、驻中国科学院纪检监察组、驻工作和信息化部纪检监

察组、驻人力资源和社会保障部纪检监察组、驻水利部纪检监察组、驻应急管理部纪检监察组、驻税务总局纪检监察组、驻中华全国总工会机关纪检监察组等。

在此，需要强调两点：第一，我国《监察法》规定的监察专员，显然是具有中国特色的监察机构设置，它是各级监察委员会的派出机构，对其负责，受其领导和监督，它是在各级监察委员会的授权之下开展相关的监察工作，因此这从根本上区别于西方国家的监察专员。[1]比如，"2018年8月，北京市监察委员会向北京冬奥组派出监察专员，专门负责冬奥会监督工作。这既是贯彻落实习近平总书记'廉洁办奥'重要批示精神的具体举措，又是北京市深入监察体制改革的创新之举"。[2]

第二，由于我国地缘辽阔、各地机构设置均不相同，各级监察委员会派驻或者派出监察机构、监察专员的设置必须与当地实际情况相符合，既要坚持"监察全覆盖"的原则，还要最大限度地优化监察资源配置，提升派驻或者派出监察机构、监察专员制度的质效。

---

[1] 西方国家的监察专员是一个由宪法设立或者经宪法确认，由议会（或者立法机关）或者其他宪法机关任命最高官员，具有独立地位的机构。该机构接受对国家机关或者公务人员的失当行为或者个人权利受到侵犯的申诉，或者以自己的名义行动。有权进行调查、提出建议或者提起违宪审查，但不能直接改变原机关作出的决定，通过公开报告直接或者间接地向人民负责。其包括以下几层意思：第一，监察专员是一个宪法机构，在宪法中规定监察专员的意义在于明确监察专员机构在国家机构中的地位；第二，机构的最高官员由议会或者宪法机关任命；第三，体现对人权的关注；第四，对议会负责。参见沈跃东：《宪法上的监察专员研究》，法律出版社2014年版，第19页。

[2] 参见郭云峰等："探索延伸政治监督触角的北京实践"，载《北京日报》2019年3月18日。

第二节　监察领导体制的确立

监察领导体制是指监察机关在履行监察职能时所体现出来的领导组织关系。监察领导体制主要分为：外部领导体制和内部领导体制两大类。其中，外部领导体制主要是调整上下级监察委员会之间的关系；内部领导体制主要是调整各级监察委员会内部上下级之间的关系。

一、外部领导体制

我国监察机关实行"双重领导体制"，即既要接受上级监察委员会的领导，也要接受同级党委的领导。

（一）上下级监察委员会之间的关系

我国《宪法》第 125 条规定："中华人民共和国国家监察委员会是最高监察机关。国家监察委员会领导地方各级监察委员会的工作，上级监察委员会领导下级监察委员会的工作。"我国《监察法》第 10 条规定："国家监察委员会领导地方各级监察委员会的工作，上级监察委员会领导下级监察委员会的工作。"根据上述规定，上下级监察委员会之间是"领导与被领导"的关系，这种关系既体现在上级监察委员会对下级委员会在监察业务方面的领导，也体现在上级监察委员会对下级委员会在监察人事方面的领导。

这样的领导体制优势可以概括为"指导、监督、保障"。具体而言：一是加强对监察权的适用指导，即上级监察委员会通过对下级监察委员会在办案过程中遇到重大疑难复杂的问题予以指导甚至是提级管辖，从而保障监察权高质量地运行。我国《监察法》第 16 条第 2 款规定："上级监察机关可以办理下一级监察机关管辖范围内的监察事项，必要时可以办理所辖各级监察机关管辖范围内的监察事项。"二是加强对监察权的监督制约，建构起一套科学合理的内部监督体系，通过上级监察委员会对下级委员会的工作检查、监督等，保障下级监察委员会严格依法办事、公正履行职责。三是加强对监察权的实施保障，依法保障下级监察委员会排除各种影响监察工作的阻力，促使监察结论的公正性和权威性。[1]我国《监察法》第 17 条第 2 款规定："监察机关认为所管辖的监察事项重大、复杂，需要由上级监察机关管辖的，可以报请上级监察机关管辖。"

1. 国家监察委员会领导地方各级监察委员会工作

国家监察委员会领导地方各级监察委员会工作实质上是处理中央机关与地方机关关系的基本规范和要求。国家监察委员会是全国监察工作的主管机关，率领并引导所属各内设机构及地方各级监察委员会的工作，居于全国监察机关系统的最高地位，这是对"集中统一领导原则"的具体体现和落实，能够最大限度地保障全国监察机关集中统一领导、统一工作步调、统一依法履职。

2. 上级监察委员会领导下级监察委员会的工作

上级监察委员会领导下级监察委员会的工作实质上是对地方上下级监察委员会之间领导体制的规范和要求。省级监察委员会要领导全省范围内的监察工作；地市级监察委员会要领导全地级市的监察工作；县级监察委员会要领导全县的监察工作，从而形成"一级领导一级"的体系结构。

（二）同级党委与监察委员会之间的关系

2019 年 1 月，中共中央办公厅印发的《中国共产党纪律检查机关监督执纪工作规则》第 5 条规定："中央纪律检查委员会

---

〔1〕 江国华：《中国监察法学》，中国政法大学出版社 2018 年版，第 52 页。

在党中央领导下进行工作。地方各级纪律检查委员会和基层纪律检查委员会在同级党的委员会和上级纪律检查委员会双重领导下进行工作。党委应当定期听取、审议同级纪律检查委员会和监察委员会的工作报告，加强对纪委监委工作的领导、管理和监督。"因此，同级党委与监察委员会之间是"领导与被领导"的关系。

二、监察机关内部领导体制

我国监察委员会内部领导体制可表述为"集体领导制"，具体可从两个层面予以理解：

第一，我国《宪法》第3条第1款规定："中华人民共和国国家机构实行民主集中制的原则。"民主集中制原则是民主和集中的统一，即民主基础上的集中和在集中指导下的民主。在每一个国家机关内部，无论是实行合议制的国家机关，还是实行首长负责制的国家机关，在作出决策和决定时，都不同程度上实行民主集中制。具体到监察机关而言，监察机关作为重要的国家机构之一，它的内部领导体制也需要贯彻《宪法》规定的"民主集中制"，实行集体领导制。我国《监察法》部分规定也体现了集体领导制原则，比如，我国《监察法》第31条规定："涉嫌职务犯罪的被调查人主动认罪认罚，有下列情形之一的，监察机关经领导人员集体研究，并报上一级监察机关批准，可以在移送人民检察院时提出从宽处罚的建议……"比如，我国《监察法》第32条规定："职务违法犯罪的涉案人员揭发有关被调查人职务违法犯罪行为，查证属实的，或者提供重要线索，有助于调查其他案件的，监察机关经领导人员集体研究，并报上一级监察机关批准，可以在移送人民检察院时提出从宽处罚的建议。"

再比如，我国《监察法》第 43 规定："监察机关采取留置措施，应当由监察机关领导人员集体研究决定。……"与此同时，监察委员会所履行的监察职责需要有统一指挥和统筹协调，需要在民主之上进行集中，否则很难高效完成监督、调查和处置工作。比如，我国《监察法》第 39 条第 2 款规定："监察机关主要负责人依法批准立案后，应当主持召开专题会议，研究确定调查方案，决定需要采取的调查措施。"

第二，《中国共产党章程》第 10 条规定："党是根据自己的纲领和章程，按照民主集中制组织起来的统一整体。……（五）党的各级委员会实行集体领导和个人工作负责相结合的制度。凡属重大问题都要按照集体领导、民主集中、个别酝酿、会议决定的原则，由党的委员会集体讨论，作出决定；委员会成员要根据集体的决定和分工，切实履行自己的职责。……"[1]《中国共产党纪律检查机关监督执纪工作规则》第 10 条第 3 款规定："纪检监察机关应当坚持民主集中制，对于线索处置、谈话函询、

---

〔1〕 根据《中国共产党章程》的规定，党的民主集中制的基本原则是："（一）党员个人服从党的组织，少数服从多数，下级组织服从上级组织，全党各个组织和全体党员服从党的全国代表大会和中央委员会。（二）党的各级领导机关，除它们派出的代表机关和在非党组织中的党组外，都由选举产生。（三）党的最高领导机关，是党的全国代表大会和它所产生的中央委员会。党的地方各级领导机关，是党的地方各级代表大会和他们所产生的委员会。党的各级委员会向同级的代表大会负责并报告工作。（四）党的上级组织要经常听取下级组织和党员群众的意见，及时解决他们提出的问题。党的下级组织既要向上级组织请示和报告工作，又要独立负责地解决自己职责范围内的问题。上下级组织之间要互通情报、互相支持和互相监督。党的各级组织要按规定实行党务公开，使党员对党内事务有更多的了解和参与。（五）党的各级委员会实行集体领导和个人工作负责相结合的制度。凡属重大问题都要按照集体领导、民主集中、个别酝酿、会议决定的原则，由党的委员会集体讨论，作出决定；委员会成员要根据集体的决定和分工，切实履行自己的职责。（六）党禁止任何形式的个人崇拜。要保证党的领导人的活动处于党和人民的监督之下，同时维护一切代表党和人民利益的领导人的威信。"

初步核实、立案审查调查、案件审理、处置执行中的重要问题，经集体研究后，报纪检监察机关相关负责人、主要负责人审批。"在党的纪律检查机关和监察机关合署办公的制度框架下，监察机关的内部领导体制当然也要遵循党的纪律检查机关领导体制要求，既要坚持集体领导，又要注意分工负责，从而实现国家监察与党内监督的有机统一。

从国家监察体制改革法治化进程来看，笔者建议，可以考虑制定《监察委员会组织法》，从法律规范的角度对于监察委员会内部领导体制予以明确和细化，尤其是对于"集体研究决定"的参与领导人员范围、具体事项、议事规则等予以完善，形成结构科学合理、程序高效流畅的内部领导体制。

第三节　监察队伍人员的配置〔1〕

监察人员是各级监察委员会的工作人员，是监察权运行的具体载体或者称为微观载体，监察队伍人员的配置是监察组织体系的重要内容之一，关乎着监察权运行目的的实现以及监察权威的树立。

一、监察官制度

我国《监察法》第二章"监察机关及其职责"第 14 条规定："国家实行监察官制度，依法确定监察官的等级设置、任免、考评和晋升制度。"这为我国建立健全全新的监察官制度提供了初步的法律依据。

那么，接下来需要探讨的就是如何结合我国实际国情以及

---

〔1〕 本节内容主要参照张云霄："国家监察体制改革法治化进程初探"，载《法学杂志》2018 年第 5 期。

反腐败工作的实际需要，并且从充分调动监察人员的积极性、主动性和责任感的角度出发，构建起中国特色的监察官制度，从深层次上进一步推动我国监察制度改革朝着法治化方向深入发展。吴建雄教授指出，国家监察体制改革的成功实施需要切实加强专业化队伍建设，他建议可以考虑参照法官、检察官或者警官制度样式来设置监察官制度，监察官在任职资格方面应不低于检察官任职资格，从而造就一支专业化的国家反腐败专门队伍。[1]

监察委员会实质上就是在党的集中统一领导下的反腐败专门机构，其具有强烈的政治性和专业性，这是由我国的政治制度安排和社会发展实际所决定的。因此，就监察委员会构成人员的入职资格而言，其必须要设置若干严格条件，这其中当然包括必要的政治条件。笔者较为赞同吴建雄教授的观点，但是，他只是提出了原则性的构想，并未就如何构建我国监察官制度展开相应论述。此外，笔者认为，鉴于任何权力运行都具有自身的基本规律和具体特点，监察权运行模式有别于行政权、审判权、检察权的运行方式，它更加强调独立性、主动性、一体化。这就必然影响到行使监察权人员的组织管理体系也应当有自身的特殊性。既然国家已经制定了针对行政公务员的《公务员法》、针对法官的《法官法》和针对检察官的《检察官法》，那么制定《监察官法》也是法治国家的必然选择，既有助于公职人员队伍管理的精细化，充分体现各自的职业特点；也有助于从立法的层面上，为监察委员会队伍的正规化、规范化和专业化建设提供宏观制度保障。全国人大公布的《十三届全国人大常委会立法规划》已将《监察官法》纳入其中，属于"第二

---

〔1〕 吴建雄："论国家监察体制改革的价值基础与制度构建"，载《中共中央党校学报》2017年第2期，第62页。

类项目"之一。[1]据中央纪委国家监委法规室负责人表示："建设高素质专业化队伍，是履行纪检监察职责使命的内在需要。监察法规定实行监察官制度，而监察官法则是这一规定的具体化，将明确监察官的条件、任免、等级设置等内容，为建立忠诚干净担当的监察队伍提供法律依据。"[2]

那么，到底如何构建我国的监察官制度呢？在此，我们不妨把视野拉宽一下，看看我国历史上监察官制度建设的相关情况以及域外国家监察官制度的相关规定。

以我国唐代监察官制度为例，我国唐代形成御史与谏官相辅的"复合性监察官制度体系"，概括起来为"位卑、权重、赏厚、治严"的鲜明特点。在监察官选任方面，具有三项基本标准：第一，重学识，首重"律令知识"，次重"官吏职守及钱粮知识"，从而便于其能查明责任，判断各级官吏遵纪守法和履行职务的绩效。第二，重德行，要求所选任的监察官须有公心，爱惜名节，不受权力和利益之诱惑，且勇毅刚正、不畏权贵。第三，重经验，唐朝相关律令规定监察御史必须有三年以上担任其他官吏的经验，如无经验，须经试用合格后方能任职。比如，谏官必须经起居郎、给事中之任，才能晋升侍郎、侍中。

从国际上看，监察专员制度最早起源于瑞典，后来由于北欧五国（瑞典、芬兰、冰岛、挪威、丹麦）在政治和法律上的相似性，这一制度逐渐被其他四国所接受。北欧五国法律对监察专员的任职资质具有非常严格的要求，尽管具体的细节不尽相同，但是总体概括起来，主要包括三个条件：一是道德标准，

---

〔1〕　"第二类项目"主要是指"需要抓紧工作、条件成熟时提请审议的法律草案"。

〔2〕　瞿芃、孙灿："今年将研究起草政务处分法监察官法"，载《中国纪检监察报》2019 年 2 月 15 日。

即监察专员应当具有公认的崇高的道德和良好的操守；二是社会条件，即监察专员在当地必须具有一定的社会声望，没有不良的社会影响；三是职业水准，即监察专员必须出身于法律专业，接受过良好的、系统的职业训练，一般是从法官或者律师中挑选。[1]当然，除了这三个基本条件之外，各国还制定了监察专员任职的其他条件，从而最大限度地保障监察专员身份的正当性、严肃性和权威性。

结合当前监察体制改革试点的实际情况，我国监察官制度构建需要经过一个逐步发展的过程，从而在改革的动力和定力之间找到一种平衡，假如现在就规定监察官的任职资格须和检察官或者法官的任职资格相当，则脱离了实际情况，因为当前监察机关的组成人员比较多元化，采取"一刀切"的办法，既不利于队伍的整体稳定，也不利于改革的顺利推进。为此，笔者建议我国监察官制度构建可以考虑"三步走"方式：

（一）监察官制度的初步构建阶段

这一阶段由于处于改革的初期，考虑到监察委员会人员构成比较"多元化"，既有来自纪委和原监察局的干部，又有来自检察院的检察官，还有通过公务员考试或者其他途径进入的人员，此时监察官的准入条件不宜过高，可以考虑参照《公务员法》的相关规定，主要从政治素质、道德操守、学历背景、工作经历、任职回避等方面予以具体规定，凡是符合条件的，原则上都应当被任命为监察官，并按照职务序列予以管理，释放改革红利并激发改革热情。

（二）监察官制度的发展完善阶段

在这一阶段，监察官的准入条件应较前一阶段更为严格，

---

[1] 韩阳等：《北欧廉政制度与文化研究》，中国法制出版社 2016 年版，第 38 页。

除了基本的履职条件外，可以考虑建立监察官资格考试制度，凡是被任命为监察官的，应当通过国家统一的监察官执业资格考试，并取得执业资格证书，以保障监察官的最低任职标准。此外，还可以建立监察官职务序列制度，参照警官、法官或者检察官的职务序列，来制定和规范监察官职务序列。在此基础上可以考虑由中央层面统一出台关于监察官管理的暂行办法，为以后制定《监察官法》做好准备。

（三）监察官制度的成熟定型阶段

经过前期改革的积累和探索，在这一阶段，可以考虑由全国人大常委会正式出台《监察官法》，对于监察官的准入条件予以严格规定，其年龄要求更长、学历要求更高、工作时间更长、回避要求更严等；此外，还要对于监察官的职业保障（主要包括身份保障和薪酬保障）加以明确而周详的规定，促使监察官心无旁骛地履行职责，逐步形成具有中国特色的监察官制度，充分体现出监察官职业的尊荣感和自豪感。

二、特约监察员制度

我国《监察法》第 54 条规定："监察机关应当依法公开监察工作信息，接受民主监督、社会监督、舆论监督。"本条是关于监察机关接受外部监督的主要规定。为了将此条法律规定予以有效落实，中央纪律检查机关、国家监委员会积极探索接受监督的新路径，于 2018 年 8 月 24 日出台了《国家监察委员会特约监察员工作办法》（以下简称《办法》），该《办法》从特约监察员任免制度、职权内容、履职保障等三个方面进行规范。

（一）特约监察员的任免制度

1. 特约监察员的选任范围

特约监察员是国家监察委员会根据工作需要，按照一定程序优选聘请，以兼治形式履行监督、咨询等相关职责的公信人士。特约监察员主要从全国人大代表中优选聘请，也可以从全国政协委员，中央和国家机关有关部门工作人员，各民主党派成员、无党派人士，企业、事业单位和社会团体代表，专家学者，媒体和文艺工作者，以及一线代表和基层群众中优选聘请。

2. 特约监察员的选任条件

特约监察员的任职条件分为：积极条件和消极条件。其中，特约监察员选任的积极条件主要包括以下内容：一是坚持中国共产党领导和拥护党的路线、方针、政策，走中国特色社会主义道路，遵守中华人民共和国宪法和法律、法规，具有中华人民共和国国籍；二是有较高的业务素质，具备与履行职责相应的专业知识和工作能力，在各自领域有一定代表性和影响力；三是热心全面从严治党、党风廉政建设和反腐败工作，有较强的责任心，认真履行职责，热爱特约监察员工作；四是坚持原则、实事求是，密切联系群众，公正廉洁、作风正派，遵守职业道德和社会公德；五是身体健康。

特约监察员选任的消极条件为：受到党纪处分、政务处分、刑事处罚的人员，以及其他不适宜担任特约监察员的人员，不得聘请为特约监察员。

3. 特约监察员的选任程序

特约监察员的选任程序主要分为五个步骤：①监察委员会根据工作需要，会同有关部门、单位提出特约监察员推荐人选，并征得被推荐人所在单位及本人同意；②监察委员会会同有关部门、单位对特约监察员推荐人选进行考察；③经中央纪委、国家监委对考察情况进行研究，确定聘请特约监察员人选；④聘请人选名单及意见抄送特约监察员所在单位及推荐单位，并在中央纪委国家监委组织部备案；⑤召开聘请会议，颁发聘书，向社会公布特约监察员名单。

4. 特约监察员的任职期限

特约监察员在国家监察委员会领导班子产生后换届，每届任期与本届领导班子任期相同，连续任职一般不超过两届。特约监察员受聘期满自然解聘。

5. 特约监察员的退出制度

特约监察员具有下列情形之一的，国家监察委员会会商推荐单位予以解聘，由推荐单位书面通知本人及所在单位：①受到党纪处分、政务处分、刑事处罚的；②因工作调整、健康状况等原因不宜继续担任特约监察员的；③本人申请辞任特约监察员的；④无正当理由连续一年不履行特约监察员职责和义务的；⑤有其他不宜继续担任特约监察员的情形的。

（二）特约监察员的职权

1. 特约监察员的职责

特约监察员履行下列职责：一是监督监察机关职责，即特约监察员对纪检监察机关及其工作人员履行职责情况进行监督，提出加强和改进纪检监察工作的意见、建议；二是提供咨询建议职责，即特约监察员对制定纪检监察法律法规、出台重大政策、起草重要文件、提出监察建议等提供咨询意见；三是参与相关业务职责，参加国家监察委员会组织的调查研究、监督检查、专项工作；四是开展舆论宣传职责，即特约监察员宣传纪检监察工作方针、政策和成效；五是其他职责，办理国家监察委员会委托的其他事项。

2. 特约监察员的权利

特约监察员履行职责的同时，应当依法享有下列权利：一是提出工作建议的权利，即特约监察员拥有了解国家监察委员会和各省、自治区、直辖市监察委员会开展监察工作、履行监察职责情况，提出意见、建议和批评的权利；二是获得工作信息的权利，即特约监察员有权根据履职需要并按程序报批后，查阅、获得有关文件和材料；三是参加工作会议的权利，即特约监察员有权参加或者列席国家监察委员会组织的有关会议；四是接受工作培训的权利，即特约监察员有权参加国家监察委员会组织的有关业务培训；五是了解工作进展的权利，即特约监察员有权了解、反映有关行业、领域廉洁从政从业情况及所提意见建议办理情况；六是其他权利，即特约监察员受国家监察委员会委托开展工作时，享有与受托工作相关的法定权限。

3. 特约监察员的义务

特约监察员应履行的义务主要为：一是模范遵守宪法和法律，保守国家秘密、工作秘密以及因履行职责掌握的商业秘密和个人隐私，廉洁自律、接受监督；二是学习、掌握有关纪律监察法律法规和业务；三是参加国家监察委员会组织的活动，遵守国家监察委员会有关工作制度，按照规定的权限和程序认真履行职责；四是在履行特约监察员职责过程中，遇有利益冲突情形时主动申请回避；五是未经国家监察委员会同意，不得以特约监察员身份发表言论、出版著作，参加有关社会活动；六是不得以特约监察员身份谋取任何私利和特权。

（三）特约监察员的履职保障

特约监察员的履职保障是指特约监察员履职所应当具备的保障条件，其主要包括两方面内容：

1. 提供必要的履职条件

一是国家监察委员会为特约监察员依法开展对监察机关及其工作人员监督等工作提供必要的工作条件和便利；二是定期向特约监察员提供有关刊物、资料，组织开展特约监察员业务培训。

2. 提供必要的经费保障

国家监察委员会因履行本办法规定职责所支出的相关费用，由国家监察委员会按规定核报。特约监察员履行本办法规定职责所需经费，列入国家监察委员会业务经费保障范围。

从国家监察体制改革法治化进程的视角来看，应当从法律层面上明确特约监察员制度，具体而言：一是在《监察法》中增加关于"特约监察员制度"的概括性表述，切实明确其法律地位；二是可考虑由全国人大常委会制定《特约监察员法》，进一步明确特约监察员制度的各项具体内容，真正做到"定位准、角色清、职责明、功效强"。具体而言：

第一，明确特约监察员的选任制度。为了充分体现特约监察员的权威性、客观性和公正性，笔者建议改变目前的"被监督者选任监督者"选任方式，由省级人大常委会依照任职条件统一选任该行政区域内的特约监察员，并建立特约监察员数据库，规范对特约监察员的信息管理。

第二，明确特约监察员的主要职责。从特约监察员制度创设的主要目的来看，就是为了强化对监察机关及其工作人员的外部监督。因此，特约监察员的主要职责应当聚焦对监察机关及其监察人员履职行为的监督；同时，防止出现两个问题：一是偏离"外部监督"这个主责主业，而成为监察机关的"附属"或者"摆设"；二是减少与特约监察员外部监督无关的职责，避免分散监督注意力。

第三，强化特约监察员的履职保障。特约监察员的履职保障是特约监察员高效履职和增强履职荣誉的关键之处，应当予以精进设计。特约监察员的履职保障应当主要包括三个方面：一是履职的条件保障，即监察机关应当为特约监察员依法履职提供必要的条件以及有关配合，比如应当听取并反馈特约监察员的意见、为特约监察员履职提供所需的相关材料。二是履职的人身保障，即特约监察员在依法履职中若遭遇到人身威胁的，可向监察机关提出人身保护的求助，监察机关应当采取切实措施予以保护。三是履职的物质保障，即特约监察员依法履职所支出的各项费用应当由国家财政予以保障；并且对于表现优秀的特约监察员给予一定的物质奖励。若监察机关没有为特约监察员提供必要的履职保障，特约监察员可以向上一级监察机关反映并请求帮助。

CHAPTER 10 第十章 监察职权论

监察职权是监察机关依法履职的基本依据和保障。监察职权论主要讨论关于监察机关法定职权的属性、特点以及运行规律等基本内容。我国监察权主要包括：监督权、调查权和处置权三项。

第一节　监察权的主要特点[1]

我国监察权的主要特点可概括为三方面：独立性、主动性和强制性。其中，独立性是监察权的前提、主动性是关键、强制是保障，三者相辅相成，互为补充。

一、独立性是前提

监察权的独立性主要是指监察权在运行过程中不受来自立法权、行政权、司法权等其他外界因素的不当干扰，而保持一种相对独立的状态。监察权之所以强调独立性，主要是基于两点原因：一是监察权本质上是对其他公权力运行的监督和制约，

---

[1]　本节内容主要参见张云霄："国家监察体制改革法治化进程初探"，载《法学杂志》2018 年第 5 期。

而公权力对于监督和制约往往具有天然的排斥性，其往往不愿意接受来自外部的监督和制约，尤其是行政权本身所具有的强烈扩张性很可能对监察权的独立运行造成较大的困扰，监察权只有保持独立，才能最大限度地抵制包括行政权在内其他公权力的不正当侵犯。二是监察权主要是针对腐败人员及其行为所开展的监督和调查，在这一组权力对抗之中，监察权的正常行使必定会遭受来自各方面的干扰和破坏，监察权只有保持相对独立，才能有效排除外界的不良因素干扰，实现监察良效。因此，独立性可以被称为监察权的"第一属性"。以北欧的监察制度为例，其监察专员不仅独立于立法和行政，甚至独立于司法，从设置伊始，监察专员的主责就是监督行政机构和司法机构。[1]这充分表明了监察权运行需要独立空间的必要性和重要性，否则其权力空间很容易受到其他权力的侵蚀。但是，这里需要强调的是，在我国的政治语境下，监察权具有独立性，并不意味着这种独立是绝对独立，而是相对独立。它需要接受执政党的领导，并在法律的框架范围内予以运行，否则容易出现权力滥用。我国《监察法》第 4 条第 1 款就明确规定："监察委员会依照法律规定独立行使监察权，不受行政机关、社会团体和个人的干涉。"这从法律层面上初步保障了监察权相对独立行使的条件。

二、主动性是关键

监察权的主动性是指监察权的运行载体通过法定的方式和途径去积极地发现和收集腐败问题线索，开启调查程序并采取相应措施以及作出相应的处置决定。这也是监察权和司法权最

---

〔1〕 韩阳等：《北欧廉政制度与文化研究》，中国法制出版社 2016 年版，第 37 页。

显著的区别。因为，司法权的根本特点是判断性、被动性和中立性，其遵循"不告不理"的基本原则，要求每位司法人员当好案件的"裁判者"这一角色，不去积极追求诉讼，[1]从而体现出自身所具备的客观、理性、公信和权威。而监察权却恰恰相反，它并非一种判断权，其更多强调的是自身的主动性，它要求监察人员坚持以问题意识为导向，充分发挥自身的主观能动性去积极、主动地发挥监察职能，通过日常性的实际接触和察看，来对监察对象实施一系列法定的监察行为，从而及时发现问题并处置问题，防止由"小毛病"变成"大问题"。比如，通过建立健全举报渠道，积极审查举报线索；还比如，通过开展重大专项检查方式对某一行业或者某一系统的廉政情况进行检查；再比如，通过采取专门的调查措施有效突破案件。如果监察权缺乏主动性，则极有可能出现"监察缺位"或者"监察乏力"的问题，根本无法达到监察的预期效果，进而丧失监察权应当具有的权威和公信。因此，主动性可以被称为监察权的"特色属性"。但是，需要强调的是，这种主动性也并非绝对的，而是应当在尊重其他权力运行的前提下，在《监察法》这一法律范畴内予以实现。比如，监察权并不能对法院正常的审判权运行进行干涉；也不能对检察机关正常的检察权运行进行干涉。

三、强制性是保障

监察权的强制性是指监察权的运行过程和结果都会对监察对象产生强制的效果。监察权作为一种公权力，其并不是一种柔性的建议权，恰恰相反，监察权需要以自身的强制性作为保障。这种强制性体现在两个方面：一是监察权的运行过程具有

---

〔1〕　张文显、卢学英："法律职业共同体引论"，载《法制与社会发展》2002年第6期，第16页。

强制性，在调查过程中，监察措施和手段的运用往往以强制力为主，会对监察对象的人身自由、财产、住宅等产生不同程度的约束，以留置的适用为例，其会对监察对象的人身自由产生一定的强制力，以保障监察程序的顺利推进。二是监察权的运行结果具有强制性，各方应当遵守监察结论，如果认为监察结论有问题，可以通过法定方式和渠道予以反映或者救济，但前提是对于监察结论的遵守和执行。因此，强制性可以被称为是监察权的"重要属性"。这里需要指出的是，监察权虽然具有强制性，但是并非以牺牲人权保障为代价；恰恰相反，作为公权力的监察权，其强制性需要以人权保障的有效落实为前提和基础，这正是宪法原则得以落实的具体体现。在此，还是以留置为例，其应当经过严格的申请和批准程序后，才能适用，而且对于留置的适用应当严格限制期限，以体现出程序正义的价值要求。这里需要强调的是，监察权的强制性和侦查权的强制性有着本质的不同。因为侦查权的强制性属于司法范畴，其主要是为刑事诉讼的顺利开展提供保障；而监察权的强制性是以监察行为的正常实施为目的，不属于司法范畴。因此，不能混淆两者之间的界限。

第二节　监察权的主要内容

我国《监察法》第 11 条对监察机关的职权进行了具体规定："监察委员会依照本法和有关法律规定履行监督、调查、处置职责：（一）对公职人员开展廉政教育，对其依法履职、秉公用权、廉洁从政从业以及道德操守情况进行监督检查；（二）对涉嫌贪污贿赂、滥用职权、玩忽职守、权力寻租、利益输送、徇私舞弊以及浪费国家资财等职务违法和职务犯罪进行调查；（三）对违法的公职人员依法作出政务处分决定；对履行职责不力、失职失责的领导人员进行问责；对涉嫌职务犯罪的，将调查结果移送人民检察院依法审查、提起公诉；向监察对象所在单位提出监察建议。"

监察权作为一个集合概念，其主要内容包括：监督权、调查权和处置权三项权能。

一、基本权能：监督权

监督权是指各级监察委员会依法依规对公职人员行使公权力的行为进行察看和督促的强制力。赵乐际同志在十九届中央纪委三届全会上的工作报告中明确指出，"监督是纪检监察机关的基本职责、第一职责。要坚持不懈探索强化监督职能，特别是把日常监督实实在在地做起来、做到位，敢于监督、善于监督、规范监督，抓早抓小、防微杜渐，咬耳扯袖、红脸出汗，贯通运用'四种形态'，使监督更加聚焦、更加精准、更加有力。"[1]

监察机关监督权主要包括：日常监督权和专项监督权。具体阐述如下：

（一）日常监督权

日常监督权是指各级监察委员会对监察对象进行定期或者不定期的巡察、检查和督促的权力。比如，监察机关受理群众举报问题线索，对监察对象采取函询或者谈话，了解情况，核实问题，并作出答复。监察机关在日常监督中发现监察对象有轻微违法问题的，就应当及时"红脸出汗""咬耳扯袖"，使其在违法道路上及时收手，阻断更为严重的违法甚至犯罪问题的发生。

---

〔1〕　参见赵乐际同志在中央纪委三届全会所做的《忠实履行党章和宪法赋予的职责　努力实现新时代纪检监察工作高质量发展——在中国共产党第十九届中央纪律检查委员会第三次全体会议上的工作报告》。

（二）专项监督权

专项监督权是指各级监察委员会就某一重大问题或者系统性问题对监察对象集中开展督促检查，并要求其整改落实的权力。通过积极行使专项监督权，可以有针对性地对某一领域问题展开深入细致的查纠，达到"监督一处、震慑一片"的效果。比如，某地监察机关对扶贫专项资金使用情况开展专项监督，通过发现一处扶贫专项资金使用问题，督促当地政府扶贫部门全面开展自查自纠，从而达到监督效果。

监督权的履行可以采取多种方式，比如听取工作报告、开展巡察、重点检查或者专项检查等。监督权是监察权的基本权能，也为调查权和处置权的顺利实施提供必要的基础和前提。客观而言，监督权要想得以真正落实必须有必要的手段和措施予以支撑，当前，在国家监察体制改革的具体实践中，各地对此作法并不一致，有的过于"激进"，几乎所有的都要进行监督，出现"大包大揽"的现象；而有的则过于"保守"，在日常监督方面显得无所适从。为此，2019年7月，经党中央批准，中共中央纪委国家监察委印发《监察机关监督执法工作规定》，其对各级监察委员会行使监督权作出进一步规范和要求。

此处，需要强调的是，在监察机关与党的纪律检查机关合署办公的制度安排下，监察机关的监督权与党的纪律检查机关的党内监督权是相辅相成的。党内监督方式包括：对党委（党组）成员的日常监督、组织生活制度、党内谈话制度、干部考核制度、述职述廉制度、领导干部个人事项报告制度、插手干预重大事项记录制度、廉政意见回复制度、约谈函询制度等，这些与监察机关履行监督权的方式存在不同程度上的交叉。[1]因

---

〔1〕 吴建雄主编：《读懂〈监察法〉》，人民出版社2018年版，第62页。

此，正如有学者所言，监察机关的监督权与党的纪律检查机关的党内监督权是一体两面，存在着高度一致性。[1]但这绝非意味着党内监督可代替监察机关的监督，相反党内监督是其开展的重要保障。

二、关键权能：调查权

调查权是监察机关依法对涉嫌贪污贿赂、滥用职权、玩忽职守、权力寻租、利益输送、徇私舞弊以及浪费国家资产等职务违法和职务犯罪进行调查取证的权力。监察机关的调查权可以概括为：一般调查权和特殊调查权，其中，一般调查权是指监察委员会对涉及情节较轻的、不构成犯罪的一般腐败问题进行了解和核实的权力，即主要是对职务违法的调查。而特殊调查权主要是指对于涉及犯罪的腐败问题采取专门措施予以调查的权力，也就是对职务犯罪的调查。

有学者认为，从本质上讲，监察机关的调查权和侦查权是一样的，两者之间没有实质性的区别。[2]其主要理由可概括为三点：第一，两者的权力本源具有同一性，即检察机关原来的职务犯罪侦查权并未消失，而是被整合到监察机关的监察权中来，监察机关对公职人员涉嫌犯罪行为所行使的调查权本质上还是原来的职务犯罪侦查权，只是实现了权力由一个公权力机关向另一个公权力机关过渡而已，并没有产生新的权力类型和形态。第二，两者的运行表现具有同质性，即监察机关所履行

---

〔1〕　钟纪轩："深化国家监察体制改革　健全党和国家监督体系"，载《求是》2018年第9期，第36页。

〔2〕　参见熊秋红："监察体制改革中职务犯罪侦查权比较研究"，载《环球法律评论》2017年第2期；汪海燕："监察制度与《刑事诉讼法》的衔接"，载《政法论坛》2017年第6期；戴涛："监察体制改革背景下调查权与侦查权研究"，载《国家行政学院学报》2018年第1期。

的搜查、讯问、询问、查询、冻结、调查、查封、扣押、勘验检查和鉴定等措施，虽然被冠以"调查"之名，但实质上就是《刑事诉讼法》的侦查措施，尤其是监察机关所使用的留置措施，其本质上就是限制人身自由，因此与侦查措施中的拘留和逮捕并无二异。第三，两者的追求目标具有一致性，即无论是调查权还是侦查权都为一种"求刑权"，都是为了追求调查对象（侦查对象）获得刑事责任，得到应有的法律惩罚。

笔者认为，如果只是从刑事诉讼法学这一部门法学的视角来审视调查权和侦查权的关系并不可取，其所看到的只是两者外在表现形式的混同，而无法真正揭示两者内在关系的本源。《刑事诉讼法》界定了"侦查"的概念，即"侦查是指公安机关、人民检察院对于刑事案件，依照法律进行的收集证据、查明案情的工作和有权强制性措施"。这一规定将侦查权的行使主体赋予了公安机关和检察机关，显然立法者已经表明监察机关并非侦查权的行使主体。当然，这只是从《刑事诉讼法》的表层意思来理解，还不能充分阐释清楚调查权与侦查权的区别。因此，需要通过对《监察法》规定的调查权与《刑事诉讼法》规定的侦查权之间关系进行全面考察和科学分析，来予以具体说明。

（一）从权力的本源归属来分析

权利的本源归属就是权力的本质属性，也是权力的主要内核，这是一项权力区别于另一项权力的根本所在。我国《监察法》第 3 条明确规定："各级监察委员会是行使国家监察职能的专责机关，依照本法对所有行使公权力的公职人员（以下称公职人员）进行监察，调查职务违法和职务犯罪，开展廉政建设和反腐败工作，维护宪法和法律的尊严。"这被视为监察机关依法履行监察权的主要法律依据。监察机关所行使的监察权并非是原来的行政监察权、预防腐败权和检察机关的职务犯罪侦查权的"物理相加"，而是对原先分散的反腐败权力和资源的有机整合，是一种全新的"化学融合"。[1]监察权是一种同行政权、检察权和审判权处于同样重要位阶的国家权力，是具中国特色的新的权力类型。[2]我国《监察法》第11条又对监察机关的监察权予以详细的规定："监察委员会依照本法和有关法律规定履行监督、调查、处置职责：（一）对公职人员开展廉政教育，对其依法履职、秉公用权、廉洁从政从业以及道德操守情况进行监督检查；（二）对涉嫌贪污贿赂、滥用职权、玩忽职守、权力寻租、利益输送、徇私舞弊以及浪费国家资财等职务违法和职务犯罪进行调查；（三）对违法的公职人员依法作出政务处分；对履行职责不力、失职失责的领导人员进行问责；对涉嫌职务犯罪的，将调查结果移送人民检察院依法审查、提起公诉；向监察对象所在单位提出监察建议。"从上述法律规定可以看出，监察机关的监察权作为一个集合概念，是由监督权、调查权和处置权所组成的。但监督权、调查权和处置权三者之间并非是孤立的、零散的，而是前后有序、环环相扣、存在着内在逻辑的有机统一体。第一，监督权是监察权运行的重要基础和前提，从腐败治理的监察原理来看，监督权被视为监察机关的"第一职能"和"首要职能"，[3]也最能体现监察权主动性的特质。国家监察体制改革实践以来，监察机关在监察实践中探索的监督方式主要为：日常监督、专项监督和重点监督三种方式。其

---

〔1〕　谢超："《监察法》对中国特色反腐败工作的法治影响"，载《法学杂志》2018年第5期，第49页。

〔2〕　参见张杰："《监察法》适用中的重要问题"，载《法学》2018年第6期，第59页。

〔3〕　钱小平："监察委员会监督职能激活及其制度构建——兼评《监察法》的中国特色"，载《华东政法大学学报》2018年第3期，第41页。

中，日常监督主要是指监察机关依法对公职人员履职情况进行的检查；专项监督主要是指监察机关依法对专门事项或者重大项目工程等所开展的检查；重点监督主要是指监察机关依法对重点岗位、重点人员所开展的检查。监督权的良好运行将为调查权的开展提供重要线索并奠定坚实基础，否则的话，监察机关所开展的调查就是"无水之源"。第二，调查权是关键之所在，也最能体现监察权权威性的特质。监察机关所开展的调查包括两个方面，一是对公职人员涉嫌违法行为所实施的调查，二是对公职人员涉嫌犯罪行为所实施的调查。从目前的监察实践来看，在调查的初级阶段，公职人员涉嫌违法行为和涉嫌犯罪行为往往交织在一起，很难予以严格区分。因此，监察机关依法履行完调查权，并不意味着案件就直接进入到检察机关的公诉程序。第三，处置权是保障之举，也最能体现监察权裁定性的特质。监察机关在依法调查的基础上，拥有对调查结果认定和处置的权力。我国《监察法》第45条对于处置权的内容进行了详细规定，其中移送司法机关是监察机关履行处置权的一种方式，而非唯一方式。因此，从权力的归属来看，调查权是监察机关履行监察权的一项重要"子权力"，其与监督权和处置权存在内在的紧密联系。换言之，调查权需要依附监察权的存在而存在。显然，《刑事诉讼法》规定的侦查权并不属于监察权的范畴，其并不在监察权这一大环境内运行。这正是调查权区别于侦查权的根本之所在。

（二）从权力的运行机理来分析

权力的运行机理就是权力在具体运行中应遵循的基本规律，这是一项权力区别于另一项权力的主要特征。客观而言，监察机关行使的调查权中所采取的一系列调查措施确实和《刑事诉讼法》规定的侦查措施有着很多外在相似之处，比如两者均带有一定的秘密性，对人身或者财产予以强制等。但是，不能因为调查权和侦查权在运行方式方面的相似，就将二者画上等号。比如，公安机关依照《治安管理处罚法》对违法人员采取的行政拘留，其同样是带有强制性的限制人身自由的措施，但显然与侦查措施的拘留有着本质不同；再比如，法院依法对妨碍民事诉讼程序或者行政诉讼程序的人员采取的司法拘留，也不能等同于侦查措施的拘留。因此，我们不仅要看到调查措施与侦查措施外在运行之"同"，还要从权力的运行机理来分析两者本质之"异"。具体而言：第一，案件类型的不同决定了权力运行的机理不同。与其他普通犯罪相比，职务犯罪有着自身显著特点：无直接的被害人、无物理空间意义上的现场、往往缺乏物证，而且调查对象往往具有极其复杂的社会关系以及较为丰厚的政治资源，很容易对调查活动产生重大干扰。职务犯罪案件显然与普通的刑事犯罪案件有着明显区别，其决定了调查权和侦查权不同的运行机理，对涉嫌职务犯罪的调查更加注重在封闭场域内予以运行，注重对涉案信息的保密工作。第二，组织体系的不同也决定了权力运行机理不同。我国《监察法》第2条明确规定，"坚持中国共产党对国家监察工作的领导……"此外，根据执政党对党和国家机构的总体设计，监察机关和党的纪律检查机关合署办公，更加强调建立集中统一、权威高效的反腐败体制机制。这就表明，我国监察权的运行受到执政党直接且具体的领导，并且这种领导覆盖监察程序的全过程。但是，执政党对于侦查权的领导则是非直接的，其主要是通过对侦查主体的思想层面和组织层面来予以间接实现的，其一般并不介入具体的侦查过程之中。综上，从权力的运行机理来分析，监察机关的调查权运行具有自身的独特性，其并不受司法审查程序控制，[1]这显然有别于刑事诉讼法律中的侦查权，因此两者不可混同。

（三）从权力的追求目标来分析

权力的追求目标是权力存在的价值所在，是一项权力区别于另一项权力的重要标志。笔者并不否认"求刑"是调查权和侦查权所共同追求的目标之一。但是，监察机关行使包括调查权在内的监察权目的并非是其唯一目的。党的十八届四中全会正式提出"形成不敢腐、不能腐、不想腐的有效机制"，《关于新形势下党内政治生活的若干准则》再次强调"着力构建不敢腐、不能腐、不想腐的体制机制"。我国监察体制改革初衷目的就是围绕着"不敢腐""不能腐""不想腐"来设计和布局的。监察机关依法行使调查权，并将涉嫌职务犯罪的案件有序导入刑事诉讼程序，接受公诉机关审查和审判机关审判，发挥刑事法律对于惩治腐败犯罪的震慑功能，形成"不敢腐"的强大震慑，而这只是调查权的直接目的或者初级目的，是其追求的"治标"。但是，调查权作为监察权的重要组成部分，其行使的最终目的或者长远目的则在于保障公权力始终在法治轨道上廉洁健康运行，进一步促使"不能腐"的制度更加健全，"不想腐"的自觉不断增强，也是为了"惩前毖后、治病救人、防患于未然"，这才为"治本"之理想。从这一角度来审视，新《刑事诉讼法》所规定的侦查权和调查权的权力追求目标有所交集。但是，从深处探究，两者的追求目标则存在较大的差异，调查权的追求目标更具多元性和复杂性，其已经渗透到对公权力的制约和监督之中。

---

[1] 张云霄："国家监察体制改革法治化进程初探"，载《法学杂志》2018年第5期，第32页。

三、保障权能：处置权

处置权是指监察委员会对涉嫌腐败的问题经过调查之后所享有的处理决定权力。处置权有些带有程序性，有些则具有终局性。处置权应当被视为监察权的"保障权能"，因为无论是监督也好，还是调查也罢，最终都需要得出一个相对确定的结论，否则监察权就无法得以"落地"，也难以体现出自身的权威和公信。具体来说，监察机关的处置权包括六个层面内容：

（一）谈话提醒、批评教育、责令检查或者予以诫勉

监察机关对于有职务违法行为但情节较轻的公职人员，可以对其免予政务处分，代之以谈话提醒、批评教育、责令检查或者予以诫勉的处理方式，这实质上体现了监督执纪"四种形态"中第一种形态在监察工作中的应用，也是"惩前毖后、治病救人"方针和"惩戒与教育相结合"原则的具体体现，具有严肃的法律效力。监察机关可以依法直接作出上述处理，也可以委托公职人员所在单位、上级主管部门或者上述单位负责人代为作出，这些处理材料应当存入监察对象的个人廉政档案。[1]

（二）移送检察机关起诉

监察机关经过调查后，对于构成犯罪的监察对象（即被调查人），依法移送检察机关起诉，追究其相应的刑事责任。监察机关向检察机关依法移送时，应当做到案件事实清楚，证据确实充分，确保被调查人身份事实查清，犯罪事实查清，犯罪情节查清。2019年7月11日，中央纪委、国家监委向全国印发《监察机关监督执法工作规定》，就对监察机关依法移送检察机

---

〔1〕 本书编写组编写：《〈中华人民共和国监察法〉案例解读》，中国方正出版社2018年版，第391页。

关起诉作出进一步详细规范和要求。后续部分还将具体阐述，此处不予展开。

（三）给予相应的政务处分

监察机关依法对违法的公职人员作出相应的政务处分决定。根据我国《监察法》第45条第1款第2项规定，监察机关根据监督、调查结果，依法对违法的公职人员按照法定程序作出警告、记过、记大过、降级、撤职、开除等政务处分决定。2018年4月，中央纪委国家监委向全国印发了《公职人员政务处分暂行规定》，该规范性文件是目前指导全国各级监察机关对公职人员进行政务处分的具体依据。

（四）实施问责

监察机关依法对履行职责不力、失职失责的领导人员进行问责。监察机关的问责方式既包括按照管理权限直接作出通报、诫勉、组织调整或者组织处理、处分等问责决定；又包括向有权作出问责决定的机关提出问责建议。[1]监察机关通过严肃的问责，能够有效促使领导人员及时作出整改，严格依法履职。

（五）予以澄清

监察机关经过依法监督和调查之后，发现监察对象不存在违纪、违法和犯罪问题，或者举报所反映的问题失实的，监察机关应当及时在一定范围内为监察对象澄清事实，协助恢复其受损的声誉，使得监察对象"卸下思想包袱"，更好地投入到工作中去。

（六）提出监察建议

监察机关依法向监察对象所在单位提出监察建议。监察机关在具体的监督、调查过程中，能直观、清楚地发现监察对象

---

〔1〕 本书编写组编写：《〈中华人民共和国监察法〉案例解读》，中国方正出版社2018年版，第397页。

所在单位廉政建设、权力监督方面存在的漏洞和薄弱环节。但监察机关发现这些问题时，既有权力又有义务向这些单位提出监察建议，推动整改问题、完善制度，这样才能以治标促进治本，发挥标本兼治的综合效应。[1]

可以预见的是，随着国家监察体制改革的深入推进，监察权与立法权、行政权、审判权和检察权的关系也必将进一步调整和完善，监察权的具体内容也将随之发展、深化和完善，强化监察权在促进公权规范运行与推进政府治理中的积极作用将是其新目标，但是监督、调查、处置这三项基本内容作为监察权的"基石"则不会改变。这也是国家监察制度改革法治化进程的重要体现。

第三节 监察权的主要对象

监察权的主要对象是指监察机关及其监察人员依法行使监察行为所指的具体对象。根据我国《监察法》规定，监察权的主要对象包括：[2]

一、公务员和参公管理人员

公务员是指依法履行公职、纳入国家行政编制、由国家财政负担工资福利的工作人员，主要包括：中国共产党机关公务员；人民代表大会及其常务委员会机关公务员；人民政府公务员；监察委员会公务员；人民法院公务员；人民检察院公务员；中国人民政治协商会议各级委员会机关公务员；民主党派机关

---

〔1〕 本书编写组编写：《〈中华人民共和国监察法〉案例解读》，中国方正出版社 2018 年版，第 401 页。

〔2〕 中共中央纪律检查委员会、中华人民共和国国家监察委员会法规室编写：《〈中华人民共和国监察法〉释义》，中国方正出版社 2018 年版，第 108～114 页。

和工商业联合会机关公务员。

参公管理人员是指根据《公务员法》的规定，法律法规授权的具有公共事务管理职能的事业单位中除工勤人员以外的工作人员，经批准参照《公务员法》进行管理的人员。

二、依法受委托管理公共事务的人员

依法受委托管理公共事务的人员主要是指，除参公管理以外的其他管理公共事务的事业单位的人员，包括领导干部、中层干部以及其他涉及公权力行使的人员。

三、国有企业管理人员

国有企业管理人员主要是指国家独资企业、国有控股企业（含国有独资金融企业和国有控股金融企业）及其分支机构的领导班子成员，包括设董事会的企业中由国有股权代表出任的董事长、副董事长、董事，总经理、副总经理，党委书记、党委副书记、纪委书记，工会主席等；未设董事会的企业的总经理、副总经理，党委书记、副书记、纪委书记，工会主席等。此外，国有企业管理人员还包括对国有资产负有经营管理责任的国有企业中层和基层管理人员；在管理、监督国有财产等重要岗位上工作的人员；国有企业所属事业单位领导人员；国有资本参股企业和金融机构中对国有资产负有经营管理责任的人员等。

四、公办事业单位中从事管理的人员

公办事业单位中从事管理的人员主要是指公办事业单位及其分支机构的领导班子成员、该单位及其分支机构中的国家工作人员。比如，公办学校的校长、副校长，公立医院的院长、副院长，科研院所的院长（所长）、副院长（副所长）等。此外，还主要包括公办事业单位及其分支机构的中层和基层管理人员；在管理、监督国有财产等重要岗位上的工作人员；临时从事与公权力相联系的管理事务的人员等。

五、基层群众性自治组织中从事管理的人员

基层群众性自治组织中从事管理的人员主要是指村民（居民）委员会的主任、副主任和委员，以及其他受委托从事管理的人员。此处的"从事管理"是指：①救灾、抢险、防汛、优抚、扶贫、移民、救济款物的管理；②社会捐助公益事业款物的管理；③国有土地的经营和管理；④土地征用补偿费用的管理；⑤代征、代缴税款；⑥有关计划生育、户籍、征兵工作；⑦协助人民政府等国家机关在基层群众自治性组织中从事的其他管理工作。

六、其他依法履行公职的人员

判断一个"履行公职的人员"是否属于监察权的主要对象，主要看其是否行使了公权力，所涉嫌的职务违法或者职务犯罪是否损害了公权力的廉洁性。

第十一章 监察程序论

本章监察程序论主要研究监察机关及其监察人员所应当遵循的各种程序性规范和要求，其主要目的在于促使监察机关及其监察人员依法正确行使监察权，实现监察程序正义，达成监察目的。监察程序具体包括七个方面内容：监察管辖程序、监察回避程序、日常监督程序、线索处置程序、监察调查程序、监察审理程序、监察处置程序。

第一节　监察程序的基本理论

监察程序是指监察机关及其监察人员依法行使监察权、开展监察行为活动时应当遵循的准则和规范的统称。科学规范的监察程序是监察机关及其监察人员依法履职的重要规范和支撑，也是维护监察实现结果正义的重要基础和保障。

一、监察程序的主要特征

监察程序的主要特征是监察程序区别于其他法律程序的重要标志，其主要包括法定性、规范性、连贯性和交叉性四个方面。

（一）监察程序的法定性

监察程序的法定性是监察程序的首要特征。监察程序的法定性是指监察程序应当由法律事先具体规定。国家应当以法律的基本形式预先设定科学的监察程序，明确监察程序的各项具体内容和细节，为监察机关及其监察人员依法行使监察权和开展监察行为活动提供明确的程序指引。

（二）监察程序的规范性

监察程序的规范性是监察程序的基本特征。监察程序的规范性是指监察机关及其监察人员应当严格依法实施监察程序，防止监察权被滥用或者乱用，依法保障监察对象和其他人员的合法权益，促成监察目的达成，实现监察程序正义。我国《监察法》已就监察程序的内容予以明确，随着国家监察体制改革法治化进程发展，关于监察程序的具体要求还需要通过法律法规的方式予以进一步明确。

（三）监察程序的连贯性

监察程序的连贯性是监察程序的重要特征。监察程序的连贯性是指各个具体的监察程序之间存在着紧密的逻辑关联性和时空接续性。比如，监察机关在对问题线索进行初步核实后，依法作出监察立案决定，并开展后续的监察调查工作；在监察调查完毕后，依法依规进入监察审理程序；在监察审理程序结束后，依法进行监察处置程序。

（四）监察程序的交叉性

监察程序的交叉性是监察程序的关键特征。在监察机关和党的纪律检查机关合署办公的模式之下，监察程序与党的纪检程序在具体的运行中会呈现出协同运行的交叉特点。比如，监察机关的监督程序与党的纪律检查机关的党纪监督程序就存在高度的契合，尤其是对政治身份为中国共产党党员的领导干部进行监督时，往往会出现两种监督程序的并用。

二、监察程序的主要价值

监察程序的主要价值是监察程序存在的意义之所在，其主要包括两方面内容：一为工具价值；二为独立价值。

（一）工具价值

监察程序的工具价值是监察程序的首要价值，即指监察程序的设计和具体实施应当为监察机关监察权的行使、监察行为的开展以及监察目的达成提供相应的支持和保障作用。通过监察程序将具体监察行为活动有机地串联起来，从而形成前后衔接顺畅的监察行为整体。

（二）独立价值

监察程序的独立价值是监察程序的特色价值，即指监察程序的设计和具体实施应当充分体现出自身独有的公平正义价值，切实保障监察对象和社会公众的合法权益，既要使得违法犯罪的监察对象依法受到法律惩罚，又要使得被诬告或者陷害的监察对象依法受到法律保护，使得监察对象和社会公众等切实感受到程序公平正义价值。

第二节　监察管辖程序

监察管辖是指各级监察机关依法受理监察事项的职权分工。监察管辖程序是监察程序的重要组成部分，是规范监察权公正行使的重要前提。监察管辖的错误会直接导致监察机关办理的监察事项归于无效。

我国《监察法》专门对各级监察机关的管辖范围作出了明确规定，这样既可以有效避免争执或者推诿，又为社会上拟反映问题线索和有关情况的人员指明了路径，使其可以按照监察机关管辖范围向相应的监察机关提供问题线索，以充分发挥人民群众参与反腐败的积极性和实效性。[1]

此处需要强调的是，社会公众向监察机关反映问题线索，监察机关应当依法受理而不应当拒绝。在该监察机关依法受理之后，属于本监察机关管辖的，应当依法管辖；不属于本机关管辖的，应当依法移送有管辖权的监察机关。

一、监察管辖的基本原则

监察管辖的基本原则是指导监察机关开展监察事项办理的基本原则和规范，其主要包括三项基本原则：法定性原则、效益性原则、灵活性原则。

（一）法定性原则

监察管辖的法定性原则是指各级监察机关实施监察管辖应当严格依法进行，不得违法实施管辖，否则归于无效。我国《监察法》对于监察管辖作出了明确规定，是监察机关开展监察管辖的主要依据，有助于促使各级监察机关做到责任明确、界定清晰、各司其职、各尽其责。

（二）效益性原则

监察管辖的效益性原则是指监察机关监察管辖应当注意优化配置监察资源，节约监察成本，提高监察效益，实现高效监察的目标。监察管辖效益性原则要求监察机关实施管辖时，应当注意科学统筹安排，结合监察实践，实施均衡负担，确保监察机关之间的合理分工。

（三）灵活性原则

监察管辖的灵活性原则是指监察机关为了更好地履行监察

---

〔1〕　本书编写组编写：《〈中华人民共和国监察法〉案例解读》，中国方正出版社 2018 年版，第 141～142 页。

权，根据实际情况，依法对监察管辖事宜作出的变更或者调整。监察管辖灵活性原则有助于监察机关依法应对各种复杂的监察事项，确保监察工作的顺利开展。比如，《国家监察委员会管辖规定（试行）》第20条规定："几个省级监察机关都有管辖权的案件，由最初受理的监察机关管辖。必要时，可以由主要犯罪地的监察机关管辖。……"

二、立案管辖

立案管辖又被称为职能管辖或者部门管辖，其主要是指监察机关与公安机关、检察机关在受理涉嫌职务违法犯罪案件范围上的权限划分。具体而言，主要包括三个方面内容：

（一）监察机关自行管辖案件范围

监察机关负责调查行使公权力的公职人员涉嫌贪污贿赂、滥用职权、玩忽职守、权力寻租、利益输送、徇私舞弊以及浪费国家资财等职务犯罪案件。具体而言：

1. 贪污贿赂犯罪案件

贪污贿赂犯罪案件包括：贪污罪；挪用公款罪；受贿罪；单位受贿罪；利用影响力受贿罪；行贿罪；对有影响力的人行贿罪；对单位行贿罪；介绍贿赂罪；单位行贿罪；巨额财产来源不明罪；隐瞒境外存款罪；私分国有资产罪；私分罚没财物罪；非国家工作人员受贿罪；对非国家工作人员行贿罪；对外国公职人员、国际公共组织官员行贿罪。

2. 滥用职权犯罪案件

滥用职权犯罪案件包括：滥用职权罪；国有公司、企业、事业单位人员滥用职权罪；滥用管理公司、证券职权罪；食品监管渎职罪；故意泄露国家秘密罪；报复陷害罪；阻碍解救被拐卖、绑架妇女、儿童罪；帮助犯罪分子逃避处罚罪；违法发放林木采伐许可证罪；办理偷越国（边）境人员出入境证件罪；放行偷越国（边）境人员罪；挪用特定款物罪；非法剥夺公民宗教信仰自由罪；侵犯少数民族风俗习惯罪；打击报复会计、统计人员罪。

3. 玩忽职守犯罪案件

玩忽职守犯罪案件包括：玩忽职守罪；国有公司、企业、事业单位人员失职罪；签订、履行合同失职被骗罪；国家机关工作人员签订、履行合同失职被骗罪；环境监管失职罪；传染病防治失职罪；商检失职罪；动植物检疫失职罪；不解救被拐卖、绑架妇女、儿童罪；失职造成珍贵文物损毁、流失罪；过失泄露国家秘密罪。

4. 徇私舞弊犯罪案件

徇私舞弊犯罪案件包括：徇私舞弊低价折股出售国有资产罪；非法批准征收、征用、占用土地罪；非法低价出让国有土地使用权罪；非法经营同类营业罪；为亲友非法牟利罪；枉法仲裁罪；徇私舞弊发售发票、抵扣税款、出口退税罪；商检徇私舞弊罪；动植物检疫徇私舞弊罪；放纵走私罪；放纵制售伪劣商品犯罪行为罪；招收公务员、学生徇私舞弊罪；徇私舞弊不移交刑事案件罪；违法提供出口退税凭证罪；徇私舞弊不征、少征税款罪。

5. 公职人员在行使公权力过程中发生的重大责任事故犯罪案件

公职人员在行使公权力过程中发生的重大责任事故犯罪案件包括：重大责任事故罪；教育设施重大安全事故罪；消防责任事故罪；重大劳动安全事故罪；强迫违章冒险作业罪；不报、谎报安全事故罪；铁路运营安全事故罪；重大飞行事故罪；大型群众性活动重大安全事故罪；危险物品肇事罪；工程重大安全事故罪。

6. 公职人员在行使公权力过程中发生的其他犯罪案件

公职人员在行使公权力过程中发生的其他犯罪案件包括：破坏选举罪；背信损害上市公司利益罪；金融工作人员购买假币、以假币换取货币罪；利用未公开信息交易罪；违法运用资金罪；违法发放贷款罪；吸收客户资金不入账罪；违规出具金融票证罪；对违法票据承兑、付款、保证罪；非法转让、倒卖土地使用权罪；私自开拆、隐匿、毁弃邮件、电报罪；职务侵占罪；挪用资金罪；故意延误投递邮件罪；泄露不应公开的案件信息罪；披露、报道不应公开的案件信息罪；接送不合格兵员罪。

（二）监察机关与公安机关等管辖案件范围划分

根据我国《监察法》第34条第2款规定："被调查人既涉嫌严重职务违法或者职务犯罪，又涉嫌其他违法犯罪的，一般应当由监察机关为主调查，其他机关予以协助。"监察机关可以对涉及公安机关、检察机关等机关管辖的违法犯罪并案调查，也可以移送相关机关调查、侦查，但是，应当以监察机关并案调查为主。监察机关调查终结前，应当与相关机关就涉嫌职务犯罪问题以及其他违法犯罪问题移送审查起诉事宜进行协商，由检察机关并案审查起诉。

（三）监察机关与检察机关管辖案件范围划分

根据《刑事诉讼法》和《关于人民检察院立案侦查司法工作人员相关职务犯罪案件若干问题的规定》，检察机关在对诉讼活动实行法律监督时，发现司法工作人员涉嫌利用职权实施的非法拘禁、刑讯逼供、非法搜查等侵犯公民权利、损害司法公正的犯罪案件，可以立案侦查。这主要包括：①非法拘禁罪（《刑法》第238条）（非司法工作人员除外）；②非法搜查罪

（《刑法》第245条）（非司法工作人员除外）；③刑讯逼供罪（《刑法》第247条）；④暴力取证罪（《刑法》第247条）；⑤虐待被监管人罪（《刑法》第248条）；⑥滥用职权罪（《刑法》第397条）（非司法工作人员滥用职权侵犯公民权利、损害司法公正的情形除外）；⑦玩忽职守罪（《刑法》第397条）（非司法工作人员滥用职权侵犯公民权利、损害司法公正的情形除外）；⑧徇私枉法罪（《刑法》第399条第1款）；⑨民事、行政枉法裁判罪（《刑法》第399条第2款）；⑩执行判决、裁定失职罪（《刑法》第399条第3款）；⑪执行判决、裁定滥用职权罪（《刑法》第399条第3款）；⑫私放在押人员罪（《刑法》第400条第1款）；⑬失职致使在押人员脱逃罪（《刑法》第400条第2款）；⑭徇私舞弊减刑、假释、暂予监外执行罪（《刑法》第401条）。

检察机关在侦查中发现犯罪嫌疑人有监察机关管辖的职务犯罪问题线索的，应当及时与同级监察机关沟通，一般应当由监察机关为主调查，检察机关予以协助调查。经过沟通，认为全案由监察机关管辖更为适宜的，检察机关应当撤销案件，将案件及职务犯罪线索一并移送监察机关；认为监察机关和检察机关分别管辖更为适宜的，检察机关应当将监察机关管辖的职务犯罪问题线索移交给监察机关，依法由检察机关管辖的职务犯罪案件继续进行侦查。

三、一般管辖

一般管辖是指各级监察机关依法按照管理权限管辖本辖区范围内的监察对象。我国《监察法》第16条第1款规定："各级监察机关按照管辖权限管辖本辖区内本法第十五条规定的人员所涉监察事项。"这就表明我国监察机关一般管辖实质上就是级别管辖与地域管辖相结合。首先要考虑级别管辖，按照干部的管理权限来确定监察机关，体现党管干部的原则。[1]比如，国家监察委员会管辖中管干部所涉监察事项；省级监察机关管辖本省省管干部所涉监察事项等。这是有别于刑事管辖的重要标志。在此基础上，再考虑地域管辖，不能单纯地将级别管辖和地域管辖割裂开来。比如，国家某部委派驻到某省的办事处，虽然该办事处的公职人员办公所在地在某省，但是该办事处的公职人员属于中央公务员序列，则应当由国家监察委员会来予以管辖，而不是由该省监察委员会予以管辖。

四、特殊管辖

特殊管辖是指监察机关为了更好地履行监察权、确保监察事项公正处理，依法根据实际情况对一般管辖所作出的特殊处理程序。特殊管辖主要包括以下几类：

（一）提级管辖

提级管辖是指上级监察机关依法对应当由下级监察管辖的事宜在出现特殊情况之时而由自己亲自管辖。我国《监察法》第 16 条第 2 款规定："上级监察机关可以办理下一级监察机关管辖范围内的监察事项，必要时也可以办理所辖各级监察机关

---

〔1〕 将党管干部原则融会贯通到国家监察体制改革过程中，就是强化党对反腐败工作集中统一领导的重要表现形式。党管干部，不仅仅是管干部的培养提拔使用，还要对干部进行教育监督管理，对其发生的违纪违法行为作出处理。反腐败工作查处的是出现违纪违法问题的党员干部和行使公权力的公职人员，这项工作政治性强、敏感度高，必须按照相应的干部管理权限来处理，而不是随便哪一级纪检监察机关都可以对所有党员和行使公权力的公职人员进行监督，分别对不同层级的违纪、违法、犯罪的人员进行查处，就是坚持党管干部原则、加强党的集中统一领导的重要体现，是通过深化改革加强党的全面领导、完善坚持党的全面领导体制机制的重要举措。参见本书编写组写：《〈中华人民共和国监察法〉案例解读》，中国方正出版社 2018 年版，第 142~143 页。

管辖范围内的监察事项。"提级管辖并非常态，而是例外。在具体的监察实践中，提级管辖的主要情形包括：一是上级监察机关认为在其所辖地区有重大影响的；二是上级监察机关认为下级管辖不便办理的重大复杂疑难的监察事项；三是下级监察机关需要回避的监察事项；四是领导机关指定由上级监察机关直接办理的监察事项。

此外，我国《监察法》第 17 条第 2 款规定："监察机关认为所管辖的监察事项重大、复杂，需要由上级监察机关管辖的，可以报请上级监察机关管辖。"[1]此项内容实质是关于"申请提级管辖"的规定，表明下级监察机关依法有权申请提级管辖，但是管辖决定权在上级监察机关。

（二）指定管辖

指定管辖是指上级监察机关依法将其管辖的监察事项指定下级监察机关管辖，也可以将下级监察机关管辖事项指定其他监察机关管辖。比如，国家监察委员会依法将自己管辖的事项交由某省监察委员会管辖。

指定管辖体现了监察管辖原则性和灵活性相结合的原则，一方面体现了上级监察机关对下级监察机关的领导和信任；另一方面有助于优化配置和充分利用监察资源，提升监察工作效益。

指定管辖的主要原因是根据工作需要，在指定管辖时上级监察机关应当通盘考虑。[2]上级监察机关进行制定管辖，应当根据办理监察事项的实际需要和下级监察机关的办理能力、办理条件、地域因素等进行考量，不能把自己管辖的监察事项一概指定下级监察机关管辖，当"甩手掌柜"；也不能不顾实际情

---

〔1〕"重大、复杂"一般是指监察事项的性质难以判定或者监察事项在一定范围内具有重大影响；或者监察事项涉及的监察对象需要提级管辖才能突破的监察事项。

〔2〕 吴建雄主编：《读懂〈监察法〉》，人民出版社 2018 年版，第 104 页。

况进行指定，造成下级监察机关工作上的混乱，影响监察实效。此外，笔者建议对监察指定管辖程序予以完善：一是应当坚持民主集中制原则，对于监察指定管辖的决定应当由上级监察机关集体研究决定；二是应当采用书面方式作出指定管辖的决定，载明指定管辖的具体理由，确保指定管辖的合法性和规范性。

（三）争议管辖

争议管辖是指两个或者两个以上监察机关认为对同一监察事项具有管辖权而产生争议之时，报请它们的共同上级监察机关予以确定由哪一个监察机关管辖。此处所谓的"共同的上级监察机关"，是指同时发生管辖争议的两个或者两个以上监察机关均有领导与被领导关系的上级监察机关。

此处需要指出的是，为了进一步完善监察管辖程序制度，加强对监察对象等权益保障，可以赋予监察对象及其近亲属管辖异议权，即在监察机关依法告知监察对象及其近亲属后，监察对象及其近亲属可以向管辖机关提出异议。监察对象及其近亲属对管辖机关所作的决定不服的，可以向上一级监察机关提出复议一次。上级监察机关所作的决定是最终决定，上级监察机关认为复议理由成立的，应当予以纠正，重新指定管辖机关。在监察对象及其近亲属提出异议和复议期间，不影响监察机关办理监察事项。

第三节　监察回避程序

监察回避程序是监察程序的重要组成部分，是促使监察权公正行使的重要保障。回避是指监察人员在依法履行监察权过程中，若遇到法定情形而依法停止监察行为、退出监察活动的规范要求。

一、监察回避的法定情形

监察回避的法定情形即监察回避法定事由，其是指监察人员依法应当退出监察行为活动的具体理由。根据我国《监察法》规定，监察回避的法定情形主要包括：

（一）监察人员是监察对象或者检举人的近亲属

监察人员是监察对象或者检举人近亲属的，极有可能导致其存在主观预判或者偏见，而失去客观中立的立场，最终导致实体正义的受损，因此需要回避。

（二）监察人员担任过本案证人

监察人员担任过本案证人，因为对案件事实已经形成一定的主观认识和看法，极易先入为主，从而影响案件的客观办理、证据的系统收集以及性质的科学判定，因此需要回避。

（三）监察人员本人或者其近亲属与办理的监察事项有利害关系

监察人员本人或者其近亲属与办理的监察事项有利害关系，往往使得监察人员会采取违规违法的方式直接或者间接地影响案件的处理进度和结果，损害监察公信，因此需要回避。

（四）有可能影响监察事项公正处理的其他情形

《监察法》采取"兜底条款"的方式对回避情形作以规定，主要考虑到由于监察活动中出现情况的复杂性，无法全部列出，[1]这就需要监察机关在具体的监察实践中根据程序正义的原则要求，依法慎重对待回避问题，具体问题具体分析，确保依法公正行使监察权以及维护监察公信力。

---

〔1〕 比如①违反规定会见监察对象及涉案人员的；②索取或者接受监察对象及其涉案人员财物或者其他利益的；③接受监察对象及涉案人员的宴请或者参加由其支付费用的活动；④与监察对象及涉案人员存在不正当行为的等等。

二、监察回避的基本种类

从法理上讲，监察回避的基本种类主要包括以下三类：自行回避、申请回避和指令回避。

（一）自行回避

自行回避是指监察机关监察人员在履行监察职务中遇到法定回避情形，自己主动要求退出监察活动的职务行为。监察人员及时自行回避，能够有效地节约监察资源，避免监察活动归于无效。

（二）申请回避

申请回避是指监察对象、检举人及其有关人员依法提出申请，要求符合法定回避情形的监察人员退出监察活动的行为。申请回避是监察对象等人员在监察活动中重要的程序性权利，应当予以高度重视和予以保障，依法告知监察对象等人员享有申请回避的权利，确保监察程序的公平正义。

（三）指令回避

指令回避，又被称为职权回避，其是指遇到法定回避情形之时，但监察人员没有自行回避，监察对象等也未提出申请回避，而由监察机关相关负责人依法指令相关监察人员退出监察活动的职务行为。指令回避是一项重要的回避种类，但是我国《监察法》中对此并未明确规定，笔者建议将指令回避正式写入《监察法》，以完善监察回避程序规定。

三、监察回避的基本程序

客观而言，我国《监察法》对于回避制度的规定比较宏观和笼统，笔者建议应当继续完善回避制度，对回避程序作出较为详细的规定。

（一）回避权利的告知

监察人员在依法行使监察权之前，应当告知监察对象、检举人以及其他相关人员，可以依法要求监察人员回避的权利。尤其是在监察调查正式开始之前，监察人员应当依法告知监察对象等相关人员要求回避的权利。

（二）回避申请的提出

第一，属于自行回避的，监察人员可以以口头或者书面的方式提出，并说明具体理由。口头回避申请的应当记录在案。

第二，属于申请回避的，监察对象、检举人以及其他相关人员应当口头或者书面提出，并说明具体理由、提供相关证明材料。

（三）回避决定的审查

对于监察机关监察人员是否应当回避的问题，应当由监察机关主要负责人审查决定；对于监察机关主要负责人是否应当回避的问题，应当由监察机关集体研究决定，在集体讨论决定时，监察机关主要负责人不得参加；对于监察机关整体是否应当回避，应当由上一级监察机关集体研究决定。

（四）驳回回避的复议

笔者建议，参考《刑事诉讼法》的相关规定，监察人员或者监察对象等其他人员对于监察机关作出驳回回避的决定不服的，其有权收到回避决定书5日以内，向作出决定的监察机关提出回避决定的复议。作出决定的监察机关应在收到回避决定复议申请后5日以内作出决定。驳回回避的复议应当以一次为限。

四、监察回避的效力问题

监察回避决定一经作出，即发生法律效力，应当回避的监察人员必须立即退出监察活动。但是，在回避决定作出之前，监察人员不得停止监察活动；复议期间，监察人员也不得停止监察活动。在回避作出决定之前，监察人员的监察活动是否有效，应当由监察机关主要负责人或者监察机关领导集体研究决定。

此处需要强调的是，在具体的监察实践中，还有鉴定人员、翻译人员、技术人员以及其他人员可能也需要根据实际情况予以回避，这些监察活动参与人的回避，可以参照监察人员回避规定执行。

第四节　日常监督程序

我国《监察法》对于监察机关如何依法开展日常监督的规定相对较少且笼统。在监察机关与党的纪律检查机关合署办公模式下，监察机关与党的纪检检查机关在开展日常监督方面具有高度的契合性。根据《中国共产党纪律检查机关监督执纪工作规则》的相关规定，纪检监察机关开展日常监督主要包括：

一、定期召开专题会议

根据《中国共产党纪律检查机关监督执纪工作规则》第14条规定："纪委监委（纪检监察组、纪检监察工委）报请或者会同党委（党组）定期召开专题会议，听取加强党内监督情况专题报告，综合分析所联系的地区、部门、单位政治生态状况，提出加强和改进的意见及工作措施，抓好组织实施和督促检查。"纪检监察机关通过组织或者协调召开专题会议的形式是开展日常监督的重要程序规范。

二、建立健全廉政档案

根据《中国共产党纪律检查机关监督执纪工作规则》第 17 条规定："纪检监察机关应当建立健全党员领导干部廉政档案，主要内容包括：（一）任免情况、人事档案情况、因不如实报告个人有关事项受到处理的情况等；（二）巡视巡察、信访、案件监督管理以及其他方面移交的问题线索和处置情况；（三）开展谈话函询、初步核实、审查调查以及其他措施工作形成的有关材料；（四）党风廉政意见回复材料；（五）其他反映廉政情况的材料。廉政档案应当动态更新。"从上述规定可以看出，廉政档案是监察机关开展日常监督的基础性工作之一，建立健全廉政档案有助于纪检监察机关及时了解监察对象的基本情况，对监察对象进行"精准画像"，并辅助开展监督和调查工作。笔者建议，可以考虑在部分地区用信息化手段辅助建立廉政档案系统，做到及时更新和高效利用。

三、党风廉政意见回复

根据《中国共产党纪律检查机关监督执纪工作规则》第 18 条规定："纪检监察机关应当做好干部选拔任用党风廉政意见回复工作，对反映问题线索认真核查，综合用好巡视巡察等其他监督成果，严把政治关、品行关、作风关、廉洁关。"党风廉政意见回复是选拔任用干部尤其是领导干部的重要程序规定，是纪检监察机关发挥自身监督职能的重要载体和具体体现。党风廉政意见回复应当体现"三性"要求，一是客观性，即纪检监察机关应当遵循实事求是的原则，根据所掌握的具体情况准确地描述干部的个人相关情况，尤其应当注明是否有其问题线索以及是否属于在办案件；二是全面性，即纪检监察机关应当根据所掌握的具体情况全面地描述干部的个人相关情况，既要指出其良好表现的一面，也要指出其存在问题的一面；三是及时性，即纪检监察机关应当尽可能在短时间内作出党风廉政意见回复，避免久拖不决。

四、谈话函询

谈话函询是纪检监察机关处置问题线索、开展日常监督的主要工作方法之一，下文将详细阐述，此处不再展开。

第五节　线索处置程序

我国《监察法》第 37 条规定："监察机关对监察对象的问题线索，应当按照有关规定提出处置意见，履行审批手续，进行分类办理。线索处置情况应当定期汇总、通报，定期检查、抽查。"在监察机关与党的纪律检查机关合署办公模式下，按照"纪法贯通"要求，监察机关依法处置问题线索主要包括四个方面：

一、谈话函询

谈话函询是监察机关处理问题线索的一种主要方式，其包括谈话和函询两种具体的方式。其中，谈话主要是指监察机关及其监察人员向监察对象当面进行交谈和问询，要求其说明具体情况；函询主要是指监察机关及其监察人员要求监察对象就相关问题作出书面说明。

（一）申请谈话函询

监察人员应当拟定谈话函询方案和相关工作预案，其中谈话函询方案应当列明谈话函询对象的基本情况、反映的主要问题、谈话函询的时间和地点、参加谈话函询的监察人员以及有关工作要求（主要包括安全要求和保密要求）。

（二）批准谈话函询

监察人员对需要谈话函询下一级党委（党组）主要负责人的，应当报纪检监察机关主要负责人批准，必要时向同级党委主要负责人报告。

（三）开展谈话函询

第一，谈话应当由纪检监察机关相关负责人或者承办部门主要负责人进行，可以由监察对象所在党组（党委）或者纪委（纪检监察组）主要负责人陪同；经批准也可以委托被谈话人所在党委（党组）主要负责人进行。

第二，函询应当以纪检监察机关办公厅（室）名义发函给监察对象，并抄送其所在党委（党组）主要负责人。被函询人在收到函件后15个工作日内写出说明材料，由其所在党委（党组）主要负责人签署意见后发函回复。

此处需要说明的是，监察机关及其监察人员在谈话函询中，要根据具体情况来决定是采取谈话还是函询，抑或是谈话和函询并用。

（四）后续处置工作

监察机关应当在谈话结束或者收到函询回函后30日内予以办结，并将谈话函询的相关材料存入干部个人廉政档案。根据谈话函询的结果，监察机关及其监察人员应当根据实际情况，分别作出以下处置：

第一，经过谈话函询后，认为没有问题的或者没有证据证明存在问题的，监察机关应当对问题线索予以了解并在一定范围内为监察对象澄清说明。

第二，对于反映问题轻微，不需要追究党纪责任的，监察机关应当对监察对象采取谈话提醒、批评教育、责令检查、诫勉谈话等方式处理；这里需要强调的是，这里的"谈话提醒"和"诫勉谈话"与"谈话函询"中的"谈话"不是同一个含义，"谈话提醒"和"诫勉谈话"中的"谈话"都是带有警示性和教育性的告诫；而"谈话函询"中的"谈话"则是问题线索处置方式之一。

二、初步核实

初步核实是指监察机关依法对于受理和发现的、反映监察对象涉嫌职务违法或者职务犯罪的问题线索，通过采取相应的监察措施进行初步了解和核实的程序。初步核实的主要目的是了解核实反映的问题是否存在，并为是否立案提供依据。

（一）申请初步核实

监察机关及其监察人员认为反映的问题线索比较具体明确，需要采取初步核实的方式处置问题线索的，应当依法制作问题线索处置报告、初步核实申请报告和初步核实工作方案等，层报监察机关主要负责人审批。

（二）准备初步核实

经过批准后，监察机关应当成立核查组，不得少于2名监察人员，确定核查组人员具体分工；准备初步核实的相关材料和工具；明确初步核实的工作要求等，为初步核实做好充分准备。

（三）开展初步核实

监察机关及其监察人员开展初步核实应当依法严格按照初步核实方案确定的方法、步骤、时间、范围等开展。在初步核实工作中，核查组成员应当突出工作重点，依法收集证据，同时也要注意保密，尽量缩小影响。

核查组经批准后依法采取必要的监察措施来收集证据，一是可以通过与相关人员谈话来了解情况；二是要求相关组织说明；三是依法调取个人有关事项报告，查阅复制文件、账目、档案等资料；四是依法核查相关人员或者组织的资产情况和相关信息；五是进行鉴定和勘验检查。

（四）结束初步核实

核查组在初步核实结束后应当根据初步核实的具体情况，提出立案调查、予以了结、暂存待查或者谈话提醒等相关的处置意见。核查组撰写初步核实报告，列明被核查人基本情况、反映的主要问题、初步核实情况和结果、处理建议等，并由核查组全体人员签名。核查组应当将初步核实报告层报监察机关主要负责人审批。

三、暂存待查

暂存待查是指监察机关及其监察人员认为反映的问题线索虽具有一定的可查性，但是由于时机、条件、涉案人员等原因而暂时不具有核查条件，依法作出暂时备查的线索处置方式。暂存备查的主要情形包括：

（一）由于办案时机原因暂存备查

监察机关认为问题线索具有一定可查性，但是因为核查时机不成熟，不便于立即开展核查，而决定暂存备查。

（二）由于涉案人员原因暂存备查

监察机关认为问题线索具有一定可查性，但是由于重要的涉案人员比较敏感或者难以找到，不便于立即开展核查，而决定暂存备查。

（三）由于问题线索原因暂存备查

监察机关经过初步核查或者谈话函询之后，尚不能完全排除问题线索存在的可能性，但是现有的条件又难以开展监察工作，而决定暂存备查。

笔者认为，暂存待查作为一种重要的问题线索处置方式，在监察实践中发挥着重要作用。但是，从国家监察体制改革法治化进程来审视，有必要对暂存待查制度作出进一步完善。笔者提出两点建议：一是监察机关对问题线索作出暂存待查应当经过监察机关领导集体研究决定，并载明暂存待查的具体理由，防止出现"有案不查"。二是明确暂存待查的最长期限，根据监察实践，可以规定暂存待查的最长期限为6个月，超过6个月，监察机关应当对问题线索依法作出谈话函询、初步核实、予以了结的处置，防止问题线索"久拖不决"。

四、予以了结

予以了结是指监察机关认为问题线索反映的内容失实或者是不具备开展核查工作的可能性等其他情形，依法对问题线索作出终结处理的线索处置方式。在监察实践中，对于虽然具有职务违法事实，但是情节轻微不需要追究法律责任，已经建议相关单位作出恰当处理的，以及被反映人已经去世的情况，监察机关也往往作出予以了结处理。[1]

五、移送有关组织处理

移送有关组织处理是指监察机关认为问题线索反映的问题并不属于监察事项，应当依法移送有关组织进行妥善处理。

第六节　监察立案程序

监察立案是指监察机关依法经过初步核实后，初步查明监

---

[1]　中共中央纪律检查委员会、中华人民共和国国家监察委员会法规室编写：《〈中华人民共和国监察法〉释义》，中国方正出版社2018年版，第120页。

察对象存在职务违法或者职务犯罪的事实，并且需要追究法律责任，通过严格审批后启动对监察对象开展调查的程序规范。

我国《监察法》第39条规定："经过初步核实，对监察对象涉嫌职务违法犯罪，需要追究法律责任的，监察机关应当按照规定的权限和程序办理立案手续。监察机关主要负责人依法批准立案后，应当主持召开专题会议，研究确定调查方案，决定需要采取的调查措施。立案调查决定应当向被调查人宣布，并通报相关组织。涉嫌严重职务违法或者职务犯罪的，应当通知被调查人家属，并向社会公开发布。"上述规定是我国监察立案程序的主要依据。

一、监察立案的基本条件

监察立案是一项严肃的监察程序，标志着对监察对象依法调查的正式启动，因此监察立案条件应当明晰和严格。

当前，对于立案的基本条件存在"两要件说"和"三要件说"。其中，"两要件说"认为，监察立案程序包括两方面内容：第一，经过初步核实，初步查明存在职务违法或者职务犯罪；第二，根据法律规定，需要追究法律责任。[1]

"三要件说"认为，监察立案程序包括三方面内容：第一，初核查明存在职务违法或者职务犯罪；第二，需要追究法律责任；第三，按照规定的权限和程序办理立案手续。

笔者认为，上述观点均有合理之处，但是也都不全面，监察立案基本条件应当包括四个方面内容：

---

〔1〕　秦前红主编：《监察法学教程》，法律出版社2019年版，第321页。

（一）前置条件：经过初步核实之后

初步核实是监察立案的前置程序，也是必经程序；[1]换言之，不经过初步核实，监察机关就不能依法启动立案程序。初步核实具有筛选过滤的主要功能，监察机关及其监察人员依法对问题线索初步核实后，方能对是否立案作出较为准确的判断，也体现对监察立案程序的慎重态度。

（二）事实条件：涉嫌职务违法犯罪

监察对象涉嫌职务违法犯罪是监察立案的事实条件，也是核心条件。这里的"涉嫌职务违法犯罪"并不要求在初核阶段已经查明全部事实，只要存在部分违法犯罪事实即可。初步核实的定位和方法并不足以查明全部事实，这有待于立案并调查之后，才能得以查清。

（三）追责条件：需要追究法律责任

监察机关在初步核实之后，发现监察对象涉嫌职务违法犯罪，并非就立即启动监察立案程序。在此基础上，还需要追究监察对象法律责任，才进一步符合立案条件。例如，监察机关依法初步核实后，发现虽然存在职务违法犯罪事实，但是情节显著轻微不需要追究法律责任的，也不符合立案条件。

（四）程序条件：按照规定权限和程序

对符合监察立案条件的，应当由承办部门起草立案调查呈批报告，经纪检监察机关主要负责人审批后，报同级党委（党组）主要负责人批准，予以监察立案。根据我国《监察法》规定，监察委员会和派驻纪检监察机构、派出纪检监察专员履行

---

〔1〕 有观点认为，初步核实不是监察立案的必经程序。笔者表示不予赞同，一方面，根据《监察法》第39条之规定，"经过初步核实"后，才能有可能监察立案程序；另一方面，在具体的监察实践中，初步核实是监察机关处置问题线索的重要方式之一。

调查职责，均是行使监察权的主体，都可以办理立案手续。但是，需要强调的是，派驻纪检监察机构、派出纪检专员启动立案，需要经过其派出主体主要负责人批准，并需要通报所驻在单位党委（党组）。

此外，还需强调的是，对事故（事件）中存在职务违法、职务犯罪事实，需要追究法律责任，但相关责任人员尚不明确的，可以"以事立案"。监察机关在以事立案后，经过依法调查确定相关责任人员，应当按照规定的审批权限报批确定被调查人，[1]不再对相关责任人员重复立案。

二、监察立案的基本程序

监察立案是一项严肃的监察程序，一旦启动立案标志着监察机关正式开始对案件实施调查。监察立案的基本程序主要包括以下几个方面：

（一）申请监察立案

监察人员经过依法初步核实后，认为需要正式启动立案的，应当制作申请立案报告书，填写立案申请的法律文书，正式层报监察机关主要负责人。

（二）决定监察立案

监察机关主要负责人依法审查立案申请材料，并作出是否立案的决定。监察机关主要负责人经过审查后，一般作出三种处理决定：一是认为符合立案条件的，依法批准立案；二是认为不符合立案条件的，依法不批准立案；三是认为需要对某些问题作进一步了解核实的，应当退回立案申请，由监察人员作

---

〔1〕　检察机关、公安机关在办理事故（事件）类案件时也是先"以事立案"，待确定相关责任人员后，仅履行报批手续确定责任人员，不再对相关责任人员重复立案。

进一步了解核实后，再行决定是否立案。

（三）确定调查方案

根据《监察法》规定，监察机关主要负责人依法批准立案后，应当主持召开专题会议，根据被调查人基本情况、案件性质和复杂程度，集体研究确定调查方案。《中国共产党纪律检查机关监督执纪工作规则》也作出了相似规定，纪检监察机关主要负责人应当主持召开由纪检监察机关相关负责人参加的专题会议，研究批准审查调查方案。这样的制度设计充分体现了民主集中制的重要原则，防止监察权的滥用或者乱用，也体现了对调查程序的慎重，有助于保障监察对象等合法权益。

（四）通报告知程序

在立案决定后，监察机关及其监察人员应当依法履行通报告知程序，具体来讲：一是监察人员依法向监察对象（被调查人）宣布立案决定书；二是监察人员依法向监察对象（被调查人）所在单位通报立案决定；三是监察人员依法通知监察对象（被调查人）家属；四是监察机关依法向社会发布监察立案决定。这样的制度设计有助于依法保障监察对象（被调查人）的合法权益尤其是程序性权利，有助于取得监察对象（被调查人）所在组织的积极配合，有助于依法接受社会公众监督和依法高效开展调查工作。

此处，需要强调的是两点内容：第一，"监察立案"与"刑事立案"是两个不同的概念，两者的适用范围和条件明显不同，两者不能予以混淆。有学者认为："结合监察体制改革提高办案效率的初衷，可以考虑对于经过初核就已经确认职务犯罪嫌疑的，可以将监察立案与刑事立案程序予以合并，直接进行刑事立案，从而实现'法法衔接'。"[1]笔者认为，上述学者的观点显然误读了监察立案的基本内涵以及监察立案和刑事立案的主要区别，监察立案的后续程序是监察调查程序，而非刑事侦查程序。此外，监察立案后经过监察调查，也不必然导致移送检察机关审查起诉的结果。因此，上述学者的观点并不具有可行性。

第二，"监察立案"和"党纪立案"亦是两个不同的概念，也不能予以混淆。监察立案的依据是监察法律；党纪立案的依据是党章党规。此外，两者有着各自独立的运行空间和运行规律。因此，对于既可能存在职务违法犯罪的，又同时可能存在违反党规党纪的，需要追究纪律责任和法律责任的，应当依法予以监察立案，也应当依规予以党纪立案，不能以监察立案代替党纪立案；也不能以党纪立案代替监察立案。

第七节　监察调查程序

监察调查程序是指监察机关及其监察人员在立案之后，依法运用调查措施对监察对象涉嫌职务违法犯罪问题，调取证据、查明事实等一系列监察行为活动。监察调查程序是整个监察程序的核心程序。

一、监察调查的基本要求

监察调查作为一项重要的监察程序，直接决定着监察结果。监察调查的基本要求对于监察机关及其监察人员依法开展调查权具有重要的约束力和指导力。

---

[1]　姚莉："监察案件的立案转化与'法法衔接'"，载《法商研究》2019年第1期，第30页。

（一）依法全面客观收集证据

依法全面客观收集证据要求监察机关及其监察人员在开展调查过程中，坚持实事求是、程序正当的基本原则，强化证据意识和程序意识，既要注重收集对监察对象不利的证据，也要注重收集对监察对象有利的证据；既要注重收集监察对象罪重的证据，也要注意收集监察对象罪轻的证据，严禁以非法方法获取证据，从而依法查明事实，形成相互印证、完整稳定的证据链。

（二）依法严格执行调查方案

依法严格执行调查方案要求监察机关及其监察人员在开展调查过程中，必须严格按照调查方案所确定的内容和要求进行，严禁私自更改调查方向、调查对象、调查措施，严禁随意扩大或者缩小调查范围；当遇有重大突出情况需要更改时，必须经过批准后才可更改。这是因为调查方案的制定具有严肃的政治性，是监察机关集体所作出的重大决定，会对监察对象和监察结果产生直接重大影响；这也体现了对监察权的自我监督要求，因此要求监察人员依法严格执行调查方案。

（三）严格落实请示报告制度

严格落实请示报告制度是监察调查程序的特殊要求。严格落实请示报告制度要求监察人员坚持实事求是，注意把握案件调查的复杂性，要有调查方案不可能面面俱到的心理准备，对于调查方案中确实没有预见到的情况，或者虽然有预见但是超出预见范围的情况，也不能畏首畏尾、裹步不前、置之不理，而是应当及时向上级请示报告，确保发现的情况能够及时得到处理。严格落实请示报告制度体现了党对监察工作的领导，也是自我监督的重要方式。监察人员实施调查过程中，不仅要报告结果，也要报告过程；既要加强对结果的管理，更要加强对过程的管理，确保案件调查工作始终朝着正确的方向稳步前进，最终达到案件处理的良好效果。[1]

（四）依法充分保障合法权益

依法充分保障合法权益要求监察机关及其监察人员在开展调查过程中，必须依法充分保障监察对象等其他参与人的合法权益，不仅保障其实体性权利，也要保障其程序性权利，严禁侮辱、打骂、虐待、体罚或者变相体罚被调查人和涉案人员。尤其是对于监察对象而言，要特别保障其在留置期间的身体健康、正常休息等合法权益，充分体现监察调查的合法性和文明性。

二、监察调查的基本程序

我国《监察法》第 41 条规定："调查人员采取讯问、询问、留置、搜查、调取、查封、扣押、勘验检查等调查措施，均应当依照规定出示证件，出具书面通知，由二人以上进行，形成笔录、报告等书面材料，并由相关人员签名、盖章。调查人员进行讯问以及搜查、查封、扣押等重要取证工作，应当对全过程进行录音录像，留存备查。"根据此条规定，监察调查基本程序为：

（一）出示有效证件和书面通知

监察人员在调查过程中，需要采取调查措施的，应当依法向监察对象及其监察参与人出示有效证件，亮明监察人员合法身份；出具书面通知，明示需要采取监察措施。这样的制度设计具有三重意义：一是表明监察程序的合法性和严肃性，规范监察人员的具体行为；二是对监察对象等参与人形成法律约束

---

〔1〕 参见本书编写组：《〈中华人民共和国监察法〉案例解读》，中国方正出版社 2018 年版，第 369 页。

力；三是争取参与人或者单位的积极配合，促使调查程序的顺利推进。

（二）调查措施应由两名以上监察人员执行

监察机关依法开展调查，采取调查措施，应由两名以上监察人员执行。这样的制度设计具有四重意义：一是依法客观全面、集思广益地收集证据；二是形成互相监督，防止个人徇私舞弊、刑讯逼供等非法行为；三是保障监察人员的安全，防止被监察对象诬告陷害；四是依法保障监察对象合法权益。

（三）依法形成笔录和报告等书面材料

依法形成笔录和报告等书面材料是固定证据的一种重要方法，其本身是证据的重要载体。监察机关及其监察人员依法进行调查，全面客观地记录调查过程，形成相关笔录和报告，并且由监察人员、监察对象、见证人等在上面签名或者盖章，有助于最大限度地保障和体现调查程序的合法性和有效性，防止出现人为的单方面的主观臆断、捏造事实等问题。

（四）依法对重要取证工作全程录音录像

监察机关及其监察人员对于讯问、搜查、查封、扣押等重要取证工作，应当对全过程进行录音录像，目的是为了留存备查。这样的制度设计有三重意义：一是有助于进一步规范监察调查工作，促进执法规范化建设；二是有助于加强对调查人员的职业保护；三是有助于强化对监察对象的利益保护。笔者建议，有条件的监察机关可以对监察人员所有的取证工作实行全程同步录音录像，不仅局限于上述重要取证工作。此处需要强调的是，监察机关对调查过程中的录音录像不能随案移送检察机关，检察机关认为需要调取与指控犯罪有关并且需要对证据合法性进行审查的录音录像，可以同监察机关沟通协商后予以调取。

（五）依法妥善保管涉案财物

监察机关在调查过程中应当依法妥善保管涉案财物，防止其毁损或者丢失，以便在调查终结后依法对涉案财物进行处置。根据我国《监察法》第 25 条第 2 款之规定："对调取、查封、扣押的财物、文件，监察机关应当设立专用账户、专门场所，确定专门人员妥善保管，严格履行交接、调取手续，定期对账核实，不得毁损或者用于其他目的。对价值不明物品应当及时鉴定，专门封存保管。"

三、公安机关协助执行程序

根据我国《监察法》规定以及具体的监察实践需要，公安机关在监察机关监察程序中负有一定的协助执行义务，这主要体现在三个方面：

（一）配合做好留置工作

根据我国《监察法》第 43 条第 3 款规定："监察机关采取留置措施，可以根据工作需要提请公安机关配合。公安机关应当依法予以协助。"在具体的监察实践中，监察机关根据具体的调查需要，会提请公安机关配合做好留置工作，公安机关应当积极配合监察机关，为留置工作顺利开展提供场所和配备工作人员，保障被留置人员的人身安全等需要注意的是，公安机关在采取措施之前，应当对监察机关递交的相关法律文书进行程序性审查；发现有问题的，应当通知监察机关及时补正。这也体现了两者相互制约的关系。

（二）执行技术调查措施

根据我国《监察法》第 28 条第 1 款规定，"监察机关调查涉嫌重大贪污贿赂等职务犯罪，根据需要，经过严格的批准手续，可以采取技术调查措施，按照规定交有关机关执行。"在具体的监察实践中，监察机关拥有对技术调查措施的决定权，但无执行权，具体的执行需要公安机关来予以完成。公安机关执行技术调查措施必须严格按照规定和要求进行，严禁擅自扩大或者缩小技术调查措施的对象、范围和内容等。需要注意的是，公安机关在采取措施之前，应当对监察机关送交的相关法律文书进行积极性审查，发现有问题的，应当通知监察机关及时补正。这也体现了两者相互制约的关系。

（三）协助执行其他调查措施

监察机关在依法调查过程中，需要采取查封、扣押、搜查、通缉、限制出境等措施，也往往需要公安机关予以协助执行，公安机关应当依法予以协助，确保监察措施的顺利实施。

笔者认为，《监察法》对于公安机关协助执行的程序规定比较笼统，为了更好地推进监察活动，有必要对此项规定予以进一步细化完善，增强、程序的规范性与可操作性。

四、监察调查的特别程序

我国《监察法》对监察调查的特别程序规定主要体现在两方面内容：

（一）对被调查人和涉案人员作出的从宽处罚建议

我国《监察法》第31条规定："涉嫌职务犯罪的被调查人主动认罪认罚，有下列情形之一的，监察机关经领导人员集体研究，并报上一级监察机关批准，可以在移送人民检察院时提出从宽处罚的建议：（一）自动投案，真诚悔罪悔过的；（二）积极配合调查工作，如实供述监察机关还未掌握的违法犯罪行为的；（三）积极退赃，减少损失的；（四）具有重大立功表现或者案件涉及国家重大利益等情形的。"此条规定主要是针对职务犯罪人员从宽处罚建议的规范。需要注意的是，这与《刑事诉讼法》

规定的"认罪认罚从宽处罚"程序有着本质区别，两者不能等同。

我国《监察法》第 32 条规定："职务违法犯罪的涉案人员揭发有关被调查人职务违法犯罪行为，查证属实的，或者提供重要线索，有助于调查其他案件的，监察机关经领导人员集体研究，并报上一级监察机关批准，可以在移送人民检察院时提出从宽处罚的建议。"此条规定主要是针对职务违法犯罪人员从宽处罚建议的规范。

此处需要强调两点：一是作出从宽处罚建议的决定主体是上一级监察机关，而办理案件的监察机关只是依法根据证据和事实情况而提出从宽处罚建议；二是这种从宽处罚建议并不对检察机关形成直接的法律约束力，但是检察机关在审查起诉时应当予以充分考虑，并依照《刑事诉讼法》等规定作出司法判断和认定。

（二）被调查人逃匿或死亡案件的调查与违法所得没收

在以往的国际追逃追赃工作中，由于我国未建立缺席审判制度，往往导致无法对逃匿境外的涉嫌腐败犯罪人员作出刑事司法判决，而许多国家是以司法机关生效的司法判决作为配合追逃追赃的前提，这就为我国追逃追赃工作带来较大的法律制度障碍。2012 年修订的《刑事诉讼法》增设了"没收违法所得"这一特别程序，《监察法》与之相衔接，作出了相应规定，从而为国际追逃追赃工作提供了更加有力的法律武器，[1]也体现了对国际通行惯例和准则的尊重。

我国《监察法》第 48 条规定："监察机关在调查贪污贿赂、失职渎职等职务犯罪案件过程中，被调查人逃匿或者死亡，有

---

〔1〕　本书编写组编写：《〈中华人民共和国监察法〉案例解读》，中国方正出版社 2018 年版，第 423 页。

必要继续调查的，经省级以上监察机关批准，应当继续调查并作出结论。被调查人逃匿，在通缉后一年后不能到案，或者死亡的，由监察机关提请人民检察院依照法定程序，向人民法院提出没收违法所得的申请。"

监察机关没收违法所得的申请中应当提供与犯罪事实、违法所得相关的证据材料，并列明财产的种类、数量、所在地及查封、扣押、冻结的情况，从而有助于司法机关依法开展后续的没收违法所得程序。

第八节　监察审理程序

监察审理程序是指纪检监察机关由审理部门对于监督检查部门和审查调查部门移送的监察材料（包括案件材料）进行全面审核并提出审理意见的具体规范。

一、监察审理的主要功能

监察审理是一项监察机关内部的相对独立的程序规范，在整个监察程序中发挥着重要功能，其主要体现在以下几个方面：

（一）内部监督的功能

监察审理程序的首要着眼点就是要充分发挥对监督检查部门和审查调查部门等的内部监督作用，督促监督监察部门和审查调查部门等依法依规行使监督权和调查权。

（二）保障质量的功能

监察机关审理部门要依法依规对监督检查部门和审查调查部门移送的监察材料进行全面、客观、仔细地察看，发现其中可能存在的程序问题、实体问题以及证据问题等，督促监督检查部门和审查调查部门进行及时改正，切实提升监察质量。

（三）沟通协商的功能

监察机关审理部门作为监察机关对外联系的桥梁与纽带，发挥着与司法机关等沟通协商的重要功能。比如，国家监察委员会审理部门就会同最高人民法院、最高人民检察院有关部门研究制定职务犯罪案件指定管辖等事项沟通协商机制的文件，对国家监察委员会调查的职务犯罪案件商请最高人民检察院办理指定管辖以及检察机关提前介入等工作进行规范，建立了专家咨询委员会制度、监察人员旁听庭审制度、裁判文书通报制度、日常联络员制度等。

二、监察审理的主要程序

监察审理作为办理监察事项的"把关口"，应当依法依规对监察事项进行审理：

（一）审核受理移送的监察事项

监督部门和调查部门应当依法依规将办理完毕的监察事项移交给审理部门，经审核符合移送条件的予以受理，不符合的可以暂缓受理或者不予受理。

（二）依法全面仔细进行审理

审理部门接到移送审理的监察事项后，应当组织两名以上监察人员组成审理组，依法依规开展审理工作，主要从事实是否清晰、程序是否规范、证据是否确实充分、适用法律是否正确等方面全面仔细地审理案卷材料。在审理过程中，若发现承办部门所办理的监察事项存在问题，报领导批准后，应当及时退回承办部门并予以纠正。

（三）依法依规制作审理报告

审理部门应当在审理完毕后，依法依规制作审理报告，该报告内容包括：被调查人基本情况、调查情况、职务犯罪实施、涉案财物处置、监督部门或者调查部门意见、审理意见等。对于涉嫌职务犯罪需要追究刑事责任的，还应当制作《起诉意见书》，作为审理报告附件。

（四）集体审核批准审理报告

审理部门负责人应当提请召开监察委员会领导人员会议集体审核并批准审理报告。在集体审核过程中，发现审理报告存在问题的，应当要求审理部门及时予以补正。笔者认为，我国《监察法》并未就监察审理程序作出明确规定。而监察审理程序已在相关党内法规和监察机关内部规范性文件中有明确规定；并且实践证明该程序是提升监察办案质量的有效方法和途径。为此，笔者建议，有必要将监察审理程序纳入到监察法律之中，更好地实现程序正义价值目标。

第九节　监察处置程序

监察处置程序主要分为三大类：一是针对职务犯罪的处置程序；二是针对职务违法的处置程序；三是监察建议程序。

一、职务犯罪处置程序

我国《监察法》第 47 条规定："对监察机关移送的案件，人民检察院按照《中华人民共和国刑事诉讼法》对被调查人采取强制措施。人民检察院经审查，认为犯罪事实已经查清，证据确实、充分，依法应当追究刑事责任的，应当作出起诉决定。人民检察院经审查，认为需要补充核实的，应当退回监察机关补充调查，必要时可以自行补充侦查。对于补充调查的案件，应当在一个月内补充调查完毕。补充调查以二次为限。人民检察院对于有《中华人民共和国刑事诉讼法》规定的不起诉的情形的，经上一级人民检察院批准，依法作出不起诉的决定。监察机关认为不起诉的决定有错误的，可以向上一级人民检察院提请复议。"本条规定是"法法衔接"的主要依据之一，是监察机关与检察机关互相配合、互相制约原则的具体表述，也标志着反腐败司法程序的正式开启。

（一）移送审查起诉的基本条件

监察机关依法向检察机关移送审查起诉的基本条件包括四个主要方面内容：

1. 前置条件

监察机关依法正式立案并完成监察调查程序，这是监察机关移送审查起诉的前置条件，也是监察程序与检察程序之间衔接的重要程序性条件。

2. 事实条件

监察机关依法移送审查起诉的事实条件是监察机关依法查明了监察对象等犯罪事实真相。如果监察机关依法查明监察对象只具有职务违法事实而没有职务犯罪事实，则不应当移送审查起诉。

3. 证据条件

监察机关依法移送审查起诉的证据条件主要是指监察机关及监察人员依法收集的证据达到了"证据确实、充分"标准。其中，"证据确实"是从证据的质量要求来讲，即监察机关及其监察人员所依法收集的、据以定案的证据必须是客观的和真实的，排除了合理怀疑；"证据充分"是从证据的数量要求来讲，即监察机关及其监察人员所依法收集的、据以定案的证据必须是充足的、完整的，形成了完整的证据链。

4. 追责条件

监察机关依法移送审查起诉的追责条件是指监察对象的行为符合刑法规定的犯罪构成要件，依法应当追究其刑事责任。

（二）移送审查起诉的主要内容

1. 被调查人

监察机关移送审查起诉，应当依法将被调查人移交给检察机关，由检察机关采取相关的刑事强制措施。

2. 法律文书

监察机关移送审查起诉，应当依法将涉及的监察法律文书移送给检察机关，尤其起诉意见书应当载明被调查人的基本情况、案件事实、证据情况以及起诉意见书等。

3. 证据材料

监察机关移送审查起诉，应当依法将案件证据材料移送给检察机关，由检察机关依法对证据材料进行保管，对于暂时无法随案移送的，应当将证据的复印件等移送给检察机关。

（三）检察机关全面审查起诉

检察机关应当依法对监察机关移送的全部材料进行认真全面仔细审查，应当依法查明以下问题：一是犯罪嫌疑人的基本情况，包括身份情况是否清晰明确；二是犯罪事实是否清楚；三是证据材料是否随案移送，证据是否确实、充分，是否形成完整的证据链条，有无非法证据需要排除等；四是有无遗漏罪行和其他应当追究刑事责任的人；五是有无从重、从轻、减轻或者免除处罚的情节或者酌定的从重、从轻的情节等；六是有无附带民事诉讼；七是监察调查活动是否合法；八是其他事宜等。

（四）退回补充调查和自行补充侦查

1. 两者次序问题

检察机关依法审查后，认为需要补充核实的，应当退回补充调查，必要时可以自行补充侦查。一般应当"以退回补充调查为原则、以自行补充侦查为例外"。

2. 补充调查时限与次数

对于检察机关退回补充调查的案件，监察机关应当在一个月内予以调查完毕。检察机关退回补充调查的次数以两次为限。

二、职务违法处置程序

根据我国《监察法》规定，监察机关依法对于职务违法问题进行处置。职务违法处置包括三项主要内容：

（一）谈话提醒、批评教育、责令检查、予以诫勉

我国《监察法》第45条第1项规定："对有职务违法行为但情节较轻的公职人员，按照管理权限，直接或者委托有关机关、人员，进行谈话提醒、批评教育、责令检查，或者予以诫勉。"

此种处置方式对应的是当前党纪监督处理"四种形态"中的"第一种形态"，[1]旨在针对具有苗头性、倾向性、轻微性的问题进行及时处置。此种处置方式具有两项重要功能：一是惩戒作用，虽然采取的是谈话提醒、批评教育、责令检查或者予以诫勉方式，但是本质上还是对监察对象职务违法的否定性评价，是一项制裁措施，会直接或者间接影响到对监察对象的整体评价。二是教育作用，这项处置方式主要的着眼点还是对监察对象进行及时教育，帮助其认识自身存在的问题，防止"小错"演变为"大病"，真正达到"治病救人"的目的，体现了对监察对象的真正关心和关爱。

此处需要强调的是，对于谈话提醒、批评教育、责令检查或者予以诫勉这四种方式，监察机关应当根据实际情况包括监

---

〔1〕"四种形态"为："第一种：党内关系要正常化，批评与自我批评要经常开展，让咬耳扯袖、红脸出汗成为常态；第二种：党纪轻处分和组织处理要成为大多数；第三种：对严重违纪的重处分、作出重大职务调整应当是少数；第四种：严重违纪涉嫌违法立案审查的成为极少数。"

察对象的一贯表现、职务违法行为性质和后果、监察对象对待问题的态度等，依法单独适用或者综合适用。比如，监察机关可以针对监察对象在批评教育的同时，责令其写出检查后存入干部廉政档案。

（二）政务处分

政务处分是指监察机关依法根据监督、调查结果，对职务违法的公职人员作出的警告、记过、记大过、降级、撤职、开除等处分的具体规范。

1. 政务处分的主体

政务处分的主体为处分决定机关或者单位。处分决定机关或者单位：一是监察机关；二是任免机关、单位。

2. 政务处分的种类及期间

政务处分共分为六类：一是警告，其处分期间为 6 个月；二是记过，其处分期间为 12 月；三是记大过，其处分期间为 18 个月；四是降级，其处分期间为 24 个月；五是撤职，其处分期间为 24 个月；六是开除，受到开除处分的，自处分决定生效之日起，解除其与单位的劳动人事关系。

3. 政务处分的基本要求

一是对于公职人员的同一违法行为，任免机关、单位和监察机关不重复给予政务处分；二是公职人员涉嫌犯罪的，一般应当先依法给予政务处分，再依法追究其刑事责任；三是下级监察机关根据上级监察机关的指定管辖决定，在调查终结后，应当按照管理权限交有处分决定权限的任免机关、单位或者监察机关依法作出处分决定。

4. 政务处分的基本程序

第一，监察机关及其监察人员应当将调查认定的事实及拟给予处分的依据告知被调查的公职人员，听取其陈述和申辩，并对其陈述的事实、理由和证据进行核实，记录在案。被调查的公职人员提出的事实、理由和证据成立的，应予采信。

第二，监察机关按照决定权限，依法履行审批手续后，作出对该公职人员给予处分或者免予处分的决定。

第三，将处分决定或者免除处分的决定送达监察对象和其所在单位，并在一定范围内宣布。

第四，公职人员受到处分的，应当将处分决定存入其本人档案；对于收到降级以上处分的，应当在 1 个月内办理职务、工资及其他有关待遇等相应变更手续。特殊情况下，经依法批准后适当延长办理期限，最长不得超过 6 个月。

第五，公职人员对监察机关作出的涉及本人的处分决定不服的，依法有权提请复审、复核。公职人员对任免机关、单位作出的涉及本人的决定不服的，依法有权提出复核、申诉。在复审、复核、申诉期间，不停止原处分决定的执行。

（三）问责

问责是指监察机关或者有权作出问责决定的机关依法对履职出现严重问题的领导人员进行处置的具体规范。问责体现了反腐败斗争要抓住"关键少数"这一重要思想，是全面从严治党的利器。

1. 问责的主体

问责的主体是监察机关或者有权作出问责决定的机关。监察机关依法可以作出问责决定，或者在无法直接作出问责决定时，向有管理权限的机关提出问责建议。

2. 问责的对象

问责的对象是负有责任的领导人员，而不是一般工作人员，也不是具体的单位。

3. 问责的情形

问责的情形主要包括以下内容：一是领导人员不履行职责或者不正确履行职责，如管理失之于宽松软，该发现的问题没有发现，发现问题不报告不处置，造成严重后果的；二是党风廉政建设和反腐败工作不坚决、不扎实，管辖范围内腐败蔓延势头没有得到有效遏制，政治生态遭到破坏的；三是损害群众利益的不正之风和腐败问题突出，人民群众反映强烈的，等等。[1]

4. 问责的方式

监察机关按照管理权限作出通报批评、诫勉、停职检查、责令辞职等问责决定，或者向有权作出问责决定的机关提出辞职、免职等问责建议。此处，为了将监察问责与党内问责作以比较研究，笔者将两者进行了简单对比。（如表11-1）

表11-1 监察问责与党内问责的比较

	监察问责	党内问责
适用对象	党员领导干部 非党员领导干部	党组织 党员领导干部[2]
问责主体	监察机关有权作出问责决定的机关	党委（党组）纪委或者纪委派驻（派出机构）党的工作机关
问责依据	《监察法》 《公职人员政务处分暂行条例》	《中国共产党纪律处分条例》 《关于实行党政领导干部问责的暂行规定》

---

〔1〕 本书编写组编写：《〈中华人民共和国监察法〉案例解读》，中国方正出版社2018年版，第396页。

〔2〕 根据《中国共产党问责条例》第5条规定："问责对象是党组织、党的领导干部，重点是党委（党组）、党的工作机关及其领导成员，纪委、纪委派驻（派出）机构及其领导成员。"

续表

	监察问责	党内问责
问责方式	（1）监察机关问责：通报批评、诫勉、停职检查、责令辞职等问责决定； （2）向有权作出问责决定的机关提出降职、免职等问责建议	（1）对党组的问责：检查、通报、改组； （2）对党的领导干部问责：通报、诫勉、组织处理、纪律处分

监察问责和党内问责虽有不同，但是两者相辅相成、有机统一，同时二者在一定程度上存在着竞合关系。首先，从具体适应来看，在具体实践中应综合考虑问责对象的身份、失职失责情形、问题性质、问责效果等方面的情况，决定适用党内问责还是监察问责。其次，从"纪法衔接"方面来看，党的领导干部履行管理、监督职责不力，管党治党不力，职责范围内发生严重事故、事件，造成重大损失或者恶劣影响情节较重的，对负有主要领导责任的班子主要负责人和直接主管的班子成员，在给予党纪处分或者重大职务调整的同时，也应给予相应的政务处分，从而实现党内问责与监察问责同向发力、党纪国法双施双守。[1]

三、监察建议程序

监察建议是指监察机关依法对监察对象所在单位廉政建设和履行职责存在的问题等提出相关建议，并要求予以改正的处置程序。

（一）监察建议的主要特点

监察建议作为一种重要的监察处置程序，不同于一般的工

---

〔1〕 肖飒："关于党内问责与监察问责的两点思考"，载《中国纪检监察报》2019 年 9 月 25 日。

作建议。具有自身的鲜明特点：

1. 事后性

监察建议的事后性是指监察机关制发监察建议是在监督和调查基础之上予以实施的；换言之，不经过严格的监督以及调查程序，监察机关无权制发监察建议。因为从《监察法》的规定看，监察建议为监察机关处置权限内容之一，而处置的前提就是必须对被监督对象或者被调查对象进行依法监督、调查，处置与监督、调查之间有着前后顺序和因果关系。因此，这就决定了监察机关制发监察建议应当具有严格的时间限制，其前提应当是基于监察机关监督、调查的结果；凡未依法履行完毕监督、调查程序，则无权制发监察建议。因为监察机关在依法、认真实施监督或者调查程序之后，才会发现和核实被监督的对象或者被调查对象在廉政建设和履职方面所存在的主要问题，然后才能"对症下药"，有针对性的制发监察建议，督促被建议对象尽快整改自身问题，从而达到实现从"治标"向"治本"的顺利过渡。

2. 强制性

监察建议的强制性是指监察机关所制发的监察建议具有法律效力，对监察对象具有法律约束力；监察对象若不履行监察建议的相关要求，则会承担相应的法律责任。在国家监察体制改革之前，检察机关就探索和实施过涉及职务犯罪类的检察建议，但是此类的检察建议并无明确的法律依据，因此其刚性不足，即使被建议对象不履行建议内容，检察机关也无法对其进行必要的责任追究。然而，监察建议以《监察法》为明确的法律依据，这就使得监察建议具有法律效力，对被监察对象具有刚性的约束力，其既是监察机关依法履行处置权的重要组成部分，也是监察机关深化反腐败"治本"效果的重要手段和方式。

换言之，被建议对象无正当理由而不履行监察建议，则应当承担相应的法律责任，而促使其承担相应的法律责任则是以必要的监察措施为支撑的。

3. 治本性

监察建议实质上是监察机关依法行使监督权和处置权的有效延伸，是在"治标"之基础上的"治本"之策。当监察机关发现监察对象所在单位或者组织有着廉政风险问题之时，其既有权力又有义务向监察对象所在单位或者组织提出有针对性的监察建议，继而推动整改问题，完善制度，以治标促进治本，发挥标本兼治的综合效应。[1]因此，从系统思维和长远角度审视，监察建议在"不能腐"的体制机制建设中发挥着举足轻重的作用。

（二）监察建议的基本要素

1. 监察建议的主体

从维护监察建议统一和权威的角度出发，有权制发监察建议的应当限定为各级监察机关，而各级监察机关的派驻机构或者派出机构以及监察专员在授权情况下可以依法提出监察建议。

2. 监察建议的对象

监察机关制发监察建议的对象应当为监察对象所在单位或者组织，而非自然人。

3. 监察建议的内容

监察机关是国家反腐败机关，其所制发的监察建议的内容应当具有很强的特定性和针对性，即监察建议的内容应当聚焦反腐败这一主题，主要就被建议对象的廉政建设和履职情况进行有针对性的建议。因此，需要监察机关把握好监察

---

〔1〕　参见本书编写组编写：《〈中华人民共和国监察法〉案例解读》，中国方正出版社 2018 年版，第 401 页。

建议内容限定性特征，涉及被建议对象的具体业务方面问题不应当成为监察建议的内容。此外，还应当避免监察建议内容空洞化。

（三）监察建议的主要程序

监察建议作为一项严肃的法定程序，有着严格的制发流程，具体包括以下五个主要方面：

1. 提出监察建议

监察人员依法根据监督、调查的结果，结合实际情况，撰写监察建议，并层报监察机关主要负责人。监察建议应当载明监察缘由和依据、具体监察建议内容以及相关要求。

2. 批准监察建议

监察机关主要负责人对报送的监察建议依法进行审核，必要时可以召开专题会议研究。经审核后，依法批准监察建议。

3. 制发监察建议

监察建议应当以监察机关办公室（厅）名义向监察对象所在单位或组织制发监察建议，体现监察建议的规范性和严肃性。

4. 落实监察建议

监察对象所在单位或组织收到监察建议之后，应当认真研究，针对问题积极改正，并按照要求向监察机关回复整改情况。

5. 回访监察建议

监察机关应当定期或者不定期地对监察对象所在单位或组织整改落实情况进行调研和回访，必要时可以召开座谈会的方式了解情况，确保监察建议的真正落实。

第十二章 监察措施论

本章监察措施是监察机关依法履行监察职能、开展监察行为的主要媒介。监察措施在性质上既不是刑事侦查措施，也非行政强制措施。监察措施论主要是研究监察机关及其监察人员依法履行监察权、开展监察行为活动所具备的各种手段和方法的总和。对于监察措施的深入研究，有助于推动监察活动行为的法治化和规范化建设，树立监察机关执法权威和公信。

第一节　监察措施的基本理论

一、监察措施的基本概念

监察措施并非国家监察法的法定概念，既有立法规范和理论研究重点集中于谈话、讯问、留置等具体监察措施的注释解读、适用规范，当前尚未形成对这一概念内涵的抽象界定。作为一项直接作用于监察实践、型塑监察行为的措施体系，根据其实践运行规律，笔者认为，监察措施主要是指各级监察机关及其监察人员在依法行使监察权的过程中所采用的各种手段和方法的统称。监察措施具有以下三个基本特征：

（一）监察措施的法定性

监察措施的法定性是指监察机关在依法行使监察权过程中所采用的监察措施必须是法律明确规定的，换言之，"法无授权即禁止"。监察措施的法定性具体包括两方面内容：一是监察措施适用主体的法定性，即监察措施适用的主体必须是各级监察机关，其他国家机关均无权适用监察措施；二是监察措施具体内容的法定性，根据《监察法》规定，由监察机关决定和实施的监察措施有 12 种：谈话、讯问、询问、查询、冻结、调取、查封、扣押、搜查、勘验检查、鉴定、留置。此外，由监察机关决定、由公安机关等其他机关执行的监察措施有 3 种：技术调查、限制出境、通缉。如果监察机关采用了法律规定之外的措施，则视为违法；而且应当受到相应的法律责任追究，否则将有可能出现所谓的"监察暴力"。

（二）监察措施的强制性

监察措施的强制性是指监察机关所采取的监察手段或者方法对监察对象及其涉案人员、物品等具有一定程度的强制性；监察对象及其涉案人员应当依法予以配合，否则应当受到法律责任追究。此外，有关机构和个人也应当依法予以配合。监察措施的强制性是监察机关依法适用监察措施的重要保障和基础。比如，监察机关依法适用的搜查措施是对公民个人生活空间的直接侵入，其具有明显的强制性特点。

（三）监察措施的综合性

监察措施的综合性是指监察机关所采取的监察手段或者方法并非单一的，而是综合的。在具体的监察实践中，监察机关为了达到监察目的，往往综合采用各项监察措施，形成监察工作合力。比如，监察机关及其监察人员对被调查人采取留置措施的同时，往往需要对被调查人同步进行讯问和搜查。

二、监察措施的基本功能

监察措施的基本功能是指监察措施所具备的主要作用。监察措施的基本功能可以概括为三个方面：保障功能、媒介功能以及教育功能。

（一）保障功能

保障功能是监察措施的首要功能，其主要是指监察机关及其监察人员依法适用监察措施首先要着眼于保障监察行为、监察程序的正常顺利开展以及监察工作安全，防止出现有碍监督和调查活动的情形。

（二）媒介功能

媒介功能是监察措施的重要功能，其主要是指监察机关及其监察人员通过依法采取监察措施，及时收集、固定、保存和运用证据，查清案件事实真相，从而作出合法合理合情的处置，搭建起监察权和监察价值目的之间的桥梁。

（三）教育功能

教育功能是监察措施的特色功能，其主要是指监察机关及监察人员在依法适用监察措施过程中要将对监察对象的思想教育贯穿其中，促使其能够认真反思和认识问题，从思想深处受到深刻教育，达到监察工作"治病救人"的价值目标。比如，监察机关的谈话措施具有事前监督、提醒教育的功效。

三、监察措施的主要分类

从学理上对监察措施进行科学、合理地分类，有助于监察措施体系的完善和监察措施适用的规范。笔者按照不同的分类标准，将监察措施作出如下分类：

（一）按照监察职能类型的不同进行分类

按照监察职能类型的不同，可将监察措施分为：监察监督措施、监察调查措施。其中，监察监督措施是指监察机关在依法履行监督职权过程中所采取的手段和方法的总称，比如谈话措施和其他日常监督措施；监察调查措施是指监察机关在依法履行调查职权过程中所采取的手段和方法的总称，比如讯问措施和技术调查措施等只能在调查职务犯罪过程中方可适用。

（二）按照具体适用对象的不同进行分类

按照具体适用对象的不同，可将监察措施分为：对人的监察措施、对物的监察措施和对场所的监察措施。其中，对人的监察措施是指监察机关及其监察人员在依法行使职权过程中对监察对象以及其他相关人员的人身所采取的手段和方法，比较典型的就是留置措施；对物的监察措施是指监察机关及其监察人员在依法行使职权过程中对涉案物品所采取的手段和方法，比如调取、查封、扣押涉案的财物、文件和电子数据等；对场所的监察措施是指监察机关及其监察人员在依法行使职权过程中对场所所采取的手段和方法，比如勘验检查等。

（三）按照措施性质功能的不同进行分类

按照措施性质功能不同，可将监察措施分为一般的监察措施和特殊的监察措施。其中，一般的监察措施，也称常规的监察措施，即指监察机关依法经常使用的普通监察措施，比如讯问、询问、搜查等；特殊的监察措施是指监察机关依法使用的具有特殊性的监察措施，比较典型的就是技术调查措施，主要针对重大贪污贿赂犯罪等特殊情形而适用的。

（四）按照是否对外公开的不同进行分类

按照是否对外公开的不同，主要为是否对监察对象及其涉案人员公开的不同，可将监察措施分为公开的监察措施和秘密的监察措施。其中，公开的监察措施是指监察机关依法公开采取的监察手段或者方法，比如，勘验检查、鉴定等；秘密的监察措施是指监察机关依法秘密采取的监察手段或者方法，比较典型的就是技术调查措施。

（五）按照获取证据种类的不同进行分类

按照获取证据种类的不同，主要分为获取言词证据的监察措施和获取实物证据的监察措施。其中，获取言词证据监察措施是指监察机关及其监察人员以获取言词证据为主要目的的监察措施，其主要包括谈话、讯问、询问、鉴定等具体监察措施，此类监察措施通过对知晓监察事项的相关主体了解情况，获取信息，形成以谈话、讯问、询问笔录以及鉴定意见等形式的证据，以此查明事实。获取实物证据的监察措施是指监察机关及其监察人员以获取实物证据为主要目的的监察措施，这一类监察措施包括查询、冻结、调取、查封、扣押、搜查、勘验检查等具体监察措施。此类监察措施通过对监察事项的相关实物线索和信息进行提取和固定，形成物证和笔录等形式的证据，以此查明事实。

（六）按照是否可以独立适用进行分类

按照是否可以独立适用，可将监察措施分为独立适用的监察措施和协助适用的监察措施。其中，独立适用的监察措施是指监察机关依法可以利用自身监察资源而自主决定独立适用且无需其他机关协助与配合的手段和方法，绝大多数监察措施都可独立适用；协助适用的监察措施是指监察机关依法由自身决定，但是需要其他机关予以协助与配合的手段和方法，比如实施通缉、限制出境以及技术调查这三类措施。

四、监察措施的适用原则

监察措施的适用原则是指监察机关依法适用监察措施过程中所应遵循的基本准则、规范和要求。监察措施的适用原则主要包括：合法性原则、效益性原则和比例性原则。

（一）合法性原则

合法性原则是监察措施适用的首要原则。合法性原则是指监察机关及其监察人员在决定和采用监察措施的时候应当依法严格按照法定程序办理，严禁非法使用监察措施，保障监察对象等的合法权益实现程序正义的价值目标。

（二）效益性原则

效益性原则是指监察机关依法采取的监察措施应当符合办案的效益价值，注意节约监察成本，促进监察资源的优化配置，不断提升监察质量，实现"高效监察"。

（三）比例性原则

比例性原则是公法领域的基本原则，尤其是在行政法领域和刑事诉讼法领域被广泛认可和遵循。广义上的比例原则包括三个层面内容：第一，妥当性原则，又称为妥适性原则，即监察机关所采取的监察措施必须能够实现监察价值目的或者有助于监察价值目的的达成并且是正确的手段，即在"目的—手段"的关系上必须是适当的。第二，必要性原则，又称为最少侵害原则，即监察机关所采取的监察措施应选择对监察对象以及其他人员最小侵害的方式。第三，均衡性原则，即监察机关在依法采取监察措施之前，应当进行必要的利益权衡，确认该措施不仅是必要的和适当的，而且其可能获得的利益大于可能损失的利益时，方可实行。[1]

第二节　监察措施的主要内容

监察措施是一个体系完整、内容丰富、逻辑科学的有机统

---

[1]　谢尚果、申君贵主编：《监察法教程》，法律出版社 2019 年版，第 103 页。

一体。下面就主要对监察措施的具体内容作详细阐述。

一、谈话措施

谈话措施是指监察机关及其监察人员依法按照管理权限对于可能发生职务违法的监察对象所进行的问询。一般认为，《监察法》中规定的谈话措施，源自于党内监督谈心谈话、廉政谈话、调查谈话、谈话提醒等多种类型的谈话，也是监察措施与纪检措施的衔接。谈话作为一种法定的监察措施，具有一定的强制性，监察对象应当予以配合。

（一）谈话的主体

根据《监察法》规定，谈话的主体分为两大类：一是有管理权限的监察机关；二是有管理权限的监察机关委托的有关机关、人员。作为与纪检机关合署办公的监察委员会，在进行谈话时，可以由监察机关主要负责人或者承办部门主要负责人进行、被谈话人所在单位党委（党组）或者纪委（纪检组）主要负责人陪同；也可以由监察机关委托被谈话人所在单位党委（党组）主要负责人陪同。

（二）谈话的对象

谈话的对象主要为监察机关具有管理权限且可能发生职务违法的监察对象，这包含两层含义：一是必须为具有管理权限的监察对象，否则监察机关不能采取谈话措施；二是可能发生职务违法的，主要是现有的证据材料很难查证的或者反映问题比较笼统的。

（三）谈话的作用

谈话作为监察机关主动了解情况、开展监察活动的措施，具有两项主要作用：

1. 了解研判作用

监察机关通过谈话可以初步有效地研判监察对象是否存在违法甚至犯罪行为，并且收集相关证据和问题线索等，为后续的监察工作奠定基础。

2. 监督警示作用

监察机关通过谈话措施，对于可能具有苗头性、倾向性的监察对象进行提醒，体现了事前监督的功效，有助于促使监察对象端正思想，避免犯错，起到警示的效果。

(四) 谈话的基本程序

谈话的基本程序主要包括以下方面：

1. 提出谈话的申请

监察人员应当依法依规起草谈话的报批请示，拟订谈话方案和相关工作预案，严格按照程序报批。待批准之后，方可开展谈话。

2. 依法开展谈话

谈话应当在具备安全保障条件的场所进行。谈话应当由相应的监察人员或者受委托谈话的人员依法进行。在谈话过程中，应当制作谈话笔录，谈话后可以视情况由被谈话人写出书面说明。

3. 结束谈话

谈话结束后，监察人员或者受委托开展谈话的人员以及被谈话人都应在谈话笔录上签字。谈话后可以视情况由被谈话人填写书面说明并签字。此外，谈话结束后，监察人员或者受委托开展谈话的人员还应当注意做好被谈话人的思想工作，帮助其缓解思想压力等。

4. 进行分类处置

监察人员或者受委托开展谈话的人员应当在谈话结束后 1

个月内书写情况报告和处置意见，严格按照程序报批。必要时，可以对相关情况进行抽查核实。此外，谈话的相关材料应当按照相关规定存入干部廉政档案。

二、讯问措施

讯问措施是指监察机关及其监察人员依法对涉嫌职务犯罪的被调查人进行问话，从而获取被调查人供述和辩解的监察措施。讯问这一措施并非新事物，在刑事侦查领域内，讯问被视为侦查活动的必经环节，对于获取案件信息，查获证据具有不可替代的重要价值。监察机关在调查环节中引入讯问措施，一方面需要遵循讯问的一般性规律，另一方面需要符合监察调查的特殊实践需求。

（一）讯问的基本要求

讯问作以一种具有强制性的监察措施，在具体适用过程中有着严格的规范要求，具体来讲：

1. 讯问主体的法定性

根据《监察法》规定，讯问主体具有法定性，即应当由两名以上监察人员来进行，而不能由其他人员来进行，否则是违法的。

2. 讯问对象的特定性

根据《监察法》规定，讯问对象具有特定性，即讯问对象应当为涉嫌贪污贿赂、失职渎职等职务犯罪的被调查人，除此之外不能适用讯问措施，比如，对于一般的职务违法人员就不能采用讯问措施。

3. 讯问过程的合法性

讯问过程应当具有合法性，具体而言：第一，监察人员在讯问前应当向被讯问人出示工作证件以及书面通知；应当告知其相关权利和义务，出示《被调查人权利义务告知书》。第二，监察人员对被讯问人进行讯问应当个别进行，在讯问过程中严禁采取威胁、辱骂、殴打等暴力方法或者手段，也不能采取诱供等其他方法或者手段进行。第三，讯问过程中要充分保障被讯问人的休息权利，不能搞"疲劳审讯"。第四，应当现场制作讯问笔录，笔录内容应当如实、客观、全面地反映整个讯问过程。第五，讯问应当全程同步录音录像。

此处，需要强调的是关于第一次讯问的基本要求。监察人员第一次实施讯问，应当详细查明被调查人的姓名、别名、出生年月日、户籍所在地、住所、籍贯、身份证号码、民族、文化程度、政治面貌、家庭情况、社会经历、工作单位及职务，以及是否属于人大代表、政协委员、党代表，是否受过刑事处罚、党纪政纪处分或者行政处理等基本情况，并应当告知被调查人相关权利义务和有关规定。

（二）讯问笔录的制作要求

讯问笔录的制作要求主要包括：第一，讯问笔录的制作应当坚持客观、如实、全面原则；第二，讯问笔录应当客观、如实地记载讯问时间、地点、讯问人、记录人等基本情况；第三，讯问笔录应当客观、如实地记载被讯问人供述和辩解、态度变化等细节内容，既要记录被讯问人有罪和罪重的证据，也要记录被讯问人无罪或者罪轻的证据；第四，讯问笔录所记载的语言内容应当是清楚的、没有歧义的；第五，讯问笔录必须有讯问人、记录人以及被讯问人签名或者盖章。

此处，需要强调的是，被调查人请求自行书写供述材料的应当被准许。必要时，调查人员也可以要求被调查人亲笔书写供述。被调查人应当逐页在供述材料上签名、捺指印，并注明书写日期。调查人员在收到自书材料后，注明收到时间并签名。

三、询问措施

询问是指监察机关及其监察人员为了查明案件真相、收集相关线索和证据，依法对证人以及其他人员进行问询的监察措施。

（一）询问的主要对象

询问的对象分为两类：一是证人，即直接或者间接了解案件真实情况并依法提供证明的人，证人必须是与案件事实无关的人；二是除了证人之外的其他人员，这些人员可能虽然与案件事实无直接关系，但是可能会对办理案件有帮助。

（二）询问的场所地点

询问的地点主要包括三类：①在犯罪现场进行询问；②在证人所在单位、住处或者证人提出的地点进行询问；③必要时可以通知证人到监察机关进行询问。

（三）询问的基本程序

1. 告知权利和义务

监察人员在正式询问之前，应当按照规定出示工作证件，出具书面通知；应当告知证人权利和义务，出示《证人权利义务告知书》，促使证人等对自己的作证行为及其相应的法律责任有清晰的认知。

2. 开展询问

询问证人等应当由两名以上监察人员进行，并应当依法制作询问笔录。询问笔录的制作、修改应当符合法律规定，询问笔录应当注明询问的起止时间和地点，内容应当忠于原话。询问笔录制作完毕后，应当将询问笔录交由被询问人核对；若被询问人没有阅读能力的，应当向其宣读。在核对中，被询问人认为内容有错误或者有遗漏的，可以向监察人员提出改正或者补充，在改正或者补充之处应当签名或者盖章或者捺指印。

如果证人请求自行书写证明材料的，调查人员应当准许。证人应当在亲笔证词的末页签名。调查人员收到证人材料后，应当注明收到时间并签名。

3. 结束询问

在询问结束后，被询问人和监察人员都应当在询问笔录上签名或者盖章。

（四）询问的基本要求

询问是获取证人证言等言词证据的重要措施，其基本要求如下：第一，询问必须由两名以上监察人员参与。第二，询问笔录必须如实、客观、全面地进行记录，不得随意编造。第三，询问时应当准确核实证人作证时的年龄、认知、记忆、表达能力、生理和精神状态是否影响作证能力等情况。第四，询问未成年人时，应当通知其法定代理人或者有关人员到场，询问结束后，法定代理人或者有关人员应当在笔录上签名，调查人员应将到场情况记录在案。第五，询问聋、哑人，应当有通晓聋、哑手势的人员参加，并在笔录中注明证人的聋、哑情况，以及翻译人员的姓名、工作单位和职业；询问不通晓当地通用语言、文字的证人，应当有翻译人员。询问结束后，翻译人员应当在笔录上签名。

四、调取、查封、扣押措施

调取、查封、扣押措施主要是针对物的强制性监察措施，其在具体的监察实践中经常并用，是监察机关及其监察人员获取书证、物证和电子数据的关键方法和手段。

（一）调取、查封、扣押措施的基本概念

调取是指监察机关在调查过程中依法获取的用以证明被调

查人涉嫌违法犯罪的物证、书证、电子数据等证据的措施。查封是指监察机关在调查过程中依法将调取的用以证明被调查人涉嫌违法犯罪的物证、书证、电子数据等证据以及涉案场所等进行检查封存并暂时禁止任何人处分的措施。扣押是指监察机关在调查过程中依法将调取、查封的用以证明被调查人涉嫌违法犯罪的物证、书证、电子数据等证据予以暂时扣留并保存且暂时禁止任何人处分的措施。

（二）调取、查封、扣押措施的基本程序

调取、查封、扣押措施应当遵守基本程序，是保障该措施顺利进行的重要保障。

1. 依法出示相关法律文书

监察机关及其监察人员在采取调取、查封、扣押措施之前，必须向监察对象及其他涉案人员出示相关法律文书，要求监察对象及其他涉案人员积极配合。

2. 依法调取、查封、扣押

监察机关及其监察人员采取调取、查封、扣押等措施，原则上应当收集原物原件，会同持有人、保管人和见证人，当面逐一拍照、登记、编号，开列清单，由在场人员当场核对，并将清单副本交持有人或者保管人。必要时要全程录音录像。

3. 依法妥善保管相关涉案物品

监察机关及其监察人员在调取、查封、扣押等措施后，应当依法妥善保管调取、查封、扣押的物品，未经批准，任何人不得擅自处分。

（三）调取、查封、扣押措施的基本要求

1. 调取、查封、扣押的主体应当合法

调取、查封、扣押的主体必须由两名以上监察人员执行，必要时可以聘请专业人员参与，比如调取、查封、扣押电子数据时,可以聘请专业技术人员参与,保障调取证据的质量。

2. 调取、查封、扣押的过程应当合法

第一,监察人员在调取、查封、扣押措施的时候,应当严格按照批准内容执行,严禁擅自扩大或者缩小调取、查封、扣押的具体范围。第二,调取、查封、扣押应当做好相应的记录工作。第三,如果被查封或者被扣押的物品中有价值不明的,监察人员应当及时组织鉴定。

3. 调取、查封、扣押的解除应当合法

监察机关对相关物品、场所等进行调取、查封、扣押后,发现相关物品、场所等与案件无关的,监察机关应当及时作出解除决定,并将相关物品及时退还给当事人。

五、查询、冻结财产措施

查询、冻结财产是指监察机关依法对涉嫌贪污贿赂、失职渎职等严重职务违法或者职务犯罪案件的单位或者个人财产进行查询或者冻结的措施。在监察实践中,查询与冻结往往同时适用,查询财产之后往往需要冻结财产。

(一)查询冻结财产的基本条件

1. 案件条件

涉案条件是指监察机关正在调查的涉嫌贪污贿赂、失职渎职等严重职务违法或者职务犯罪案件。

2. 对象条件

对象条件是指监察机关采取查询、冻结主要是针对监察对象及其他涉案人员的存款、汇款、债券、股票、基金份额等财产,也就是说查询、冻结的对象局限于财产情况,因此具有限定性。

3．工作条件

工作条件是指监察机关采取的查询、冻结财产措施，应当遵守必要性原则，必须"根据工作需要"，主要是指如果不及时采取查询措施，就无法掌握涉案人员与案件相关的存款、汇款、债券、股票、基金份额等财产情况；如果不及时采取冻结措施，就无法有效阻止涉案单位或者个人提取、隐匿或者转移与案件相关的存款、汇款、债券、股票、基金份额等财产。[1]

（二）查询冻结财产的基本要求

第一，监察机关及其监察人员查询冻结财产应当向银行或者其他金融机构出具查询冻结相关财产的正式法律文书；第二，查询冻结财产的数额必须是具体明确的并且不能超过办案限度；第三，冻结个人账户等财产的时候，应当为被调查人及其家属保留必要的生活费用；第四，采取冻结财产措施时，应当书面告知当事人或者其法定代理人、委托代理人有权申请出售或者变现。

（三）冻结的期限及其解除

监察机关及其监察人员冻结涉案存款、汇款、交易结束资金等财产的期限不得超过 6 个月，冻结证券财产的期限不得超过 2 年；如有特殊原因需要延长的，应当在冻结期限届满前按程序报批后办理续冻手续，每次续冻期限最长不得超过 6 个月，逾期不办理续冻手续的，视为自动撤销冻结。

（四）被冻结财产的处理

可能因为被冻结的汇票、本票、支票的有效期即将届满，或者债券、股票、基金份额等市场价值变化的原因，权利人申请出售，在不影响国家利益、被害人利益的前提下，经监察委

---

〔1〕　参见本书编写组编写：《中华人民共和国监察法案例解读》，中国方正出版社 2018 年版，第 205～208 页。

员会主要负责人批准可以出售或者变现。但出售或者变现之后，财产被冻结的性质状态并不因此而发生变化，所以出售或者变现所产生的价款仍应继续冻结。这种处理方式是基于权利人的要求或者客观情况的变化所做的一种变通，不仅保护了被调查人的财产权利，也保护了被冻结的涉案财产实际价值，[1]体现了监察机关依法文明办案的形象和理念。

六、搜查措施

搜查措施主要是指监察机关及其监察人员在调查职务犯罪案件过程中，为了查获被调查人、搜集犯罪证据，依法对被调查人可能隐藏的场所以及可能隐藏犯罪证据的人的身体、物品、住处和其他有关地方进行搜索、查看、查找的一种监察措施。

（一）搜查的法定主体

根据我国《监察法》规定，搜查的主体只能是监察机关及其监察人员，其他国家机关及其人员均无权在监察活动中采取搜查措施。

（二）搜查的基本范围

搜查的基本范围主要包括三个层面内容：一是对场所的搜查，即对可能隐藏被调查人、犯罪证据的地方或者住处等进行搜查；二是对人身的搜查，即对被调查人的人身进行搜查；三是对物品的搜查，即对涉案物品以及证据进行搜查。

（三）搜查的基本原则

搜查的基本原则包括四个方面：有限性原则、安全性原则、全面性原则和协同性原则。

---

〔1〕 马怀德主编：《中华人民共和国监察法理解与适用》，中国法制出版社2018年版，第93~94页。

1. 有限性原则

有限性原则主要是指监察机关及其监察人员在执行搜查时，必须按照事先确定的搜查方案、搜查地点进行有准备、有目的地搜查，并在搜查完毕后依法制作搜查记录，由被调查人或者其家属或者在场见证人签字或者盖章。

2. 安全性原则

安全性原则主要是指监察机关及其监察人员在执行搜查前，要做好安全预案。在搜查过程中，要全面排除危险因素，确保相关人员的人身安全、场地安全、物品安全等。

3. 全面性原则

全面性原则主要是指监察机关及其监察人员在执行搜查过程中应当按照搜查方案的要求来对人、场地、物品进行全面搜查，不放过任何蛛丝马迹，做到彻底仔细。

4. 协同性原则

协同性原则主要是指监察机关及其监察人员在执行搜查过程中，应当加强配合、协调一致，共同完成搜查任务。

（四）搜查的基本要求

1. 对搜查证的要求

监察人员在进行搜查时，应当依法出示搜查证，这既保障了公民的知情权，也体现了监察机关执法的权威，有助于搜查工作的顺利开展。

2. 对见证人的要求

监察人员在执行搜查时应当有被调查人或者其家属等见证人在场，根据回避原则，监察人员不得作为见证人；现场见证的情况应当如实记入搜查笔录，并由见证人签字或者盖章。

3. 搜查女性的要求

监察人员在搜查女性的身体时应当依法由女性工作人员进

行，这表现了监察机关对妇女权益和尊严的充分保护，也是对监察人员的职业保护。

4. 对公安机关配合的要求

监察机关及其监察人员在进行搜查时，可以根据工作需要提请公安机关配合，公安机关应当依法予以协助。这里的"可以根据工作需要"主要是指监察机关在执行搜查过程中遇到"可能携带凶器、可能隐藏爆炸剧毒等危险物品"等可能发生的突发紧急情况，以及在对被调查人进行搜查时遭遇阻碍调查、妨碍公务的情形，需要公安机关予以配合，排除紧急突发情况，从而采取一定措施协助监察机关予以搜查。[1]

七、鉴定措施

鉴定是指各级监察机关为了查明案件真相，依法聘请具有专业资质的人员，针对案件中的一些专门性问题，运用专业的知识、方法和技术进行验证并得出相应意见的一种监察措施。鉴定措施是一项科学技术含量很高的监察措施，鉴定意见往往对监察行为及其监察结果会产生重要影响。

（一）鉴定的主要种类[2]

1. 法医类鉴定

法医类鉴定主要是指鉴定人员运用法医学的知识、方法和技术对相关检材进行的鉴别判断，其主要包括法医学鉴定、法医临床鉴定、法医精神病鉴定、法医物证鉴定和法医毒物鉴定等。

---

[1] 马怀德主编：《中华人民共和国监察法理解与适用》，中国法制出版社2018年版，第96页。

[2] 本部分内容主要参考本书编写组编写：《〈中华人民共和国监察法〉案例解读》，中国方正出版社2018年版，第234页。

2. 物证类鉴定

物证类鉴定主要是指鉴定人员运用物证学的知识、方法和技术对相关物证检材进行的鉴别判断，其主要包括文书鉴定、痕迹鉴定等。

3. 声像类鉴定

声像类鉴定主要是鉴定人员运用声像学的知识、方法和技术对声像资料进行的鉴别判断，其包括对录音带、录像带、磁盘、光盘、图片等载体上记录的声音、图像信息的真实性、完整性及其所反映的情况过程进行的鉴定和对记录的声音、图像中的语言、人体、物体作出种类或者同一认定。

4. 会计鉴定

会计鉴定主要是指鉴定人员运用会计学的知识和方法对账目、单据、发票、支票等材料进行鉴别判断。

5. 其他鉴定

这主要包括对涉及工业、交通、建筑等方面的科学技术进行的鉴定。

（二）鉴定的基本要求

鉴定是一项知识性、专业性、技术性很强的工作，必须遵循一定的规范和标准，具体而言：第一，按照法律规定应当回避的人员不能担任鉴定人，鉴定机构和监督人应当具有法定资质；检材来源、取得、保管、送检等各个环节应当符合法律及相关规定，与相关提取笔录、扣押物品清单等记载的内容应当相符。

第二，鉴定的程序、方法、分析过程应当符合专业的检验鉴定规程和技术方法要求，不得违规进行鉴定。鉴定人故意作出虚假鉴定的，应当依法承担相应的法律责任。

第三，鉴定意见的形式要件应当完备，应当注明提出鉴定的事由、鉴定委托人、鉴定机构、鉴定要求、鉴定过程、鉴定方法、鉴定日期等相关内容，鉴定人进行鉴定后应当出具鉴定意见，并且同时附上鉴定资质、签名或者盖章。

第四，多个鉴定人的意见不一致的，应当在鉴定意见上注明不同意见，并分别签名或者盖章。

第五，监察人员应当对监察意见进行审查，必要时可以提出并进行补充鉴定或者重新鉴定。

第六，鉴定意见应当及时告知被调查人，对鉴定意见提出异议的，可以申请重新鉴定。是否重新鉴定，由调查人员审查并按程序报批后决定。

八、勘验检查措施

勘验检查是指监察机关及其监察人员自行或者其指派、聘请相关专业人员在监察人员主持下对相关的现场、物品、尸体以及人身等进行勘查验视的措施。

（一）勘验检查的主要种类

1. 现场勘验

现场勘验是指监察机关及其监察人员自行或者其指派、聘请相关专业人员在监察人员主持下对涉案的场所和地点等进行勘查的措施。

2. 物品勘验

物品勘验是指监察机关及其监察人员自行或者其指派、聘请相关专业人员在监察人员主持下对物品进行查勘验视的措施。

3. 尸体检验

尸体检验是指监察机关及其监察人员指派、聘请相关专业人员，并在监察人员主持下对已经死亡的有机体进行解剖并提取、保存适量标本的措施。

4. 人身检查

人身检查是指监察机关及其监察人员自行或者其指派、聘请相关专业人员在监察人员主持下对被调查人等人员的人身特征以及受伤情况等进行检查的措施。

（二）勘验检查的基本要求

勘验检查的基本要求主要包括：第一，勘验检查必须坚持实事求是的科学态度，避免主观片面和先入为主，严格遵循"及时、全面、细致、客观"的原则进行。[1]第二，勘验检查必须在两名以上的监察人员参与或者主持下进行。第三，勘验检查的范围和对象是限定的，并不是随意的，以切实保障公民的人身自由权、隐私权和相关财产性权利。第四，检查妇女的身体，应当由女工作人员或者女医师进行。第五，勘验检查应当制作笔录，并由参与的监察人员以及见证人签字或者盖章。

九、留置措施

留置本来是民法上的一个概念。留置权最早见于《德国民法典》，其性质上属于担保合同履行的一种手段。我国于1986年出台的《民法通则》中最早规定了留置权，此后的《担保法》《合同法》《物权法》等均有相关规定。1995年出台的《人民警察法》规定了"留置"，即人民警察对有违法犯罪嫌疑的人员，经当场盘问检查，发现有现场作案嫌疑等情形的，可以将其留置在公安机关继续盘问，留置时间一般不超过24小时，在特殊情况下，经批准可以延长至48小时。我国《监察法》规定的留置显然与上述法律中所提的留置有着本质不同。

---

〔1〕 贾永生："犯罪现场勘查原则的反思与重构"，载《中国刑警学院学报》2017年第6期，第32页。

（一）基本概念

我国《监察法》中的留置主要是指各级监察机关依法对涉嫌严重职务违法或者职务犯罪的被调查人以及其他涉案人员所采取的限制人身自由的一种监察措施。

（二）适用范围

《监察法》规定适用留置措施的范围比较大，对"涉嫌严重职务违法或者职务犯罪的被调查人"都可以适用留置措施；此外，"对涉嫌行贿犯罪或者共同犯罪的涉案人员"也可采取留置措施。但在适用情形、审批等方面设置了严格的条件和程序。因此，对留置措施适用来说，应当适用比例原则，可以简单概括为"该用则用，但要严用、慎用"。

（三）适用条件

留置措施的适用条件主要包括以下三项内容：事实条件、证据条件和办案条件。

1. 事实条件

被调查人涉嫌严重职务违法或者职务犯罪。

2. 证据条件

证据条件即"已经掌握部分违法犯罪事实及证据，仍有重要问题需要进一步调查"。这一条件是采取留置措施的核心要件，如果监察机关没有掌握部分违法犯罪事实的相关证据，则不能够采取留置措施。

3. 办案条件

办案条件即"有下列情形之一的：第一，涉及案件重大、复杂的；第二，可能逃跑、自杀的；第三，可能串供或者伪造、隐匿、毁灭证据的；第四，可能有其他妨碍调查行为的。"这一条件主要是从办案安全角度出发规定的，目的还是保障监察程序的顺利正常推进。

（四）审批流程

留置措施属于对人的监察措施，我国《监察法》在对监察机关采取留置措施的审批流程方面作了严格规定，目的还是要着力防范留置措施的不正当适用问题。

1. 本级监察机关集体研究决定

根据《监察法》的规定，各级监察机关采取留置措施，都应当经本机关领导人员集体研究决定，既不能由监察机关领导个人决定，也不能由监察人员自行决定，不能以个人意志代替集体决策、以少数人意见代替多数人意见。

2. 上级监察机关批准或者备案

地市级以下监察机关采取留置措施，应当报上一级监察机关批准；省级监察机关采取的留置措施，应当报国家监察委员会备案。

（五）期限及其解除

根据《监察法》规定，留置期限不得超过3个月；特殊情况下，可以延长一次，但延长的时间不得超过3个月。

留置措施的解除是指监察机关依法对所采取的留置措施予以解除。留置措施的解除主要分为三种情况：

1. 到期解除

到期解除是指留置期限满3个月，特殊情况下满6个月时，监察机关应当依法解除留置措施。如果监察机关到期不解除留置措施，就是违法办案，应当受到责任追究。

2. 不当解除

不正解除是指监察机关在依法开展监察活动时发现已经采取的留置措施不当的，应当及时解除。这主要是监察机关在调查过程中已经证实被留置人没有涉及职务违法或者职务犯罪等情形，依法解除留置措施。

3. 自动解除

自动解除是指监察机关将涉嫌职务犯罪的案件依法移送检察机关提起公诉，采取的留置措施自动解除，变更为刑事司法中的拘留措施。

（六）留置场所

根据《监察法》第 22 条第 3 款规定："留置场所的设置、管理和监督依照国家有关规定执行。"这样的立法规定主要是考虑到为留置措施适用留下探索的空间。目前来看，我国监察机关设置留置场所主要有三种模式：一是"使用纪委原'两规'或者监察机关原监视居住场所"模式；二是"在公安机关看守所设置监察留置专区"模式；三是"新建专门留置场所"模式。[1]

（七）权利保障

我国《监察法》对被留置人在留置期间的权利保障进行了规定。具体主要包括以下三方面内容：

1. 通知义务

各级监察机关采取留置措施之后，被留置人与外界失去联系，如果监察机关不及时通知被留置人所在单位和家属，可能引起外界不必要的猜测。因此，根据《监察法》规定，监察机关应当在采取留置措施 24 小时以内，依法通知被留置人所在单位和家属。其中，"有碍调查"主要是指，监察机关在通知后可能发生毁灭、伪造证据，干扰证人作证或者串供等情况。比如，被调查人被采取留置措施的消息传出去后，可能会引起其他同案犯逃跑、自杀、毁灭或者伪造证据；被留置人员的家属与其犯罪有牵连的，通知后可能引起转移、隐匿、毁灭证据等。但

---

〔1〕 参见李晓明、芮国强主编：《国家监察学原理》，法律出版社 2018 年版，第 255 页。

是，需要强调的是"通知是原则、不通知是例外"。

2. 保障措施

一是监察机关应当保障被留置人的饮食、休息和安全，对患有疾病或者身体不适的，应当及时提供医疗服务。二是讯问被留置人员应当合理安排讯问时间和时长，讯问笔录由被讯问人阅看后签字。其中，"合理时间"是指不得在深更半夜进行讯问，应当保障被讯问人合理的休息时间；"合理时长"是指不得采用疲劳讯问，充分保障被讯问人正常的身体与健康状态。

3. 刑期折抵

留置属于限制人身自由的监察措施，虽然其与司法机关采取的拘留、逮捕等强制措施不同，但是留置同样属于《刑法》规定的"判决执行前先行羁押"情形。根据《监察法》规定，被留置人的留置期限也适用刑事折抵，留置 1 日折抵管制 2 日，折抵拘役、有期徒刑 1 日。

十、通缉措施

通缉措施是指由监察机关决定、由公安机关执行，对在逃的被调查人及其涉案人员发布通缉令，以追捕归案的一种监察措施。通缉令是指公安机关依法发布的缉捕在逃人员的书面命令。

（一）通缉的基本种类

1. 按照通缉发布范围的不同进行分类

按照通缉发布范围的不同，可将通缉分为国内通缉和国外通缉。其中，国内通缉是指监察机关决定在国内发布的、追捕被调查人的措施，其适用范围为国内，主要由各级公安机关予以具体实施；国外通缉是指监察机关决定在国外发布的、追捕被调查人的措施，其适用范围为国外或者地区，其往往需要公安部协调国际刑警组织协助追捕。[1]

2. 按照通缉令发布形式的不同进行分类

按照通缉令发布形式的不同，可将通缉分为报刊通缉、电视通缉、广播通缉、互联网通缉等。此处不一一展开论述。

（二）通缉的适用条件

按照《监察法》的规定，通缉的适用条件包括三方面内容：一是被通缉的人必须是涉嫌职务违法犯罪的被调查人；二是该调查人依法应当被留置；三是该被调查人下落不明。

（三）通缉的基本程序

在党的统一指挥下，监察机关协调公安机关发布通缉令通缉被调查人。超出本行政区域后，监察机关应当报请有决定权的上级监察机关决定，交由相应的公安机关发布通缉令。通缉令应当写明被通缉人的姓名（绰号）、性别、年龄、民族、籍贯以及职业、身份证号码、衣着和体貌特征并附上照片。除了必须保密的事项以外，应当写明简要案情。此外，如果被调查人潜逃至国外的，则应由国家监察委员会协调公安部，请求国际刑警组织发布国际通缉令。

十一、限制出境措施

限制出境措施是指监察机关及其监察人员为防止被调查人

---

[1] 国际刑警组织（International Criminal Police Organization——TER POL）的前身为1923年成立的非政府间组织国际警察委员会，1977年改为现名；总部最先设在维也纳，1946年迁往巴黎，1989年迁往里昂。国际刑警组织已经成为协调打击国际性刑事犯罪活动的政府间合作和咨询组织。每个成员国都设有一个"国家中心局"，局内人员全是当地的警务人员，但受命专为国际刑警组织工作。国际刑警组织的宗旨是在各成员现行法律范围内，保证和促成各成刑警部门在预防和打击刑事犯罪方面最大限度地进行合作，互相提供帮助；其主要任务是：一是交换情报；二是提供咨询；三是搜集、编写和保存刑事犯罪材料以及罪犯指纹、照片和档案等材料；四是通缉追捕重要罪犯和引渡犯罪分子。

及其他涉案人员逃往国境外，依法经省级以上监察机关批准，并交由公安机关对被调查人及其他涉案人员采取的限制出境的监察措施。

（一）限制出境的具体内容

限制出境具体包括：①扣留或者要求公安机关协助扣留出入境证件；②要求出入境管理机关不予办理出境审批备案手续；③要求出入境管理机关在边境、边防检查站阻止出境；④被限制出境人员拒不交出出入境证件的，可提请护照签发机关宣布其出入境证件作废。

（二）限制出境的适用对象

限制出境的适用对象包括：①涉嫌职务违法或者职务犯罪的被调查人；②涉嫌行贿犯罪的人员；③共同职务犯罪的涉案人员。

（三）限制出境的基本程序

1. 审批程序

限制出境措施作为一项限制公民人身自由的监察措施，必须由省级以上监察机关批准，方可适用，体现了"宽打窄用"的监察理念，以防止限制出境措施的滥用或者乱用。

2. 执行程序

监察机关决定采取限制出境措施后，应当将决定限制出境的法律文书以及具体材料交由公安机关来具体执行。

3. 延长程序

限制出境措施期限届满后经依法批准后可以延长，但是仍然需要交由省级以上监察机关批准。

4. 解除程序

限制出境的解除分为：自动解除和不当解除两类。其中，自动解除是指监察机关在限制出境措施实施届满后不延长期限，该措施自动失效；不当解除是指监察机关在限制出境措施实过程中发现没有必要继续采取该措施，从而及时作出解除决定，该措施失效。

十二、技术调查措施

技术调查措施是指监察机关对于涉嫌重大贪污贿赂等职务犯罪案件，在经过严格审批决定之后，由公安机关等具体执行的监察措施。技术调查措施本质上是一个集合概念，其是由多种具体措施组合而成的。

（一）技术调查的基本种类

技术调查一般包括：电子监听、电话监控、电子监控、秘密拍摄或者录像、秘密获取物证、邮件检查等，近些年来随着互联网技术的发展，也有学者将互联网监控等纳入技术调查范畴之中；还有学者认为隐匿身份调查措施也是技术调查的组成部分。

（二）技术调查的基本特征

笔者曾经对检察机关职务犯罪技术侦查措施的主要特点予以概括分析：第一，具有极强的秘密性，即职务犯罪技术侦查措施都是侦查人员在犯罪嫌疑人以及涉案人员完全不知晓的情况下，依法对其言论、通讯、动作、行为等进行秘密地监视和控制；第二，具有高度的技术性，即实施职务犯罪技术侦查措施不仅需要拥有具备高科技含量的专门化现代侦查装备，而且需要拥有专业化的高素质法定侦查人员，并不是随便的、任意的人都可以实施；第三，具有巨大的风险性，即由于在实施职务犯罪技术侦查措施过程中，很容易与犯罪嫌疑人或者其他公民的私人权利发生直接或者间接的联系，如果稍有不慎，很容易侵犯包括犯罪嫌疑人在内的公民的私人权利，尤其是通讯自由权、住宅安全权、人身自由权等；第四，具有严格的程序性，即较之一般职务犯罪侦查措施而言，职务犯罪技术侦查措施的启动必须经过严格的法律审查批准程序之后方可正式开始实施，并且在实施的全程需要对其进行及时有效的法律监督和制约。第五，具有发展变化性，即职务犯罪技术侦查措施不是一成不变的，它会随着科学技术的进步而不断地发展变化，其外延会不断地扩展，其基本种类会不断地增多。[1] 监察机关采用的技术调查措施正是借鉴了之前的职务犯罪技术侦查措施，因此从这个角度而言，技术调查措施同样具有技术侦查措施的上述五点特征。

（三）技术调查的适用条件

技术调查作为一类非常特殊的监察措施，其对公民个体自由和权力的干预程度很强且专业程度很高，因此，技术调查的适用条件相对非常严格。具体包括：

1. 案件条件

监察机关可以采取技术调查措施的案件范围应当是涉嫌重大贪污贿赂等职务犯罪案件，具体而言，必须同时满足两个条件：其一必须是职务犯罪案件，对于一般的职务违法不适用技术调查措施；其二必须是涉嫌"重大的"，对于轻微职务犯罪案件不适用技术调查措施。

2. 办案条件

监察机关对于涉嫌严重职务犯罪案件是否采取技术调查措施必须"根据需要"。换言之，监察机关采用技术调查措施也应当遵循必要性原则，只要在常规监察措施确实无法达到监察目的之时，才能适用技术调查措施；而且技术调查措施的具体种类也应当慎用。

---

〔1〕 参见张云霄、温树飞："论我国职务犯罪技术侦查措施适用与人权保障之平衡——以与国外职务犯罪技术侦查措施适用比较研究为视角"，载《法学杂志》2014 年第 7 期。

（四）技术调查的适用程序

1. 技术调查的审批程序

技术调查措施的审批一般应当经过监察委员会集体研究决定，某个领导、部门负责人或者具体承办人均无权擅自决定。批准决定应当明确技术调查措施的种类和适用对象。

2. 技术调查的执行程序

监察机关无权执行技术调查，而应当依法交由公安机关等有关机关具体执行。公安机关等有关机关在具体执行时，必须严格按照监察机关批准的内容开展技术调查，严禁擅自扩大或者缩小技术调查的范围。

（五）技术调查的延期和解除

根据我国《监察法》第28条第2款规定："监察机关……对于复杂、疑难案件，期限届满仍有必要继续采取技术调查措施的，经过批准，有效期可以延长，每次不得超过三个月。对于不需要继续采取技术调查措施的，应当及时解除。"笔者认为，从国家监察体制改革法治化进程以及保障人权的角度来审视，我国《监察法》对于技术调查措施的规定比较笼统，建议技术调查的规定应更为详细，尤其是要限制技术调查的延长期限和次数，比如延长技术调查不得超过两次，从而达到监察办案效果和人权保障效果之平衡。

CHAPTER 13

第十三章 监察证据论

本章主要就监察证据问题展开讨论。"无证据，不诉讼。"同理，"无证据，不监察"。监察机关无论是行使监督、调查还是处置职能，都必须以证据为基础。监察证据在监察程序的具体实施中占有核心地位，适用监察措施的主要目的就在于收集监察证据。监察证据论主要是研究监察证据的种类、来源以及运用规则等。我国《监察法》没有对证据进行专章规定，而是散见于各章之中。

第一节　监察证据的基本理论

一、监察证据的基本概念

一般认为，证据是能够证明某事物真实性的有关事实或者材料。在证据法学上，对于证据基本概念的理解主要有三种观点：一是"事实说"，该说主张"证据是能够证明案件真实情况的一切事实"；二是"双重含义说"，该说认为"证据既可以指事实，即能够证明案件真实情况的一切事实，也可以是证据的表现形式"；三是"统一说"，该说认为"证据是证据的内容

（事实材料）与证据的形式（证明手段）的统一"。[1]笔者主张采"统一说"，即证据是事实与证明手段的统一体。监察证据就是监察事实与监察证明手段的统一体。监察证据作为证据的子概念，其也应当符合证据法学上证据的"三性"，即客观性、合法性和关联性。

（一）客观性

客观性是指监察证据客观存在的属性，其伴随着监察对象行为的发生而发生。具体而言，一是证据的外在表现形式必须是客观存在的实体，独立于人的主观意识之外；二是证据的反映内容与案件的联系也必须是客观存在的，排除人的主观臆断。一个证据能够发挥证明与案件有关的事实的作用，原因在于它所具有的对客观事实的正确反映，换言之，正是由于证据具有客观性，才具有证明能力。[2]

（二）合法性

合法性是指证据必须符合法定标准，否则即为无效。具体而言：一是证据收集的主体必须合法，即由监察机关及其监察人员作为法定的监察证据收集主体；二是证据收集的过程必须合法，严禁以非法方法收集证据，否则应当被依法予以排除；三是证据的形式必须合法，并经法定程序查证属实。

（三）关联性

关联性是指证据必须与待证的事实之间存在着客观的、逻辑上的内在联系。具体而言：一是证据与待证事实之间的关联必须是客观存在的，不以监察人员的主观意志为转移；二是证据与待证事实之间的关联是普遍存在的且是可以被认知的；三是证据的关联性认定是一个比较复杂的过程，需要监察人员依

---

〔1〕 陈光中主编：《证据法学》（修订版），法律出版社 2013 年版，第 141 页。
〔2〕 陈光中主编：《证据法学》（修订版），法律出版社 2013 年版，第 148 页。

据科学的方法和丰富的经验予以审查认定。

二、法定的监察证据种类

我国《监察法》没有对监察证据种类进行专门性规定。根据我国《监察法》第33条规定："监察机关依照本法规定收集的物证、书证、证人证言、被调查人供述和辩解、视听资料、电子数据等证据材料，在刑事诉讼中可以作为证据使用。"需要注意的是，这一款规定的仅仅是可以在刑事诉讼中使用的监察证据，而非监察证据的全部种类。此外，我国《监察法》第24条、第26条、第27条分别规定了"搜查笔录""勘验、检查笔录"和"鉴定意见"。因此，总的来说，法定的监察证据种类主要包括以下：

（一）物证

物证是指能够证明事实真相的一切物品和物质痕迹。物证主要以其外部特征、内在属性、存在状况等来证明事实情况的。其中，所谓的"外部特征"是指物证的外在表面形象特点，比如存在的形状、体积的大小、数量的多少、颜色的新旧、有无破损以及破损程度等；所谓的"内在属性"是指物证所具有的质量、重量、结构、性能、成分、价值等物理性质和化学性质；所谓的"存在情况"则是指物证所处的位置、所占有的时间、空间范围等。[1]物证的突出特点就是自身的直观性、客观性和稳定性均较强，而且真实性较大。物证是监察人员在监督和调查中着重收集的证据。

（二）书证

书证是指以文字、符号、图画等表达的思想和记载的内容

---

〔1〕　陈光中主编：《刑事诉讼法》（第6版），北京大学出版社、高等教育出版社2016年版，第207页。

来证明有关事实的书面文件或者其他物品。书证的突出特点就是其外在表现形式多种多样，而且书证所表达的思想和记载的内容往往与相关事实的关联性较强，也就是说其可以直接证明事实情况，因而其证明力往往很强。因此，书证是监察人员在监察实践活动中极为重视的证据。

（三）证人证言

证人证言是指除了监察对象以及其他被调查人以外的人向监察人员所做的有关案件部分或者全部事实的陈述。监察人员只能要求证人对所知晓的事实情况进行客观描述，而不能要求证人就事实作出主观判断。此外，证人自己所做的估计、猜测或者想象等，均不是证言的内容。此处需要强调的是证人资格问题，证人资格一般应当把握以下几点：一是生理上、精神上有缺陷或者年幼，不能辨别是非、不能正确表达的人，不能作为证人；二是证人只能是公民个人；三是证人应当是监察对象及其涉案人员以外的人。证人证言的主要特点是证人证言具有不可替代性；但是也往往具有不稳定性和多变性，在监察实践中容易形成虚假证言。[1]因此，监察人员在监察实践中对于证人证言要进行严格审查，不能轻信或者偏信。

（四）被调查人的供述与辩解

被调查人的供述与辩解是指被调查人就案件相关事实情况向监察机关及其监察人员所做的陈述，其可以是口头方式，也可以是书面方式。被调查人的供述是对自己违法犯罪行为的具体陈述，具体包括实施违法犯罪的时间、地点、经过、结果、动机、目的等。被调查人的辩解包括否认自己违法犯罪，或者虽有违法犯罪，但是情节轻微不应追究责任或者应从轻、减轻、

---

〔1〕 虚假证言的成因主要包括：一是故意提供伪证；二是无意提供错证，即证人受到感知、记忆和表达能力的制约，而提供了错证。

免除相关处罚。被调查人的供述与辩解在监察实践活动中具有举足轻重的作用，其直接影响着监察事项的处置结果，因此被监察机关及其监察人员予以高度关注。被调查人的供述与辩解的主要特点在于其与监察事实的关联性极高；但是，非常容易出现伪造或者臆造，因此需要监察人员予以合法收集和认真审查。

（五）鉴定意见

鉴定意见是指监察人员就案件中所涉及的专门性问题，依法指派或者聘请具有专门知识的人借助科学仪器和技术对相关检材进行实验审查后作出的判断性意见。鉴定意见的主要特点在于其真实性和可靠性较强。但是，作为一种意见性证据，需要监察人员进行审核后，方可予以采信并适用。

（六）勘验、检查、搜查笔录

勘验、检查、搜查笔录是指监察人员依法在实施勘验、检查和搜查措施时所作的实况记载。勘验、检查、搜查笔录的主要特点在于其客观性较强，能够较为客观地展示事实部分面貌，与事实关联性较高。监察人员在制作勘验、检查和搜查笔录时应当依法、全面、规范进行，并且有监察人员、勘验检查人员以及见证人等签名或者盖章，防止出现纰漏或者错误，从而影响笔录的客观性和真实性。

（七）视听资料

视听资料是指存储作为证明事实的音相、活动影像和图形的录音磁带、录像带、电子计算机等存储资料。视听资料主要特点在于其具有动态直观性和逼真性，通过一定方式的视听感知，从而能够形象地展示与监察事实相关的主要内容甚至全部内容。但是，其一旦被变造或者伪造，不易分辨和甄别。

（八）电子数据

电子数据是指以电子、数字、光学、电磁及类似手段生成、传播、储存的数据信息，如电子邮件、电子数据交换、网上聊天记录、博客、手机短信、电子签名、域名等数据信息。电子数据既包括信息传播过程中产生的记录，又包括在传播之前计算机等设备已经生成、储存的数据，即电子数据可以产生于信息生成、发送、传输、接收、储存的各个阶段。电子数据的主要特点在于其具有直接性、明确性、便捷性等，但是还具有可修改性和可灭失性等特点。因此，监察人员在收集电子数据的时候，一方面要严格依法进行；另一方面要注重借助现代科技设备和技术手段规范进行。随着现代电子科技的不断发展，电子数据在监察证据体系中的地位愈发重要。

三、监察证据的基本分类

从学理角度依据不同的分类标准，可将监察证据进行分类，主要包括以下六大类，具体而言：

（一）根据证据的形成方法、表现形式、存在状况以及提供方式的不同进行分类

根据证据的形成方法、表现形式、存在状况以及提供方式的不同，可将证据分为言词证据和实物证据。划分这一证据种类的主要意义在于引导监察机关及其监察人员对不同形态的证据进行有针对性地收集、固定、审查和运用，从而依法查明监察事实，作出正确的处置结论。此外，在非法证据排除规则适用上，这两类证据适用的排除原则也是不同的，言词证据采"绝对排除原则"，而实物证据采"相对排除原则"。

1. 言词证据

言词证据主要是指以人的口头陈述来反映、以语言形式来表现的证据，比如被调查人供述和辩解、证人证言、鉴定意见等。言词证据的主要特点为：①言词证据与待证事实之间的关

联性一般比较明显；②言词证据与人的生理因素密切相关；③言词证据的主观性较强、稳定性较弱；④言词证据容易出现失实的情况。[1]

2. 实物证据

实物证据主要是指以客观的实物形态为存在和表现形式的证据，比如物证、书证、勘验检查笔录等。实物证据的主要特点为：①实物证据与待证事实之间的关联性一般较弱；②实物证据的客观性和稳定性较强；③实物证据需要依法及时收集和妥善保管。

（二）根据证据的来源或者出处不同进行分类

根据证据的来源或者出处不同，可以将证据分为原始证据和传来证据。划分这一组证据种类的主要意义在于督促监察机关及其监察人员在监督、调查过程中应当努力寻找原始证据，尽量掌握"第一手资料"。

1. 原始证据

原始证据是指直接来源于案件事实或者原始出处的证据，原始证据又被称为从第一来源获得的证据或者原生证据。原始证据的主要特点为：①原始证据与待证事实之间的关联性较强；②原始证据的客观性较强，证明力往往较强；③原始证据容易被损毁或者自行消失；④原始证据需要依法及时收集和妥善保管。

2. 传来证据

传来证据是指不是直接来源于案件事实或者原始出处的，而是从二手以上的来源获取的证据。传来证据的主要特点为：①传来证据与待证事实之间的关联性较弱；②传来证据的客观

---

〔1〕　陈光中主编：《证据法学》（修订版），法律出版社 2013 年版，第 215 页。

性较弱，且证明力较弱；③传来证据往往容易被多次复制或者转述，因此在运用传来证据时，应采用复制、转述次数最少的证据。

（三）根据是否能够独立地证明案件的主要事实进行分类

根据是否能够独立地证明案件的主要事实，可以将证据分为直接证据和间接证据。划分这一证据种类的主要意义在于帮助监察机关及其监察人员科学审查和运用证据，从而形成完整的证据链。

1. 直接证据

直接证据是指能够独立地、不需要加以推理地证明案件主要事实的证据。直接证据的主要特点包括：①直接证据与待证事实之间的关联性极高；②直接证据证明力很强；③直接证据多表现为言词证据；④直接证据的数量较少且收集较难。

2. 间接证据

间接证据是指不能够独立地，而需要借助推理等方式证明案件有关事实的证据。间接证据的主要特点包括：①间接证据与待证事实之间的关联性一般；②间接证据具有依赖性，必须依赖其他证据或者与其他证据结合起来才具有证明作用；③间接证据的证明过程往往比较复杂；④间接证据的数量较多，但是在收集过程中往往不全面。

（四）根据证据内容的稳定性与可靠性不同进行分类

根据证据内容的稳定性与可靠性不同进行分类，可将监察证据分为客观性证据与主观性证据。[1]这一分类的主要意义在于引导监察机关注意转变"口供中心主义"的做法，尤其是在初步核实阶段，尽量以收集客观性证据为主，最大限度地防止

---

〔1〕 参见樊崇义、李思远："刑事证据新分类：客观性证据与主观性证据"，载《南华大学学报（社会科学版）》2016年第1期，第5页。

冤错案件发生。

1. 客观性证据

客观性证据是指以物为证据内容载体的证据，这些载体通常为客观之物，比如书证、物证、鉴定意见。监察机关在初核阶段主要以收集客观性证据为主。客观性证据的主要特点为：①证据的客观性较强；②证据的稳定性较强；③证据容易被损毁或者破坏；④证据收集所要求的及时性较高。

2. 主观性证据

主观性证据是指以人为证据内容载体的证据，需要通过调查来获取其所掌握的证据信息，比如被调查人供述和辩解、证人证言等。主观性证据的主要特点为：①证据的主观性较强，且真实性较弱；②证据的稳定性较弱，证据内容容易发生前后矛盾；③证据审查的过程比较复杂。

（五）根据证据证明目的的不同进行分类

根据证据证明目的的不同进行分类，可将监察证据分为职务违法证据和职务犯罪证据。这一分类的主要意义在于帮助监察机关及其监察人员准确区分监察对象的行为性质以及追究监察对象相应的法律责任问题。

1. 职务违法证据

职务违法证据主要指证据证明目的是追究监察对象的违法责任问题。职务违法证据往往与政务处分程序相关联。

2. 职务犯罪证据

职务犯罪证据主要是指证据证明目的是追究监察对象的犯罪责任问题。职务犯罪证据往往与刑事司法程序相关联。

（六）根据证据对事实的证明作用是肯定或者否定监察对象
　　　实施违法犯罪进行分类

根据证据对事实的证明作用是肯定或者否定监察对象实施

违法犯罪，可将证据分为有违法犯罪证据和无违法犯罪证据。这一分类的主要意义在于促使监察机关及其监察人员在监督、调查过程中，应当坚持实事求是的原则，依法全面地收集证据，防止主观片面性。

1. 有违法犯罪证据

有违法犯罪证据是指能够证明监察对象实施了具体的违法犯罪行为的证据。在审查运用有违法犯罪证据的时候，必须达到"证据确实、充分"的要求，即证据"质"和"量"的统一。

2. 无违法犯罪证据

无违法犯罪证据是指能够证明监察对象没有实施具体的违法犯罪行为的证据。在审查运用无违法犯罪证据的时候，只要有一个经审查判断的无违法犯罪证据，就应当认定监察对象无违法犯罪。

四、监察证据的重要意义

监察证据在整个监察行为活动中的重要意义主要体现为以下三方面内容：

（一）监察证据是依法体现监察活动的重要载体

监察机关及其监察人员依法履行监察权、开展监察活动，必须通过一定的载体予以体现，而这个载体主要就是监察证据。监察证据全面客观详实地记录了监察机关及其监察人员依法开展监察活动的基本轨迹和主要内容，为监察机关及其监察人员依法履职提供基础支撑。

（二）监察证据是公正处置监察事项的基本依据

监察机关及其监察人员在依法收集和审查监察证据的基础上，依据合法的监察证据方能对相关监察事项的真实情况作出全面、客观地判断和认定，进而准确适用法律法规，最后对监察事项作出公正的处置结论。因此，从这个角度讲，监察证据的数量和质量情况关乎着监察事项能否得到公正处置，也影响到监察对象和涉案人员的切实利益。

（三）监察证据是开展监察警示教育的生动素材

社会公众尤其是广大的公职人员透过监察证据可以清晰地了解到职务违法犯罪问题为什么发生、如何发生以及对国家和社会公众利益造成了什么样的危害等等，从而促使包括广大的公职人员在内的社会公众真正认识到惩罚职务违法犯罪的重要性和必要性，注重提升自身的法律和道德修养，自觉同职务违法犯罪行为作斗争，从而达到有效预防职务违法犯罪和深入推进廉政建设的重要目标。

第二节　监察证据收集的基本规则

监察证据收集的基本规则是指监察机关及其监察人员在收集监察证据过程中所应当遵循的基本规范和要求的统称。结合我国《监察法》的相关规定，监察证据收集的基本规则主要包括以下七个方面内容：

一、客观全面收集证据

根据我国《监察法》第40条第1款规定："监察机关对职务违法和职务犯罪案件，应当进行调查，收集被调查人有无违法犯罪以及情节轻重的证据，查明违法犯罪事实，形成相互印证、完整稳定的证据链。"

依法全面收集证据要求监察机关及其监察人员切实遵循实事求是、不偏不倚的原则和精神，坚持以客观事实为依据，在具体的调查过程中既应注重收集涉嫌违法犯罪的证据，也应注重收集不构成违法犯罪的证据；既应注重收集证明被调查人违法犯罪情节严重的证据，也应注重收集被调查人违法犯罪情节轻微的证据。因此，严禁监察机关及其监察人员在收集证据中主观想象、弄虚作假、歪曲事实等。

二、严禁非法收集证据

我国《监察法》第 33 条第 3 款规定，"以非法方法收集的证据应当依法予以排除，不得作为案件处置的依据。"此外，《监察法》第 40 条第 2 款规定："严禁以威胁、引诱、欺骗及其他非法方式收集证据，严禁侮辱、打骂、虐待、体罚或者变相体罚被调查人和涉案人员。"

严禁非法收集证据要求监察人员牢固树立正当程序意识，严格依法收集各类法定的监察证据，不得使用任何非法手段获取证据；否则，所获得的证据应当依法被补正或者排除。尤其是在收集被调查人供述和辩解、证人证言等言词证据的时候，监察人员应当依法保障被调查人、证人的生命权、健康权、人格尊严等各项合法权益，严格遵守讯问、询问等工作规范要求，真正确保证据来源的合法、内容的合法、过程的合法，对于非法收集的证据应当依法予以排除。

在具体的监察实践中，依法应当予以排除的非法证据包括：①采取殴打、违法使用戒具等暴力方法或者变相肉刑的恶劣手段，使被调查人遭受难以忍受的痛苦而违背意愿作出的供述；②采用暴力或者严重损害本人及其近亲属合法权益等方法进行威胁，使被调查人遭受难以忍受的痛苦而违背意愿作出的供述；③采用非法拘禁等非法限制人身自由的方法收集的被调查人供述；④采用暴力、威胁以及非法限制人身自由等非法方法收集的证人证言、被害人陈述；⑤收集物证、书证、电子数据等不符合法定程序，可能严重影响司法公正，且无法补正或者作出合理解释的等等。

三、实行全程录音录像

我国《监察法》第 41 条第 2 款规定："调查人员进行讯问以及搜查、查封、扣押等重要取证工作，应当对全过程进行录音录像，留存备查。"

实行全程录音录像要求监察人员在重要的取证工作中，要对整个取证过程进行全过程的录音录像。全程录像路线要求监察人员从一取证开始就要进行录音录像，而且不得中断，直到取证工作完全结束。在相对封闭的监察场域内，实行全程录音录像显得更加重要，其不仅是监察机关自我监督的重要方式，也是对监察人员的一种特殊保护；不仅是监察机关收集固定证据的重要方式，同时也有助于被调查人权益的保障。为此，笔者建议，监察机关在时机成熟之时应当对各项取证工作均实行全程录音录像，更加体现监察取证工作的规范性和科学性。

四、依法收集原件原物

我国《监察法》第 25 条规定："监察机关在调查过程中，可以调取、查封、扣押用以证明被调查人涉嫌违法犯罪的财物、文件和电子数据等信息。采取调取、查封、扣押措施，应当收集原物原件……"

依法收集原件原物要求监察人员在调取、查封、扣押涉案财物、文件和电子数据等时，应当优先收集原件原物。因为原件原物属于原始证据，其证明力远远大于传来证据的证明力，只有在原件原物无法获取或者获取确有困难的情形下，监察人员才可以收集替代物或者复印件等，而且对于所收集的替代物或者复印件还需要依法进行相关审查。

五、依靠专业技术力量

在具体的监察实践中，电子数据往往承载着诸多案件信息，成为监察机关关注的重点，我国《监察法》将"电子数据"列为法定的监察证据之一。

电子数据与其他监察证据具有自身的特殊性，这就决定了电子数据的收集程序和收集方法也具有自身的特殊性，监察人员在收集电子数据的时候，往往需要借助专业的人员和技术设备来确保电子数据的合法性、完整性和规范性。必要时，应当依法说服监察对象等配合和协助电子数据的收集工作。

六、依法妥善保管证据

我国《监察法》第 25 条第 2 款规定："对调取、查封、扣押的财物、文件，监察机关应当设立专门账户、专门场所，确定专门人员妥善保管，严格履行交接、调取手续，定期对账核实，不得毁损或者用于其他目的。对价值不明物品应当及时鉴定，专门封存保管。"

依法妥善保管财物就要求监察机关应当专门设立证据保管场所，制定监察证据保管的具体规定，加强对证据保管的专项工作，严禁出现损毁或者挪作他用，从而切实保障监察程序顺利推进。笔者建议，可以积极借鉴司法机关对于证据保管的经验做法，加强科技投入力度，引入智能电子系统，实现监察证据保管工作的数字化、现代化和高效化。

七、依法保守相关秘密

我国《监察法》第 18 条第 2 款规定："监察机关及其工作人员对监督、调查过程中知悉的国家秘密、商业秘密、个人隐私，应当保密。"

依法保守相关秘密要求监察机关在依法取证中必须保护好国家秘密、商业秘密和个人隐私，严禁泄露或者侵害，体现监察文明，在取证中故意泄露相关秘密的监察人员应当受到相应的责任追究。其中，"国家秘密"是指关系国家安全和利益，依照法定程序确立，在一定时间内只限一定范围人员知悉的重要事项。"商业秘密"是指不为公众所知悉，能为权利人带来经济利益，具有实用性并经权利人采取保密措施的技术信息和经营信息。"个人隐私"是指与公共利益、群体利益无关，个人生活中不愿意公开或者不愿为他人知悉的秘密。[1]

第三节　监察证据审查的基本规则

监察证据审查的基本规则是指监察机关及其监察人员依法对于收集和固定的监察证据进行内部的审核判断和具体适用的规范要求。监察证据审查的基本规则可以分为对单个证据审查的基本规则以及全案证据审查的基本规则。

一、单个证据审查的基本规则

单个证据审查的基本规则主要是指监察人员围绕着证据的客观性、关联性和合法性，从内容和形式两个层面进行逐个审核判断的具体规范。单个证据审查的主要目的就是确保每个证据的证据资格以及证明力。

（一）从证据的外在表现形式进行审查

对于单个证据的审查首先应当从证据的外在表现形式进行审查，具体而言：

---

〔1〕　吴建雄主编：《读懂〈监察法〉》，人民出版社 2018 年版，第 110 页。

第一，审查每个证据的来源情况，即审查证据是在何时何地何种情况下被收集到的，以及收集的时间、地点、人员和具体过程等，对于书证和物证等客观性证据还应当重点查明是否是原物、原件；对于被调查人陈述和辩解、证人证言等主观性证据还应当重点查明其年龄、健康状况、感知、记忆能力以及表达能力等。

第二，审查每个证据的收集程序是否合法，即审查证据在收集过程中是否严格依法进行收集，包括收集证据的主体是否合法、依据是否合法、过程是否合法、要求是否合法。比如，对于被调查人供述和辩解的审查就要重点审查是否采用暴力、威胁等手段获取；还比如，对于勘验、检查以及搜查等，要重点审查是否有见证人在场、勘验检查笔录和搜查笔录是否规范等；再比如，电子数据的收集是否合法和规范，在收集过程中是否出现人为修改的情形等。

第三，审查每个证据具体存放保管的情况，即要审查每个证据是否被依法妥善保管，在保管中有无伪造、损害、变形、变质等情况出现等，尤其要注意部分物证和书证的保存条件比较严苛。

（二）从证据反映的具体内容进行审查

监察人员对每个证据所反映具体内容的审查包括：一是审查证据所反映的具体内容是否真实的、客观的，尤其是对于各种传来证据的审查应当更为严格；二是审查证据所反映的具体内容与监察事实之间是否存在关联性以及关联程度的强弱；三是审查证据所反映的内容是否对监察对象等有利还是不利等；四是审查证据反映监察对象是否还存在着其他违法犯罪行为等。

二、全案证据审查的基本规则

在对单个证据进行审查的基础上，将每一个证据串联起来进行综合分析，才有可能真正认识事实的本质和真相，并依法进行准确定性和处置。全案证据审查的基本规则主要是指监察人员依法对全部涉案的证据从证据的数量和质量两个层面进行审核判断的具体规范。全案证据审查的主要目的就是要保证形成科学完整的证据链。

（一）正反面相结合进行审查

正面审查是指对关键构成要件的证明必须完整；反面审查是指必须排除所有合理怀疑，得出唯一结论。正反面相结合需要监察人员学会逆向思维，高度重视被调查人辩解以及出现的各种分歧意见，预测可能出现的不同观点，并有针对性地完善证据体系。只有对证据从正反两方面进行反复审视，才能更好地"去伪存真"，排除证据之间存在的矛盾，更好地达到证明标准。

（二）主客观相结合进行审查

证明过程是一项不断将客观与主观进行有机地逻辑连接的过程，这个过程包含三个主要因素：证据、判断依据和推理。推理的过程就是监察人员科学运用现有的证据和判断依据进行主观分析的思维活动，这一过程必须坚持主客观相结合的原则，避免主观臆断或者片面认识。推理判断的理由和结果要能通过公开的形式，被正常人理解并认同。

（三）宏微观相结合进行审查

证明过程是一项由表及里、由此及彼、逐步深入的过程，在证明过程中，由于证据之间以及证据与待证事实之间不断产生关联，并进行相互印证和排除矛盾，所以需要坚持宏观和微观相结合的审查判断过程。一是需要监察人员能够从大的构成要件开始逐步深入到小的案件细节，逐步深入地把握案件事实和定性的本质。二是需要监察人员能够从小的案件细节出发，进行不断整合回溯到大的法律构成要件，从而全面客观地把握案件整体情况，达到审查目标。

第十四章 监察救济论

本章监察救济论主要是讨论监察对象以及其他公民权利在遭受非法侵害之时，可获得的救济权利、救济渠道、救济方式以及救济效果等基本内容，监察救济是一种重要的公力救济。根据我国《监察法》的相关规定，监察救济主要包括三大部分：一是复核和复审；二是申诉和复查；三是监察救济。

第一节　监察救济的基本理论

无救济则无权利。科学畅通的权利救济体系是充分保障公民权利、体现法治文明以及推动社会进步的重要标志之一。正如有学者所言："如果没有可救济的保障，某一个主体所享有的利益无异于被恩赐，缺乏确定预期。"[1]公力救济作为权利救济的核心方式，既适用于私人间的争议，也适用于公权力的侵权行为。特别是，对于公权力的侵犯而言，公力救济是最重要甚至唯一有效的方式。[2]监察救济从本质上讲就是一种典型的公

---

〔1〕　秦奥蕾："论我国救济性基本权利"，载《法学论坛》2009年第3期，第39页。

〔2〕　参见秦前红主编：《监察法学教程》，法律出版社2019年版，第408页。

力救济，其在保障各方监察参与人权益方面发挥着重要作用。

一、监察救济的重要意义

监察救济在保障国家公民合法权益、督促监察机关依法履职以及维护国家监察体制权威方面具有重要意义。具体阐述如下：

（一）监察救济是保障国家公民合法权益的必然要求

监察救济的首要意义就在于实现对公民合法权益的保障。监察机关依法行使监察权是常态，但是这并不意味着监察权不会被滥用或者乱用，从而对监察对象以及其他公民的合法权益造成损害。当监察对象以及其他公民在面临合法权益被监察机关侵犯的时候，就需要尽快拥有相应的救济途径，来及时予以弥补，避免国家公权力对公民基本权利的不当克减，[1]修复被破坏的正常社会关系秩序。否则的话，监察对象以及其他公民的合法权益保障可能就会沦为"空头支票"。因此，从这个角度上讲，监察救济是保障国家公民合法权益的必然要求。

（二）监察救济是督促监察机关依法履职的题中之意

监察救济的重要意义在于对监察机关依法履职的督促。监察救济实质上也是从另一角度对监察机关的监察过程和监察结论的一种验视，实证上是对各级监察机关依法履职行为的"倒逼"。通过对监察对象或者其他公民所提出的监察救济申请依法进行复审、复核，从而可以最大限度地发现监察机关及其监察人员在履职过程中自身存在的问题并及时加以改正，从而督促各级监察机关紧绷"履职神经"，更好地依法高效文明履职。

（三）监察救济是维护国家监察体制权威的重要保障

监察救济的长远意义在于对国家监察体制权威的有效维护

---

〔1〕　江国华：《中国监察法学》，中国政法大学出版社2018年版，第276页。

和保障。监察救济实质上是由国家依法给予受公权力侵害的公民权利的弥补，是国家"知错能改"的鲜明态度和具体举动。监察机关依法开展监察救济，体现的是国家对社会公众利益的尊重和保障，向社会公众展示的是国家责任和担当。因此，从长远角度来讲，这样更有助于维护国家监察体制的权威，赢得社会公众的信任和支持。

二、监察救济的基本原则

监察救济的基本原则是指在实施监察救济过程中应当遵循的基本准则和规范要求。监察救济的基本原则主要包括三方面内容：法定性原则、公正性原则和及时性原则。

（一）法定性原则

法定性原则是指必须由法律明确规定监察救济的各项内容，其主要包括监察救济的法律依据、申请救济人的权利和义务、监察机关的权力和义务以及监察救济的基本程序等。我国《监察法》对监察救济的规定比较分散，从国家监察体制改革法治化进程的角度出发，笔者建议，在条件成熟的时候，可以统一出台关于监察救济的法律法规，切实增强监察救济的规范性和实现性。

（二）公正性原则

公正性原则主要是指监察救济应当在公正的程序和环境中实施，监察机关对于申请救济人员应当采取一视同仁的态度，认真履行监察救济的审查义务。公正性原则要求监察机关不得采取歧视的态度和方式方法对待申请救济人员，真正做到在监察救济面前一律平等。

（三）及时性原则

及时性原则主要是指监察救济应当是及时的，否则将会对申请救济人员的权益造成"二次伤害"。及时性原则要求监察救济在程序设计方面应当尽可能简化，做到既科学又方便；监察机关在具体的救济过程中应当注重提升工作效率，经审查后发现需要予以监察救济的，应当在法定时限内尽快实施监察救济，切实保障监察救济的及时落实。

第二节　监察救济的主要内容

一、复审和复核

复审主要是指监察机关依法对监察对象提出的涉及本人的处理决定不服的申请进行重新审查并作出相应决定的程序。复核主要是指上级监察机关依法对于监察对象提出的复审决定不服的申请进行重新审查并作出最终结论的程序。复审是复核的前置程序，未经复审程序，监察对象不能提出复核申请。

复审和复核的主要依据是我国《监察法》第 49 条之规定："监察对象对监察机关作出的涉及本人的处理决定不服的，可以在收到处理决定之日起一个月内，向作出决定的监察机关申请复审，复审机关应当在一个月内作出复审决定；监察对象对复审决定仍不服的，可以在收到复审决定之日起一个月内，向上一级监察机关申请复核，复核机关应当在二个月内作出复核决定。复审、复核期间，不停止原处理决定的执行。复核机关经审查，认定处理决定有错误的，原处理机关应当及时予以纠正。"

（一）复审的主要内容

1. 申请复审的基本条件

申请复审的基本条件主要包括三方面内容：第一，监察对象对监察机关作出的涉及本人的处理决定不服；第二，监察对象需要在收到关乎本人处理决定之日起一个月内申请复审，换言之，如果超过时限要求，监察机关则不予受理；第三，监察对象依法向作出处理决定的监察机关提出复审。

2. 实施复审的基本程序

复审的基本程序主要包括：第一，监察对象提出复审申请；第二，监察机关依法受理复审申请；第三，监察机关应当在一个月内作出复审决定；第四，监察机关将复审决定告知监察对象。

（二）复核的主要内容

1. 申请复核的基本条件

申请复核的基本条件主要包括三方面内容：第一，监察对象对复审决定不服；第二，监察对象需要在收到复审决定一个月内提出复核申请；第三，监察对象只能向作出复审决定的监察机关的上一级监察机关提出复审申请。

2. 实施复核的基本程序

复核的基本程序主要包括：第一，监察对象提出复核申请；第二，上一级监察机关受理复核；第三，上一级监察机关应当在二个月内作出复核决定；第四，上一级监察机关将复核决定告知监察对象；第五，执行复核决定。

3. 复审、复核期间原处理决定的效力

监察机关在实施复审、复核期间，原处理决定不停止执行。这样有助于保障监察机关代表国家作出的处理决定、复审决定的效力，维护监察机关的正常工作秩序，维护法律秩序和公共利益。同时，这样规定也不影响对复审、复核申请人合法权益的保护，监察机关经过复审、复核认为原处理决定不适当的，可以作出变更或者撤销原处理决定的复审、复核决定。[1]

---

〔1〕 本书编写组编写：《〈中华人民共和国监察法〉案例解读》，中国方正出版社 2018 年版，第 429 页。

二、申诉和复查

申诉是宪法规定的公民基本权利，本质上是现代民主国家从宪法的高度赋予处于弱势地位的公民对抗国家权力的违法侵权行为，对于治权（力）和维权具有不可或缺的重要作用。[1]我国《宪法》第41条第1款、第2款规定："中华人民共和国公民对于任何国家机关和国家工作人员，有提出批评和建议的权利；对于任何国家机关和国家工作人员的违法失职行为，有向国家机关提出申诉、控告或者检举的权利，但是不得捏造或者歪曲事实进行诬告陷害。对于公民的申诉、控告或者检举，有关国家机关必须查清事实，负责处理。任何人不得压制和打击报复。"

法律在授予监察机关合法使用权力同时，也授予了被调查人及其近亲属可以依法申诉和复查的权利，这两方面是辩证统一、相辅相成的，都统一于法律的规定和事实的依据，都统一于案件的质量和处理的效果。[2]监察申诉主要是指被调查人及其近亲属依法向监察机关提出的涉及监察机关及其工作人员违法行为并要求重新处理的程序。而复查则是指上一级监察机关对申诉人提出的不满申诉决定再次进行审查的程序。申诉是复查的前置程序，未经申诉，不得启动复查。我国《监察法》第60条对监察申诉和复查作出了明确规定，是监察申诉和复查的主要法律依据。

（一）申诉的基本条件

申诉的基本条件：一是监察申诉的主体是被调查人及其近

---

〔1〕　茅铭晨："论宪法申诉权的落实和发展"，载《现代法学》2002年第6期，第76页。

〔2〕　本书编写组编写：《〈中华人民共和国监察法〉案例解读》，中国方正出版社2018年版，第513页。

亲属，[1]其他人则无申诉权利；[2]二是监察申诉的对象是监察机关及其工作人员的违法行为，这是申诉的核心要件；三是申诉主体只能向特定的监察机关提出申诉。

（二）申诉的主要理由

根据《监察法》规定，监察机关及其工作人员有下列行为之一的，被调查人及其近亲属有权向该机关申诉：第一，留置法定期限届满，不予解除的；第二，查封、扣押、冻结与案件无关的财物的；第三，应当解除查封、扣押、冻结措施而不解除的；第四，贪污、挪用、私分、调换以及违反规定使用查封、扣押、冻结的财物的；第五，其他违反法律法规、侵害被调查人合法权益的行为。

（三）申诉和复查的基本程序

申诉的基本程序为：第一，被调查人及其近亲属向监察机关提出申诉；第二，监察机关受理申诉；第三，监察机关依法应当在一个月内作出处理决定；第四，申诉人对处理决定不服，可以向上一级监察机关申请复查；第五，上一级监察机关作出复查决定；第六，执行复查决定，即申诉人反映情况属实的，应当及时予以纠正。

从国家监察体制改革法治化进程的角度来看，可以考虑制定关于监察申诉和复查的法律规定，进一步细化监察申诉和复

---

[1] 笔者认为，考虑到《监察法》与《刑事诉讼法》的衔接问题，这里的"近亲属"可参照《刑事诉讼法》的规定，即"近亲属"是指夫、妻、父、母、子、女、同胞兄弟姊妹。

[2] 有学者认为，《监察法》规定的申诉主体为"被调查人及其近亲属"，应当理解为对申诉主体中特定类别的强调，而非排除其他的有权申诉主体，其他公民个人或者团体组织均享有申诉的权利。参见秦前红主编：《监察法学教程》，法律出版社2019年版，第413页。笔者对此表示反对，上述观点显然将《监察法》的规定作了扩大解释，不符合立法原意。

查的具体程序和主要内容进行系统性规范，更好地保障申诉人的合法权益，避免申诉和复查仅仅是"走过场"。

三、监察赔偿

我国《监察法》第 67 条规定："监察机关及其工作人员行使职权，侵犯公民、法人和其他组织的合法权益造成损害的，依法给予国家赔偿。"此条是关于监察机关履行国家赔偿责任的主要规定，因此就涉及《监察法》与《国家赔偿法》衔接的问题。《国家赔偿法》是《宪法》的相关法，是一种向受害者、向弱者群体倾斜的利益分配制度，是一种社会公平正义的重配、矫正和归复的制度。[1] 从《国家赔偿法》的相关规定来看，我国的国家赔偿主要分为行政赔偿和司法赔偿两类，这两类赔偿在赔偿的归责原则、赔偿义务机关以及赔偿范围和程序等方面存在差异。而监察机关作为与行政机关、司法机关平行的国家机关，其权力运行的特殊性决定了其履行国家赔偿责任也具有自身特点，笔者认为，可将监察机关履行国家赔偿责任称之为"监察赔偿"。

从国家监察体制改革法治化进程以及《监察法》和《国家赔偿法》相衔接的角度来审视，有必要从立法完善的角度对监察赔偿问题加以认真研究和详细探讨。

（一）明确监察赔偿的概念内涵

监察赔偿应当视为国家赔偿的一种，其实质上与行政赔偿、司法赔偿具有共同之处；但是，监察机关的性质和职权特点也决定了监察赔偿具有鲜明的特点，其与行政赔偿和司法赔偿存

---

〔1〕 参见陶凯元："正确处理当前《国家赔偿法》实施中的若干关系"，载《法律适用》2014 年第 10 期，第 4 页。

在着诸多不同。[1]监察赔偿主要是指监察机关或者监察人员因违法行使职权，造成监察对象（包括公民、法人和其他组织）的合法权益遭到损害，而给予的国家赔偿。笔者认为，监察赔偿应当具有以下三项主要功能：

1. 救济功能

监察赔偿的救济功能主要是针对监察对象而言的，因为监察赔偿是国家赔偿的一种重要方式，而作为"公法领域中的私法规范"，[2]国家赔偿的首要功能就在于着眼救济，树立起以权利救济为核心的执法理念，[3]这对于监察赔偿而言同样适用。因此，救济功能主要是指监察机关对监察对象受损的合法权益进行及时救济，力促遭受损害的监察对象合法权益最大限度地恢复到损害前的状态，此为监察赔偿的首要功能。

2. 惩戒功能

监察赔偿的惩戒功能主要是针对违法行使监察机关或者监察人员而言的，即监察赔偿是对监察机关或者监察人员违法履职行为的一种非常严厉的否定性评价，对其违法行使职务行为起到相应的惩罚和警示作用。

3. 预防功能

监察赔偿的预防功能主要是针对全体监察机关及其监察人员而言的，即通过监察赔偿的实施，可以教育并督促所有监察

---

〔1〕 监察机关的定位，既非行政机关，亦非司法机关，因监察机关或者监察人违法行使职权，侵害公民、法人和其他组织的合法权益造成损害而产生的国家赔偿，是独立于行政赔偿、司法赔偿的。参见张红："监察赔偿论要"，载《行政法学研究》2018年第6期。

〔2〕 参见杨立新："侵权赔偿责任与国家赔偿责任的交叉与分野"，载《中国审判》2013年第12期，第23页。

〔3〕 张建升等："完善制度建设 推进国家赔偿工作稳步发展"，载《人民检察》2015年第9期，第45页。

机关及其监察人员应当依法履职，坚决防止恣意行使监察权，维护监察对象合法权益，最大限度地避免违法履职现象。

（二）明确监察赔偿的归责原则

从《国家赔偿法》的规定来看，我国行政赔偿的归责原则采"违法归责原则"；刑事赔偿的归责原则为"违法归责和违法归责相结合原则"。笔者认为，考虑到我国监察权力运行的规律和特征，监察赔偿的归责原则应当定位为"违法+结果原则"，即违法归责原则与结果归责原则（无过错原则）相结合。

（三）明确监察赔偿的构成要件

监察赔偿的构成要件应当持"三要件说"，即违法行使职权行为、损害结果以及两者之间的因果关系，具体阐述如下：

1. 监察机关或者监察人员违法行使职权

监察机关或者监察人员违法行使职权的情形主要包括以下三方面内容：①侵犯监察对象人身自由权的违法行为，主要表现为监察机关或者监察人员非法采取留置措施或者非法延长留置期限；②侵犯监察对象人身健康权的违法行为，主要表现为监察机关或者监察对象在履职时采取刑讯逼供或者以殴打、虐待等行为或者唆使、放纵他人殴打、虐待等行为从而造成监察对象身体伤害或者死亡的；③侵犯监察对象财产权的违法行为，即监察机关或者监察人员在履行监察职责过程中，违法对监察对象合法财产采取查封、扣押、冻结、追缴等措施；应当依法解除查封、扣押、冻结监察对象合法财产而不解除的；贪污、挪用、私分、调换以及违规使用查封、扣押、冻结、追缴监察对象合法财产等具体情形。

2. 监察对象遭受的损害

监察对象所遭受的损害应当具有"三性"，具体而言：一是客观性，即监察对象所遭受的损害是实际发生的，而非尚未发生的；二是确定性，即监察对象所遭受的损害是可以计量的，而非宽泛的；三是可救济性，即监察对象所遭受的损害在法律上具有可补救性的损害。

3. 违法监察行为与监察对象遭受的损害存在因果关系

监察机关或者监察人员违法行使职权造成了监察对象合法权益的损害，即违法行为与损害后果之间存在因果关系，且这种因果关系应当是直接的，而非间接的。

（四）明确监察赔偿的具体程序

参照我国《国家赔偿法》的相关规定，笔者建议，我国监察赔偿的具体程序可做设计如下：

1. 监察赔偿的赔偿程序

赔偿请求人要求国家赔偿的，应当先向赔偿义务机关提出监察赔偿申请。赔偿义务机关应当自收到赔偿请求人申请后，在两个月内作出是否赔偿的决定。赔偿义务机关决定赔偿的，应当制作赔偿决定书，并在法定期限内送达赔偿请求人。赔偿义务机关决定不予赔偿的，应当书面说明理由并在法定期限内送达赔偿请求人。

2. 监察赔偿的复议程序

复议程序即赔偿义务人对赔偿义务机关所做赔偿决定有异议或者赔偿义务机关在法定期限内未作出赔偿决定，赔偿请求人可以在法定期限内向上一级监察机关申请监察赔偿复议，上一级监察机关应当在法定期限内作出复议决定。国家监察委员会为赔偿义务机关的，国家监察委员会即为复议机关。

3. 法院的赔偿决定程序

赔偿请求人不服复议决定或者复议机关在法定期限内委作出复议决定，赔偿请求人可以向复议机关所在地的同级人民法院赔偿委员会申请作出赔偿决定。这也体现了法院机关与监察机关之间相互制约的关系。

4. 检察机关的赔偿监督程序

检察机关作为国家的法律监督机关，在国家赔偿中应当担负起监督的职责。检察机关的赔偿监督程序主要是指检察机关应当本着客观公正的立场，对于法院违法作出的赔偿决定应当依法予以监督，[1]最大限度地保障赔偿请求人的相关权益。

5. 赔偿义务机关的追偿程序

追偿属于公务人员惩戒制度的组成部分，是基于公务行为和关系而对公务人员的惩戒，我国《国家赔偿法》设立追偿程序制度的主要目的在于有效督促公务人员依法履职。[2]对于监察赔偿而言，同样存在着追惩程序设计问题，即赔偿义务机关在赔偿后，应当责令有故意或者重大过失的监察人员承担部分或者全部赔偿费用。

（五）完善监察赔偿的其他规定

1. 确定监察赔偿的义务机关

赔偿义务机关是指接受与办理国家赔偿请求、以赔偿被请求人身份参加赔偿案件审理、代表国家履行返还财产、恢复原状等赔偿义务的国家机关或者法律法规授权的组织。监察赔偿的义务机关主要是履行监察职责的监察机关，应当按照"谁监察、谁赔偿"的原则，来确定具体的监察赔偿义务机关。但是，需要强调的是，监察机关因违法采取留置措施而需要国家赔偿的，按照"谁决定、谁赔偿"的原则，来确定具体的监察赔偿义务机关。

---

〔1〕　张建升等："完善制度建设　推进国家赔偿工作稳步发展"，载《人民检察》2015年第9期，第47页。

〔2〕　李昕："论功能定位基础上的国家追偿制度建构"，载《法律适用》2019年第5期，第27页。

2. 明确监察赔偿的举证责任

考虑到我国监察机关行使职权的单方性以及封闭性等特点，笔者认为，监察赔偿的举证责任应当采取"举证责任倒置"，即原则上应当由赔偿义务机关也就是监察机关来具体承担，减轻赔偿申请人的举证责任。

CHAPTER 15 第十五章 监察监督论

本章监察监督论主要是讨论如何依法对监察机关及其监察人员行使监察权进行监督的基本内容。从国家监察体制改革实施以来，无论是在制度设计还是在实践探索方面，对监察机关及其监察人员行使监察权的监督就被摆在了非常重要的位置上；我国《监察法》也以专章（第七章"对监察机关和监察人员的监督"）形式加以规定，其主要目的就是在于防止监察委员会演变为不受控制的超级机构，[1]确保监察权依法高效运行。

第一节　监察监督的基本理论

"权力导致腐败，绝对的权力导致绝对的腐败。"所有的权力都要受到监督，否则就会产生被滥用的风险。监察机关及其监察人员并不具有对腐败的天然"免疫力"；监察权作为一项公权力当然也存在着滥用或者乱用之风险，这就决定了监察机关及其工作人员行使监察权也必须受到严格的监督。

---

〔1〕　马怀德："《国家监察法》的立法思路与立法重点"，载《环球法律评论》2017 年第 2 期，第 39 页。

一、监察监督的主要内涵

监察监督是指各个监督主体依法对监察机关及其监察人员行使检察权而进行的察看、督促或者提出建议和意见，其具体可从以下四个方面来予以理解：

（一）监督主体的广泛性

监察监督的主体具有广泛性，其主要包括：各级党委、各级人大及其常委会、民主党派、社会公众、新闻媒体等以及监察机关自身，这其中包括政党监督、国家机关监督、公众监督以及自我监督四大类主体。[1]

（二）监督对象的特定性

监察监督的对象具有特定性，即监察监督主要是围绕着"监察权运行"这一焦点问题来开展的，涉及监察权运行的各个方面和诸多环节，这其中既会涉及程序性内容，又会涉及实体性内容。监察机关及其监察人员的履职行为各个方面理应受到依法监督。

（三）方式的多元性

监察监督的方式是多种多样的，由于各个主体自身属性的不同，其所采取的监督方式也各异。监督方式既有书面监督，也有口头监督；既直接监督，也有间接监督；既有刚性监督，又有柔性监督等。

---

〔1〕 有学者认为，监督主体也包括检察机关，即检察机关通过法律监督的手段来监督监察机关和监察人员的行为。参见谢尚果、申君贵主编：《监察法教程》，法律出版社 2019 年版，第 220 页。笔者对此持反对意见，因为根据我国《宪法》和《监察法》的相关规定，检察机关与监察机关之间是"互相配合、互相制约"。而"监督"具有单向性，而"制约"具有双向性；此外，检察机关的法律监督职责具有特定含义，不宜做扩大解释。

（四）过程的规范性

各个主体对监察机关及其监察人员依法履职的情况进行监督的过程必须是有依据和规范的，而不能随意进行监督，甚至干扰监察机关的正常工作秩序。此外，监督主体在实施监督过程中也应当注意履行保密义务，不得随意泄露监督内容。

二、监察监督的主要分类

从学理角度，根据不同的标准，可以将监察监督分为不同的种类。对监察监督进行学理上分类，有助于更好地理解各种监督的主要价值以及具体功效。笔者大体将监察监督概括为以下六种主要类型：

（一）根据监督主体与监督对象的关系不同进行分类

根据监督主体与监督对象的关系不同，可将监察监督分为外部监督与内部监督。其中，外部监督是指来自监察机关之外的相关主体所实施对监察机关的监督，比如党的监督、人大监督以及社会公众监督等。内部监督，也称为自我监督，是指监察机关自身通过建立和规范权力内控制度和模式来对自身进行监督，其主要包括自上而下的纵向监督和同级内部的横向监督。

（二）根据监督的作用效力不同进行分类

根据监督的作用效力不同，可将监察监督分为刚性监督与柔性监督。其中，刚性监督是指对监察机关及其监察人员行使监察权的监督是具有直接约束力和影响力的监督，比如各级人大及其常委会对监察机关的监督。柔性监督则是指对监察机关及其监察人员行使监察权的监督并不产生直接约束力和影响力的监督，比如新闻媒体的相关监督。

（三）根据监督的主要层级不同进行分类

根据监督的主要层级不同，可将监察监督分为纵向监督和横向监督。其中，纵向监督是指上级监察机关对下级监察机关及其人员的监督，这种监督体现为"自上而下"的监督模式。横向监督是指各级监察机关内部各个部门之间的监督制约，这种监督体现为"横向交叉"的监督模式。

（四）根据监督的具体方式不同进行分类

根据监督的具体方式不同，可将监督分为正式监督与非正式监督。其中，正式监督是监督主体通过法定监督方式对监察机关及其监察人员履职行为进行的监督，比如，监察机关内部纪检监察干部监督室对纪检监察干部的谈话和函询。非正式监督则是指监督主体主要以建议或者意见的方式对监察机关及其监察人员履职行为进行的监督，比如，社会公众对监察机关改进工作的来信建议或者意见。

（五）根据监督的具体内容不同进行分类

根据监督的具体内容进行分类，可将监督分为程序性监督和实体性监督。其中，程序性监督是指各监督主体对监察机关履行监察权的主要程序进行监督，比如，监察机关内部的案件监督管理部门对监察调查的全流程进行监督和管理。实体性监督是指各监督主体对监察机关处置监察事项的具体结果进行监督，比如，监察机关内部的案件审理部门对监察调查的结果以及所收集的证据进行严格审查把关，进行实体性监督。

（六）根据监督的时间节点不同进行分类

根据监督的时间节点不同，可以将监督分为事前监督、事中监督和事后监督三类。其中，事前监督是指各个监督主体对监察机关及其监察人员行使监察权之前所进行的督促和约束，比如，监察机关内部签订履职责任书；事中监督是指各个监督主体对监察机关及其监察人员在依法履职中进行的察看和督促，比如，监察机关依法受理并处理公众对于监察人员违法行使职权的举报事项；事后监督是指各个监督主体对监察机关及其监察人员依法履职完毕后进行的检查和约束，比如，各级人民代表大会依法听取监察机关的专项工作报告，并提出工作意见。

三、监察监督的重要意义

监察监督本质和要义是对监察权行使情况进行有效监督，其重要意义主要包括三层含义：一是确保监察权依法规范高效运行；二是满足社会公众的知情权和建议权；三是树立监察机关公正和权威的形象。

（一）确保监察权依法规范高效运行

党的十八大以来，习近平同志多次谈到"谁来监督纪委""防止灯下黑""规范和正确行使监察权"等问题，这实际上就是强调纪检监察机关作为监督者更要接受监督，律人者更要律己，真正做到打铁必须自身硬。监察权作为一项"治权之权""治官之权"，具有非常独特而重要的作用，一旦被滥用或者乱用，必将带来极其严重的后果。因此，依法加强对监察机关及其监察人员行使监察权的监督具有极其重要的现实意义，其主要目的就是要确保监察权依法规范高效运行。

（二）满足社会公众的知情权和建议权

社会公众通过依法监督，可以充分了解监察机关及其监察人员行使监察权的情况，指出监察机关和监察人员履职中存在的主要问题，并对监察工作以及机制完善提出相应的建议，督促监察机关及其监察人员更好地履职。因此，监察监督是满足社会公众的知情权和建议权的有效途径，有助于监察权运行过程的公开，有助于实现"阳光监察"。[1]比如，国家监察委员

---

〔1〕 李晓明、芮国强主编：《国家监察学原理》，法律出版社 2019 年版，第606 页。

会在官网上主动公开相关案件信息，及时满足社会公众知情权。

（三）树立监察机关公正和权威的形象

从长远角度来看，通过科学构建监察监督体系以及依法公开监察信息等多种途径和方式，确保各个监督主体能够依法充分进行监督，切实保障监督效果的落实，能够向外界展现监察机关对于接受监督的真诚态度和自我改错的实际行动，有助于督促自身更好地履职，向社会公众展示出公正权威的良好形象。

第二节　监察监督的主要内容

根据我国《监察法》的相关规定以及我国监察实践探索，我国监察监督主要包括以下四项主要内容：党的监督、人大监督、公众监督以及自我监督。

一、党的监督

监察机关作为履行监察权的专责机关，并且采用和党的纪律检查委员会合署办公的模式，其具有很强的政治性和专业性，这就决定了监察机关首先要接受党的领导和监督，体现党对反腐败工作的集中统一领导。

党的监督主要是通过上级纪委和同级党委对监察机关的领导来实现的，从而确保党的路线方政政策尤其是关于反腐败的重要指示精神能够在监察机关得到坚决高效地贯彻执行，体现监察机关的政治属性。

二、人大监督

各级人大及其常委会作为国家权力机关对监察机关负有法定的监督义务，是监察监督机制中最主要、最核心的环节，其监督效果具有法定约束力。[1]根据我国《监察法》的规定，人大监督的方式主要为三项内容：一是听取和审议专项工作报告；二是组织执法检查；三是就监察工作中的有关问题提出询问或者质询。

需要指出的是，由于各级监察委员会和同级党的纪律检查委员会合署办公开展工作，所承担的反腐败任务具有极强的政治性和敏感性，人大常委会听取和审议专项工作报告、组织执法检查、提出询问或者质询时，不应该涉及调查过程中的某些具体敏感性问题以及其他需要予以保密的工作内容，这样既充分保障了人大监督的实效性，也充分尊重和考虑到监察委员会工作的特殊性，体现了两方面工作的辩证统一和有机结合。[2]当然随着我国人民代表大会制度的不断健全以及国家监察体制改革深入推进，我国各级人大及其常委会对监察机关的监督体系也必将更加全面和深入有效。

三、公众监督

公众监督主要分为：民主监督、社会监督与舆论监督。其中，民主监督主要是指各级政协机关或者各民主党派等主体对监察机关及其监察人员行使监察权的监督。社会监督主要是指由公民、法人或者其他组织对监察机关及其监察人员行使监察权的行为而进行的监督，其主要通过行使批评权和建议权，防止监察机关的不作为或者乱作为。舆论监督则是指特定主体通过广播、影视、报纸、杂志、网络等方式表达自己对监察机关及其监察人员履职的看法和意见，核心方式是公开报道和新闻

---

〔1〕　参见秦前红主编：《监察法学教程》，法律出版社 2019 年版，第 387 页。

〔2〕　参见本书编写组编写：《〈中华人民共和国监察法〉案例解读》，中国方正出版社 2018 年版，第 464 页。

批评。[1]公众监督在强制力上有相似性，其主要是柔性监督，对监察机关及其监察人员的约束力较弱，但是其带有精神性和道德强制性。[2]

在此需要强调的是，关于建立和完善监察信息公开制度。我国《监察法》第39条第3款规定："立案调查决定应当向被调查人宣布，并通报相关组织。涉嫌严重职务违法或者职务犯罪的，应当通知被调查人家属，并向社会公开发布。"此外，我国《监察法》第54条规定："监察机关应当依法公开监察工作信息，接受民主监督、社会监督、舆论监督。"

笔者认为，监察权运行的公开化、透明化是公众监督的基本依托，用公开倒逼公正，以便在保障社会公众知情权的前提下更好地开展监督。[3]因此，建立和完善监察信息公开制度作为开展社会公众监督的有效途径，是值得肯定的。在主流媒体和主要网站上第一时间发布监察工作信息，主动公开工作流程，自觉接受人民群众和新闻媒体的监督，保障公民知情权，及时回应社会各方关切。[4]但是，监察信息公开并非绝对的，而是相对的，尤其是对于监察机关正在调查的案件不宜公开，这就需要充分把握好监察信息公开与保密之间的平衡，实现政治效果、法纪效果和社会效果三者的有机统一。

---

〔1〕 舆论学认为，舆论监督是指以舆论为途径，由广大的社会公众对权力机关或者人员，自由发表批评或者表扬的意见，产生一种客观的或正或反的效果。参见陈力丹：《舆论学——舆论导向研究》，中国广播电视出版社1999年版，第55页。

〔2〕 参见江国华：《中国监察法学》，中国政法大学出版社2018年版，第306页。

〔3〕 参见马怀德："再论国家监察立法的主要问题"，载《行政法学研究》2018年第1期，第14页。

〔4〕 参见马怀德主编：《中华人民共和国监察法理解与适用》，中国法制出版社2018年版，第215页。

四、自我监督

自我监督是各级监察机关自身通过建立和完善内控权力监督机制来实现对自身的监督检查。根据中央纪委国家监委的通报，2018 年各级纪检监察机关共谈话函询纪检监察干部 9200 余人，组织处理 1.3 万人，处分 3900 余人，移送司法机关 110 余人。[1]监察程序的封闭性设计否定了外部司法监督，但创立了具有自身特色的内部自我监督制度。[2]监察机关自我监督的主要内容为：

（一）建立专门的内部监督机构

监察机关通过设立专门的内部监督机构，依法加强内部监督。根据我国《监察法》第 55 条规定："监察机关通过设立内部专门的监督机构等方式，加强对监察人员执行职务和遵守法律情况的监督，建设忠诚、干净、担当的监察队伍。"从实践情况来看，监察机关内部监督机构主要分为：一是各级监察委员会机关纪委；二是纪检监察干部监督室；三是案件监督管理室。

（二）完善相关的内部监督制度

监察机关通过完善内部监督制度，加强对自身的监督制约，不仅包括程序方面的监督制约，也包括实体方面的监督制约；不仅包括事前的监督制约，也包括事中以及事后的监督制约。

1. 上级监察机关监督制度

我国上下级监察机关之间是领导与被领导的关系，这种关系就决定了上级监察机关有权监督下级监察机关的工作。上级监察机关若发现下级监察机关在履职过程中出现的问题应当予以及时纠正。这在本书中已有过论述，此处不再详细展开。

---

〔1〕 参见中央纪委、国家监委网站"信息公开"栏目。

〔2〕 叶青、程衍："关于独立监察程序的若干问题思考"，载《法学论坛》2016 年第 1 期，第 21 页。

2. 监察机关内部相互制约制度

监察机关内部相互制约制度主要是指监察机关加强内控建设，合理分解权力，科学配置权力，防止监察权过于集中而产生滥用风险，从而实现和加强自我监督。根据我国《监察法》第36条之规定："监察机关应当严格按照程序开展工作，建立问题线索处置、调查、审理各部门相互协调、相互制约的工作机制。"在各级监察机关内部，信访部门、监督部门、调查部门、案件监督管理部门、案件审理部门等各自通过依法充分发挥自身的职能，实现对其他部门的监督和制约，从而形成运转高效、制约有力的规范循环体系。比如，根据《国家监察委员会与最高人民检察院办理职务犯罪案件工作衔接办法》第6条之规定："案件审理室受理案件后，应当成立2人以上组成的审理组，全面审理案卷材料，按照事实清楚、证据确凿、定性准确、处理恰当、手续完备、程序合法的要求，提出审理意见。案件审理室根据案件审理情况，可以与被调查人谈话，核对违纪和违法犯罪事实，听取辩解意见，了解有关情况。"此条规定就体现了监察机关内部对于调查工作的审核把关、监督制约。

3. 报告和登记备案制度

报告和登记备案制度主要是指监察人员在遇到有其他监察人员打听或者过问监察事项等其他可能影响监察事项公正处理的情形时，依法将其进行报告并登记备案的规范要求。根据我国《监察法》第57条之规定："对于监察人员打听案情、过问案件、说情干预的，办理监察事项的监察人员应当及时报告。有关情况应当登记备案。发现办理监察事项的监察人员未经批准接触被调查人、涉案人员及其特定关系人，或者存在交往情形的，知情人应当及时报告。有关情况应当登记备案。"

4. 履职回避制度

履职回避制度主要是指监察人员在履职过程中因为监察人员的身份与人际关系等特殊因素可能导致监察事项公正处理，而退出监察活动和停止监察行为的规范要求。根据我国《监察法》第 58 条之规定："办理监察事项的监察人员有下列情形之一的，应当自行回避，监察对象、检举人及其他有关人员也有权要求其回避：（一）是监察对象或者检举人的近亲属的；（二）担任过本案的证人的；（三）本人或者其近亲属与办理的监察事项有利害关系的；（四）有可能影响监察事项公正处理的其他情形的。"监察机关在作出履职回避的决定后，该决定一经作出立即生效，监察人员应当立即停止办理相关的监察事项，退出监察活动。

5. 从业限制制度

从业限制制度主要是指依法对监察人员在辞职、退休后的法定期限内的行为作出一定限制的规范要求。根据我国《监察法》第 59 条之规定："监察机关涉密人员离岗离职后，应当遵守脱密期管理规定，严格履行保密义务，不得泄露相关秘密。监察人员辞职、退休三年内，不得从事与监察和司法工作相关联且可能发生利益冲突的职业。"这还是主要从加强对监察人员的监督管理角度出发而制定的，但至于如何具体落实还需要通过制定具体规则予以实现，避免此项规定沦为"休眠条款"。

6. 责任追究制度

责任追究制度主要是指监察机关依法对监察人员违法行为而追求相关责任的规范要求。这里的责任追究既包括政务责任的追究，也包括刑事责任的追究。根据我国《监察法》第 65 条之规定："监察机关及其工作人员有下列行为之一的，对负有责任的领导人员和直接责任人员依法给予处理：（一）未经批准、授权处置问题线索，发现重大案情隐瞒不报，或者私自留存、处理涉案材料的；（二）利用职权或者职务上的影响干预调查工作、以案谋私的；（三）违法窃取、泄露调查工作信息，或者泄露举报事项、举报受理情况以及举报人信息的；（四）对被调查人或者涉案人员逼供、诱供，或者侮辱、打骂、虐待、体罚或者变相体罚的；（五）违反规定处置查封、扣押、冻结的财物的；（六）违反规定发生办案安全事故，或者发生安全事故后隐瞒不报、报告失实、处置不当的；（七）违反规定采取留置措施的；（八）违反规定限制他人出境，或者不按规定解除出境限制的；（九）其他滥用职权、玩忽职守、徇私舞弊的行为。"

我国《监察法》的相关规定对监察监督的内容进行了规范，但还主要是原则性规定，比较笼统。从立法者角度而言，这主要是考虑到国家监察体制改革仍在深入推进之中，留给各地探索的空间。笔者认为，从国家监察体制法治化进程角度来看，随着国家监察体制改革的不断深入发展，有必要单独制定关于监察监督的相关法律法规以及相关的配套实施机制，对监督的具体内容、基本方式、主要程序以及法律责任等予以进一步完善和规范，提升监督的刚性和约束力，切实增强监督实效，促使监察机关及其监察人员依法行使监察权。

CHAPTER 16

第十六章 监察合作论

本章监察合作论主要是研究我国监察机关在国际反腐败工作中的职能定位以及具体工作等主要内容。在经济全球化大背景下，随着我国综合国力的不断提升和国际影响力的不断扩大，进一步加强全球范围内的监察合作，对深入推进我国反腐败工作发展、充分体现大国国际担当、有效服务国家国际交往、切实维护国家安全利益等无疑具有重大的现实意义。

第一节　监察合作的基本理论

一、监察合作的重要意义

在全球化浪潮不断发展的今天，腐败问题早已成为国际社会的共性问题，危害全球治理体系。习近平总书强调："决不能让腐败分子躲进'避罪天堂'逍遥法外"；"腐败分子即使逃到天涯海角，也要把他们追回来绳之以法，5 年、10 年、20 年都要追。""我们主动提出一系列反腐败国际合作倡议，倡议构建国际反腐新秩序，特别是加大对美国等西方国家在反腐败合作方面的压力，要求他们不要成为腐败分子的'避罪天堂'"。在此背景之下，我国开展监察合作无疑具有重要意义。具体来说，主要包括以下三个层面内容：

（一）有效打击腐败犯罪行为

随着经济全球化的推进，职务犯罪人员往往携带巨额赃款逃往国（境）外尤其是一些与我国尚未签订反腐败合作协议的国家或者地区，这就为我国打击腐败犯罪造成了严重障碍，不仅无法有效抓获职务犯罪人员，而且流往海外的赃款也无法有效追回。因此，进一步加强监察合作，主动开展反腐败工作交流，有助于推动国内反腐败工作的深入发展，形成国内和国外两个反腐败阵线，共同有效打击腐败犯罪行为，促进我国反腐败工作的健康深入发展。

（二）切实维护国家安全利益

腐败犯罪不仅造成国家经济利益的严重受损，还可能严重危害国家政治安全利益等。在逃的职务犯罪人员出于各种利益的考量，往往可能泄露大量的国家秘密甚至是国家机密。因此，加强监察合作，共同打击腐败犯罪，能够有效地保障我国经济安全利益和政治安全利益等国家安全利益。

（三）充分展示国家良好形象

我国监察机关通过积极加强与其他国家或者地区之间以及相关国际组织关于反腐败的交流与沟通工作，向国际社会及时传递我国反腐败的整体情况、坚定决心和良好成效，有助于促使国际社会对于我国反腐败工作作出客观、全面、公正的评价，积极营造对我国反腐败有利的国际舆论环境，充分彰显大国风采和气度，更好地赢得国际声誉，充分展示国家良好形象。

二、监察合作的基本原则

监察合作的基本原则主要是指用以指导各个国家或者地区和国际组织在反腐败合作中具体行为的基本准则和规范要求。

监察合作的基本原则主要包括四个方面内容：国家主权平等原则、善意履行国际义务原则、互惠原则和保障基本人权原则。

（一）国家主权平等原则

国家主权平等原则是监察合作的首要原则。国家主权平等原则是指在各个国家、地区和国际组织在开展国际合作中应当尊重各个国家的主权，不得以任何理由损害一国主权。

国家主权平等原则是现代国际交往的基础，主权观念已经深入人心，已被国际社会所普遍接受；否定国家主权等于否定国际法本身。[1]1970年《国际法原则宣言》详尽阐述了主权平等原则的主要内容，其包括以下基本要素：第一，各国法律地位平等；第二，每一国均享有充分主权之固有权利；第三，每一国均有义务尊重其他国家之人格；第四，每一国之领土完整及政治独立不得侵犯；第五，每一国均有权利自由选择并发展其政治、社会、经济及文化制度等；第六，每一国均有责任充分并秉持诚意履行其国际义务，并与其他国家和平共处。国家主权平等原则要求我国在与其他国家、地区和国际组织进行反腐败的合作和交流中应当将国家主权安全放在首要位置，时刻维护国家主权利益；同时也要充分尊重其他国家的主权，履行相应的国际义务。

（二）善意履行国际义务原则

善意履行国际义务原则是监察合作的基本原则。善意履行国际义务原则是指合法条约的缔约国在条约有效期间内应当依约善意履行条约义务，不得恶意履行条约义务。

善意履行国际义务原则的法律地位和在国际法中的重要性，得到了联合国大会多项重要文件的反复确认，其中最主要的有1962年《关于天然资源之永久性主权宣言》、1974年《各国经

---

〔1〕　王虎华主编：《国际公法学》（第4版），北京大学出版社2016年版，第54页。

济权利和义务宪章》和1981年《关于和平解决国际争端的马尼拉宣言》等。善意履行国家义务不仅不与国家主权平等原则相冲突，而且是实施国家主权平等原则的实际结果。因为只有各国真诚履行国际义务，国家主权才能真正得到尊重。[1]1970年《国际法原则宣言》中就明确规定："（1）每一国均有责任—秉诚意履行其依《联合国宪章》所负义务；（2）每一国均有责任—秉诚意履行其依公认之国际法原则与规则所负之义务；（3）每一国均有责任—秉诚意履行其依公认之国际法原则与规则系属有效之国际协定下所负义务。"善意履行国际义务原则为国际社会之间的互信和互赖创造了良好条件，如果条约不必信守，那么国际交往就无法继续有效维持，这必将对国际秩序造成根本性的损害。善意履行国际义务原则要求我国在开展反腐败国际交流和合作中，对于依法加入并批准的双边条约和多边条约等应当依约履行，展示大国诚信和负责任的良好形象。

（三）互惠原则

互惠原则是监察合作的重要原则。互惠原则也被称为对等原则，其主要是指各个国家、地区和国际组织在国际合作中应当遵循互利的精神，给予对方对等的待遇和便利条件。

互惠原则之所以在国际法中具有非常重要的地位和作用，其主要原因就在于国际法不可能像国内法那样通过强大的国家强制力予以保障实施。互惠原则要求我国在与其他国家、地区和国际组织在一系列反腐败活动的合作和交流中，应当遵循互惠互利的精神，给予相关方的利益合理关照，尤其是在与其他国家或者地区没有签署双边关于反腐败条约的情形下，我国应当与其他国家或者地区在执法合作、司法协助和引渡等方面充分利

---

〔1〕《国际公法学》编写组：《国际公法学》（第2版），高等教育出版社2018年版，第96页。

用互惠原则，从而最大限度保障我国反腐败工作的顺利开展。

（四）保障基本人权原则

保障基本人权原则亦是监察合作的重要原则。保障基本人权原则主要是指各个国家、地区和国际组织在反腐败国际合作中应当尊重和保护所有人的一切人权的义务。

《联合国宪章》第 1 条明确规定："促成国际合作，以解决国际间属于经济、社会、文化或人道主义性质的问题，并且不分种族、性别、语言或宗教，促进和鼓励对于一切人的人权和基本自由的尊重。"联合国大会于 1948 年颁布了《世界人权宣言》，使得《联合国宪章》促进和保护人权的规定第一次得到具体表述，成为国家人权法体系的基石。[1]保障基本人权原则要求我国在开展监察合作中应当要求合作方尊重和保障我国公民的基本人权；并且我国也应当尊重和保障合作方公民的基本人权，彰显我国文明执法的良好形象。

当然，在开展监察合作中还要遵循其他一些具体原则，比如，双重犯罪原则、[2]或引渡或起诉原则、本国公民不引渡原则、缔约地支配原则等。这就需要我国国家监察机关应当熟悉并掌握国际法的相关知识和规范要求，力求在与其他国家、地区和国际组织合作中赢得话语权和主动权，从而更好地顺利推进反腐败的国际交流和合作，实现监察合作的互利共赢。

---

〔1〕《国际公法学》编写组：《国际公法学》（第 2 版），高等教育出版社 2018 年版，第 96 页。

〔2〕"双重犯罪原则"是指引渡请求所指地行为，依照请求国和被请求国法律都构成犯罪，而不是只依照一国法律构成犯罪。但是，根据我国缔结的引渡条约，如《中法引渡条约》等规定，在确定某一行为是否构成双重犯罪时，不应考虑双方法律是否将该行为归入同一犯罪种类或者使用同一罪名；针对被请求引渡人的多项引渡请求，只要有一项请求符合引渡条件的，即使其他引渡请求不属于可引渡的犯罪，也可以开展引渡。

第二节 监察合作的主要内容

一、监察机关在监察合作中的主要职能

我国《监察法》第 50 条规定："国家监察委员会统筹协调与其他国家、地区、国际组织开展的反腐败国际交流、合作，组织反腐败国际条约实施工作。"依据此条规定，可将我国监察机关在监察合作中的主要职能概括为两个主要方面：一是统筹协调职能；二是组织实施职能。

（一）统筹协调职能

国家监察委员会作为国家最高监察机关，依法履行最高监察权，其有权代表国家统筹协调与其他国家、地区、国际组织开展反腐败国际交流和合作。在这个过程中，我国其他国家机关，比如最高人民法院、最高人民检察院、公安部、司法部等也会依法与其他国家、地区、国际组织在反腐败方面所有工作接触，但是其需要加强与国家监察委员会的沟通与联系，必要时要征得国家监察委员会的同意，从而形成反腐败的有效合力，切实有效开展反腐败国际合作。

（二）组织实施职能

国家监察委员会负责组织实施我国缔结的关于反腐败领域多边条约、双边条约和合作协议等，以推动国际法在我国国内的有效实施。其中，多边条约主要包括：《联合国反腐败公约》《引渡条约》《刑事司法协助条约》《移管被判刑人条件》等；此外，我国主导通过亚太经合组织《北京反腐败宣言》《二十国集团反腐败追逃追赃高级原则》和《中国——东盟关于全面加强有效反腐败合作联合声明》等；还有截至 2018 年年底，我国已经与 70 余个国家缔结了涉及反腐败领域的双边条约。国家监

察委员会需要对上述我国已加入并批准的国际条约进行具体的组织实施。国家监察委员会应当通过加强与国内各国家机关的协作配合，建立和完善相关执行机制，并落实到日常工作中去，不断提升反腐败效能。比如，国家监察委员会应当会同有关国家机关完善我国的反洗钱制度，严格监管跨境流动的资金；还比如，国家监察委员会应当会同公安、海关等国家机关完善我国的边控制度，以及会同组织人事等国家机关完善我国公职人员的信息采集制度、出国审批制度和护照管理制度，严防职务犯罪人员出逃等。[1]

二、监察机关在监察合作中的具体内容

我国《监察法》第 51 条规定："国家监察委员会组织协调有关方面加强与有关国家、地区、国际组织在反腐败执法、引渡、司法协助、被判刑人的移管、资产追回和信息交流等领域的合作。"我国《监察法》第 52 条规定："国家监察委员会加强对反腐败国家追逃追赃和防逃工作的组织协调，督促有关单位做好相关工作：（一）对于重大贪污贿赂、失职渎职等职务犯罪案件，被调查人逃匿到国（境）外，掌握证据比较确凿的，通过开展境外追逃合作，追捕归案；（二）向赃款赃物所在国请求查询、冻结、扣押、没收、追缴、返还涉案资产；（三）查询、监控涉嫌职务犯罪的公职人员及其相关人员进出国（境）和跨境资金流动情况，在调查案件过程中设置防逃程序。"据此规定，监察机关在监察合作中的具体工作如下：

（一）执法合作

执法合作是指各国反腐败执法机构之间开展的点对点合作。

---

〔1〕　参见吴建雄主编：《读懂〈监察法〉》，人民出版社 2018 年版，第 279 页。

《联合国反腐败公约》第 48 条规定，"缔约国应当在符合本国法律制度和行政管理制度的情况下相互密切合作，以加强打击本公约所涵盖的犯罪的执法行动的有效性。"《联合国反腐败公约》列举了执法合作中的交流信息内容：①犯罪嫌疑人的身份、行踪和活动，或者其他有关人员的所在地点；②腐败犯罪所得或者财产的去向；③用于或者企图用于腐败犯罪的财产、设备或者其他工具的去向；④适当时提供必要数目的与犯罪所用物品供分析或者侦查使用；⑤交换腐败犯罪所采用的手段和方法的信息；⑥加强反腐败人员和专家的交流；⑦其他措施。

各国之间的反腐败执法机构之间合作并不涉及强制性措施，主要依据的是本国与国（境）外反腐败和执法部门签署的合作协议或者谅解备忘录，不需要以国际条约为基础，简便易行、灵活多样、效率较高。如果涉及强制披露银行账号资料、引渡、羁押等强制性措施或者调取用于我国庭审的证据材料，必须依据司法协助等正式渠道进行。比如，中美执法合作联合联络小组（JLG）反腐败工作组是中美两国之间的反腐败执法合作平台，中方由国家监察委员会牵头，美方由司法部等牵头，两国反腐败、警务、检务、司法、反洗钱等有关部门参与。[1]

（二）引渡

引渡主要是指不同主权国家之间相互根据请求将本国境内发现的并在对方国家受到刑事追诉或者已被判处刑罚的人移交给请求国，以便对其提起刑事诉讼或者执行刑罚合作。[2]

---

[1] 本书编写组编写：《〈中华人民共和国监察法〉案例解读》，中国方正出版社 2018 年版，第 438 页。

[2] 黄风：《国际刑事司法合作的规则与实践》，北京大学出版社 2008 年版，第 19 页。

1. 引渡的主要方式

根据有无引渡条约或者规定，可将引渡的主要方式可分为两种：依据双边条约引渡和无条约引渡。

（1）依据双边条约引渡。依据双边条约引渡是指主权国家之间依据双方达成的引渡条约而开展的引渡工作。[1]双边条约引渡不仅使得引渡合作从国际礼让变为国际义务，使其有章可循并不易受到某些外交风波或者功利因素的影响，而且往往还包含某些优惠制度，使得缔约各方可以解决在合作中遇到的法律问题或者困难，[2]从而有助于引渡的程序化、规范化和高效化。自 1993 年 8 月 26 日我国与泰国缔结第一个双边引渡条约开始，我国已经与 40 余个国家缔结了引渡条约。我国与外国缔结的绝大多数双边引渡条约所采取的是"零证明标准"，即只要求请求方提供被请求引渡人签发的逮捕令以及有关的案情摘要，不要求提供相关的犯罪证据。比如，2002 年 2 月 27 日，最高人民检察院依据《中华人民共和国和俄罗斯联邦引渡条约》，向俄罗斯总检察院提出引渡吉林省辽源市贪污案犯罪嫌疑人王德宝的请求，同年 4 月 30 日王德宝就被引渡回国，之所以在较短时间内完成引渡工作，就是因为两国之间采纳的是"零证明标准"，这不仅提高了工作效率，也体现了两国之间互相信任和友好的关系。[3]

---

〔1〕　国际社会形成了一些专门性的引渡条约，如 1957 年《欧洲引渡公约》、1971 年《美加引渡条约》等；也有一些含有引渡条款的条约，如 1970 年《海牙公约》第 7、8 条关于劫机犯引渡的规定。参见《国际公法》编写组：《国际公法学》（第 2 版），高等教育出版社 2018 年版，第 196 页。

〔2〕　参见黄风、赵林娜主编：《国际刑事司法合作：研究与文献》，中国政法大学出版社 2009 年版，第 4 页。

〔3〕　杨兴国：《职务犯罪国际追逃追赃实务》，中国监察出版社 2017 年版，第 22 页。

（2）无双边条约引渡。无双边条约引渡是指主权国家之间在没有达成双边条约的情形下，依据国际互惠原则或者依据多边国际条约进行引渡。无双边条约引渡要求主权国家之间本着互惠精神和原则，在平等协商、自愿互助的基础上主要通过外交途径开展引渡合作。这种引渡大多都是临时性的，且受到外部因素的干扰性较大，往往需要耗费较大的外交资源和司法资源等。

2. 引渡的一般程序

引渡的一般程序为：①被请求国应请求国的要求对被引渡人临时逮捕；②请求国提出正式的引渡请求（附有关文件）；③被请求国有关机关对引渡请求进行审查并将决定交由有关机关批准；④被请求国按约定的时间、地点、方式与请求国完成对罪犯的移交；⑤引渡成功后，请求国即可根据其本国法律对罪犯进行审判，但是，根据罪名特定原则，请求国只能就其请求引渡时所指控的罪名对该罪犯进行审判和处罚。如果请求国对被引渡的人就另外的罪名进行审判和处罚，被请求国有权进行抗议。[1]

（三）司法协助

司法协助主要是指各主权国家为了共同打击犯罪，以其签署的国际公约、区域公约或者双边条约为依据，在平等互惠的基础上，为其他缔约国代为执行某些司法行动的活动。[2]司法协助的主要内容为：协助送达诉讼法律文书、协助调查取证、移交物证和书证等、协助冻结或者扣押财产、解送被羁押者出

---

〔1〕《国际公法》编写组：《国际公法学》（第2版），高等教育出版社2018年版，第197页。

〔2〕 李翔：《反腐败国际刑事合作机制研究》，北京大学出版社2011年版，第59页。

庭作证、提交法律情报等。随着反腐败国际交流合作的深入发展，以我国监察机关为主、多个国家机关为辅的司法协助格局将在司法协助方面发挥越来越重要的作用。

此处需要区分的司法协助与执法合作的关系问题。司法协助与执法合作的相同之处在于：两者均是以打击腐败犯罪为宗旨；同时两者在合作过程中采取的相关措施会存在重叠。但是，两者之间有着明显不同，具体而言：首先，两者的合作主体不同，司法协助主体一般是指广义的刑事司法机关，而执法合作主体泛指一切拥有行政执法职能机关，甚至可以是依据本国法律不享有刑事司法权的机关。其次，两者的合作目的不同，司法协助一般是为了办理具体的刑事案件或者在立案后的刑事诉讼程序中进行，往往需要适用双重犯罪的原则，而执法合作主要是为了预防和调查违法或者犯罪行为展开，不需要适用双重犯罪的原则。再次，两者所采用的程序不同，司法合作需遵循专门的司法程序或者相应的程序进行，而执法合作则没有严格的限制，只以合法、有效、快捷为标准。最后，两者所适用的法律依据不同，司法协助所依据的法律经一定立法审议和批准程序，而执法合作的法律依据一般仅需双方主管行政机关签批就可生效。[1]总体而言，司法协助与执法合作都应成为我国开展监察合作的重要手段和方式，两者在具体适用中应当实现优势互补，形成有效合力。

（四）被判刑人移管

被判刑人的移管是指主权国家将在本国境内被判处自由刑的犯罪人移交给犯罪人国籍国或者常住地国以便服刑，犯罪人

---

〔1〕　转引自吴建雄：《读懂〈监察法〉》，人民出版社 2018 年版，第 260 页；参见黄风：《国际刑事司法合作的规则与实践》，北京大学出版社 2008 年版，第 112~113 页。

国籍国或者常住地国接受犯罪人并继续执行刑罚的活动。被判刑人移管的主要目的是为了使得被判刑人在自己熟悉的环境中并且在较易获得亲友帮助的条件下服刑，消除在国外服刑遇到的各种困难，从而促进被判人的教育与改造，并在出狱后尽快重新适应社会生活，体现了人道主义原则。被判刑人移管已经成为我国开展追逃工作的主要方式之一。

（五）资产追回

资产追回是指主权国家针对贪污贿赂等职务犯罪嫌疑人携款外逃的情形，通过与其他国家或者地区的合作，追回犯罪资产的活动。《联合国反腐败公约》对资产追回作出了明确规定，大体可分为：

1. 私法救济途径：直接追回措施

《联合国反腐败公约》规定的直接追回措施包括：①资产流出国依据资产流入国的法律，在民事诉讼中依法提起确权之诉，主张对非法转移财产的所有权；②资产流出国依据资产流入国的法律，在民事中依法提起侵权之诉，要求侵犯财产的被告人进行补偿或者损害赔偿；③资产留出国在流入国对腐败犯罪所涉财产进行没收或者处理之时，直接向相应司法机关提供所有权证明，要求返还。

2. 公法救济途径：间接追回措施

《联合国反腐败公约》规定的间接追回措施包括：①执行请求国关于腐败资产的罚没判决或者裁定；②通过由腐败资产所在地主管就干进行刑事追诉而没收此涉案财产；③在犯罪人死亡、潜逃或者缺席而无法对其进行起诉或者采取其他有关情形下，采取不经刑事定罪而直接没收此类涉案财产。

此处，还需要强调的是"资产返还"问题。腐败资产成功返还是资产追回的终极目标。在当前国际合作中，为了提高腐败资产所在国在资产追回上的积极性和主动性，诸多国家普遍建立了资产返还制度。腐败资产返还包括直接返还和依据协议返还两种方式。其中，直接返还是指被请求国在承认请求方对腐败资产的所有权基础上，依据相关的司法程序直接返还腐败资产。依据协议返还是指双方依据相关协作协议，根据分享比例返还腐败资产。[1]比如，我国和加拿大签署的《中国政府和加拿大政府关于分享和返还被追缴资产的协定》。

（六）信息交流

信息交流是指我国与其他国家、地区或者国际组织之间基于互利合作的原则对反腐败的信息进行交换共享。我国国家监察委员会在对外合作中起着神经中枢的重要作用，应当在加强与其他国家、地区和国际组织的信息交流，准确掌握反腐败的全球态势，服务我国反腐败工作的深入开展。笔者将"反腐败信息"概括为四大类内容：

1. 反腐败工作信息

反腐败工作信息主要是各国（地区）反腐败工作整体情况、主要数据指标以及反腐败效果情况等，以便各国（地区）了解其他国家（地区）反腐败的整体情况，并以此为镜鉴，积极调整本国国内的反腐败政策以及工作方向等。

2. 反腐败案件信息

反腐败案件信息主要到具体的反腐败个案信息，包括职务犯罪人的信息、活动信息、财产信息以及犯罪手段或者方法等，主要服务于反腐败办案工作。

---

〔1〕 比如美国对资产返还的分享按照相关国家在追缴国际合作中的"贡献"确定相应的比例：①重大协助，分享比例为50%~80%；②较大协助，分享比例为40%~50%；③提供便利，分享比例40%以下。参见黄风：《资产追回问题比较研究》，北京师范大学出版社2010年版，第143页。

3. 反腐败制度信息

反腐败机制信息主要是各国（地区）在反腐败工作建设制度性方面的信息，包括国家层面的立法信息以及具体制度机制建设信息等。

4. 反腐败知识信息

反腐败知识信息主要是各国（地区）关于反腐败的学术研究方面的知识、资料以及先进经验等信息。

附 录

中华人民共和国监察法

（2018 年 3 月 20 日第十三届全国人民代表大会
第一次会议通过）

第一章　总则

第一条　为了深化国家监察体制改革，加强对所有行使公权力的公职人员的监督，实现国家监察全面覆盖，深入开展反腐败工作，推进国家治理体系和治理能力现代化，根据宪法，制定本法。

第二条　坚持中国共产党对国家监察工作的领导，以马克思列宁主义、毛泽东思想、邓小平理论、"三个代表"重要思想、科学发展观、习近平新时代中国特色社会主义思想为指导，构建集中统一、权威高效的中国特色国家监察体制。

第三条　各级监察委员会是行使国家监察职能的专责机关，依照本法对所有行使公权力的公职人员（以下称公职人员）进行监察，调查职务违法和职务犯罪，开展廉政建设和反腐败工作，维护宪法和法律的尊严。

第四条　监察委员会依照法律规定独立行使监察权，不受行政机关、社会团体和个人的干涉。

监察机关办理职务违法和职务犯罪案件，应当与审判机关、检察机关、执法部门互相配合、互相制约。

监察机关在工作中需要协助的，有关机关和单位应当根据监察机关的要求依法予以协助。

第五条 国家监察工作严格遵照宪法和法律，以事实为根据，以法律为准绳；在适用法律上一律平等，保障当事人的合法权益；权责对等，严格监督；惩戒与教育相结合，宽严相济。

第六条 国家监察工作坚持标本兼治、综合治理，强化监督问责，严厉惩治腐败；深化改革，健全法治，有效制约和监督权力；加强法治教育和道德教育，弘扬中华优秀传统文化，构建不敢腐、不能腐、不想腐的长效机制。

第二章　监察机关及其职责

第七条 中华人民共和国国家监察委员会是最高监察机关。

省、自治区、直辖市、自治州、县、自治县、市、市辖区设立监察委员会。

第八条 国家监察委员会由全国人民代表大会产生，负责全国监察工作。

国家监察委员会由主任、副主任若干人、委员若干人组成，主任由全国人民代表大会选举，副主任、委员由国家监察委员会主任提请全国人民代表大会常务委员会任免。

国家监察委员会主任每届任期同全国人民代表大会每届任期相同，连续任职不得超过两届。

国家监察委员会对全国人民代表大会及其常务委员会负责，并接受其监督。

第九条 地方各级监察委员会由本级人民代表大会产生，负责本行政区域内的监察工作。

地方各级监察委员会由主任、副主任若干人、委员若干人组成，主任由本级人民代表大会选举，副主任、委员由监察委员会主任提请本级人民代表大会常务委员会任免。

地方各级监察委员会主任每届任期同本级人民代表大会每届任期相同。

地方各级监察委员对本级人民代表大会及其常务委员会和上一级监察委员会负责，并接受其监督。

第十条　国家监察委员会领导地方各级监察委员会的工作，上级监察委员会领导下级监察委员会的工作。

第十一条　监察委员会依照本法和有关法律规定履行监督、调查、处置职责：

（一）对公职人员开展廉政教育，对其依法履职、秉公用权、廉洁从政从业以及道德遵守情况进行监督检查；

（二）对涉嫌贪污贿赂、滥用职权、玩忽职守、权力寻租、利益输送、徇私舞弊以及浪费国家资财等职务违法和职务犯罪进行调查；

（三）对违法的公职人员依法作出政务处分决定；对履行职责不力、失职失责的领导人员进行问责；对涉嫌职务犯罪的，将调查结果移送人民检察院依法审查、提起公诉；向监察对象所在单位提出监察建议。

第十二条　各级监察委员可以向本级中国共产党机关、国家机关、法律法规授权或者委托管理公共事务的组织和单位以及所管辖的行政区域、国有企业等派驻或者派出监察机构、监察专员。

监察机构、监察专员对派驻或者派出它的监察委员会负责。

第十三条　派驻或者派出的监察机构、监察专员根据授权，按照管理权限依法对公职人员进行监督，提出监察建议，依法对公职人员进行调查、处置。

第十四条　国家实行监察官制度，依法确定监察官的等级设置、任免、考核和晋升等制度。

第三章　监察范围和管辖

第十五条　监察机关对下列公职人员和有关人员进行监察：

（一）中国共产党机关、人民代表大会及其常务委员会机关、人民政府、监察委员会、人民法院、人民检察院、中国人民政治协商会议各级委员会机关、民主党派机关和工商业联合会机关的公务员，以及参照《中华人民共和国公务员法》管理的人员；

（二）法律、法规授权或者受国家机关依法委托管理公共事务的组织中从事公务的人员；

（三）国有企业管理人员；

（四）公办的教育、科研、文化、医疗卫生、体育等单位中从事管理的人员；

（五）基层群众自治组织中从事管理的人员；

（六）其他依法履行公职的人员。

第十六条　各级监察机关按照管理权限管辖本辖区内本法第十五条规定的人员所涉监察事项。

上级监察机关可以办理下一级监察机关管辖范围内的监察事项，必要也可以办理所辖各级监察机关管辖范围内的监察事项。

监察机关之间对监察事项的管辖有争议的，由其共同的上级监察机关确定。

第十七条　上级监察机关可以将其所管辖的监察事项指定下级监察机关管辖，也可以将下级监察机关有管辖权的监察事项指定给其他监察机关管辖。

监察机关认为所管辖的监察事项重大、复杂，需要由上级监察机关管辖的，可以报请上级监察机关管辖。

第四章　监察权限

第十八条　监察机关行使监督、调查职权，有权依法向有关单位和个人了解情况，收集、调取证据。有关单位和个人应当如实提供。

监察机关及其工作人员对监督、调查过程中知悉的国家秘密、商业秘密、个人隐私，应当保密。

任何单位和个人不得伪造、隐匿或者毁灭证据。

第十九条　对可能发生职务违法的监察对象，监察机关按照管理权限，可以直接或者委托有关机关、人员进行谈话或者要求说明情况。

第二十条　在调查过程中，对涉嫌职务违法的被调查人，监察机关可以要求其就涉嫌违法行为作出陈述，必要时向被调查人出具书面通知。

对涉嫌贪污贿赂、失职渎职等职务犯罪的被调查人，监察机关可以进行讯问，要求其如实供述涉嫌犯罪的情况。

第二十一条　在调查过程中，监察机关可以询问证人等人员。

第二十二条　被调查人涉嫌贪污贿赂、失职渎职等严重职务违法或者职务犯罪，监察机关已经掌握其部分违法犯罪事实及证据，仍有重要问题需要进一步调查，并有下列情形之一的，经监察机关依法审批，可以将其留置在特定场所：

（一）涉及案情重大、复杂的；

（二）可能逃跑、自杀的；

（三）可能串供或者伪造、隐匿、毁灭证据的；

（四）可能有其他妨碍调查行为的。

对涉嫌行贿犯罪或者共同职务犯罪的涉案人员，监察机关可以依照前款规定采取留置措施。

留置场所的设置、管理和监督依照国家有关规定执行。

第二十三条　监察机关调查涉嫌贪污贿赂、失职渎职等严重职务违法或者职务犯罪，根据工作需要，可以依照规定查询、冻结涉案单位和个人的存款、汇款、债券、股票、基金份额等财产。有关单位和个人应当配合。

冻结的财产经查明与案件无关的，应当在查明后三日内解除冻结，予以退还。

第二十四条　监察机关可以对涉嫌职务犯罪的被调查人以及可能隐藏被调查人或者犯罪证据的人的身体、物品、住处和其他有关地方进行搜查。在搜查时，应当出示搜查证，并有被搜查人或者其家属等见证人在场。

搜查女性身体，应当由女性工作人员进行。

监察机关进行搜查时，可以根据工作需要提请公安机关配合。公安机关应当依法予以协助。

第二十五条 监察机关在调查过程中，可以调取、查封、扣押用以证明被调查人涉嫌违法犯罪的财物、文件和电子数据等信息。采取调取、查封、扣押措施，应当收集原物原件，会同持有人或者保管人、见证人，当面逐一拍照、登记、编号，开列清单，由在场人员当场核对、签名，并将清单副本交财物、文件的持有人或者保管人。

对调取、查封、扣押的财物、文件，监察机关应当设立专用账户、专门场所，确定专门人员妥善保管，严格履行交接、调取手续，定期对账核实，不得毁损或者用于其他目的。对价值不明物品应当及时鉴定，专门封存保管。

查封、扣押的财物、文件经查明与案件无关的，应当在查明后三日内解除查封、扣押，予以退还。

第二十六条 监察机关在调查过程中，可以直接或者指派、聘请具有专门知识、资格的人员在调查人员主持下进行勘验检查。勘验检查情况应当制作笔录，由参加勘验检查的人员和见证人签名或者盖章。

第二十七条 监察机关在调查过程中，对于案件中的专门性问题，可以指派、聘请有专门知识的人进行鉴定。鉴定人进行鉴定后，应当出具鉴定意见，并且签名。

第二十八条 监察机关调查涉嫌重大贪污贿赂等职务犯罪，根据需要，经过严格的批准手续，可以采取技术调查措施，按照规定交有关机关执行。

批准决定应当明确采取技术调查措施的种类和适用对象，自签发之日起三个月以内有效；对于复杂、疑难案件，期限届满仍有必要继续采取技术调查措施的，经过批准，有效期可以延长，每次不得超过三个月。对于不需要继续采取技术调查措施的，应当及时解除。

第二十九条 依法应当留置的被调查人如果在逃，监察机关可以决定在本行政区域内通缉，由公安机关发布通缉令，追捕归案。通缉范围超出本行者区域的，应当报请有权决定的上级监察机关决定。

第三十条　监察机关为防止被调查人及相关人员逃匿境外，经省级以上监察机关批准，可以对被调查人及相关人员采取限制出境措施，由公安机关依法执行。对不需要继续采取限制出境措施的，应当及时解除。

第三十一条　涉嫌职务犯罪的被调查人主动认罪认罚，有下列情形之一的，监察机关经领导人员集体研究，并报上一级监察机关批准，可以在移送人民检察院时提出从宽处罚的建议：

（一）自动投案，真诚悔罪悔过的；

（二）积极配合调查工作，如实供述监察机关还未掌握的违法犯罪行为的；

（三）积极退赃，减少损失的；

（四）具有重大立功表现或者案件涉及国家重大利益等情形的。

第三十二条　职务违法犯罪的涉案人员揭发有关被调查人职务违法犯罪行为，查证属实的，或者提供重要线索，有助于调查其他案件的，监察机关经领导人员集体研究，并报上一级监察机关批准，可以在移送人民检察院时提出从宽处罚的建议。

第三十三条　监察机关依照本法规定收集的物证、书证、证人证言、被调查人供述和辩解、视听资料、电子数据等证据材料，在刑事诉讼中可以作为证据使用。

监察机关在收集、固定、审查、运用证据时，应当与刑事审判关于证据的要求和标准相一致。

以非法方法收集的证据应当依法予以排除，不得作为案件处置的依据。

第三十四条　人民法院、人民检察院、公安机关、审计机关等国家机关在工作中发现公职人员涉嫌贪污贿赂、失职渎职等职务违法或者职务犯罪的问题线索，应当移送监察机关，由监察机关依法调查处置。

被调查人既涉嫌严重职务违法或者职务犯罪，又涉嫌其他违法犯罪的，一般应当由监察机关为主调查，其他机关予以协助。

第五章 监察程序

第三十五条 监察机关对于报案或者举报，应当接受并按照有关规定处理。对于不属于本机关管辖的，应当移送主管机关处理。

第三十六条 监察机关应当严格按照程序开展工作，建立问题线索处置、调查、审理各部门相互协调、相互制约的工作机制。

监察机关应当加强对调查、处置工作全过程的监督管理，设立相应的工作部门履行线索管理、监督检查、督促办理、统计分析等管理协调职能。

第三十七条 监察机关对监察对象的问题线索，应当按照有关规定提出处置意见，履行审批手续，进行分类办理。线索处置情况应当定期汇总、通报，定期检查、抽查。

第三十八条 需要采取初步核实方式处置问题线索的，监察机关应当依法履行审批程序，成立核查组。初步核实工作结束后，核查组应当撰写初步核实情况报告，提出处理建议。承办部门应当提出分类处理意见。初步核实情况报告和分类处理意见报监察机关主要负责人审批。

第三十九条 经过初步核实，对监察对象涉嫌职务违法犯罪，需要追究法律责任的，监察机关应当按照规定的权限和程序办理立案手续。

监察机关主要负责人依法批准立案后，应当主持召开专题会议，研究确定调查方案，决定需要采取的调查措施。

立案调查决定应当向被调查人宣布，并通报相关组织。涉嫌严重职务违法或者职务犯罪的，应当通知被调查人家属，并向社会公开发布。

第四十条 监察机关对职务违法和职务犯罪案件，应当进行调查，收集被调查人有无违法犯罪以及情节轻重的证据，查明违法犯罪事实，形成相互印证、完整稳定的证据链。

严禁以威胁、引诱、欺骗以及其他非法方法收集证据，严禁侮辱、打骂、虐待、体罚或者变相体罚被调查人和涉案人员。

第四十一条 调查人员采取讯问、询问、留置、搜查、调取、查封、扣押、勘验检查等调查措施，均应当依照规定出示证件，出具书面通知，由二人以上进行，形成笔录、报告等书面材料，并由相关人员签名、盖章。

调查人员进行讯问以及搜查、查封、扣押等重要取证工作，应当对全过程进行录音录像，留存备查。

第四十二条　调查人员应当严格执行调查方案，不得随意扩大调查范围、变更调查对象和事项。

对调查过程中的重要事项，应当集体研究后按程序请示报告。

第四十三条　监察机关采取留置措施，应当由监察机关领导人员集体研究决定。设区的市级以下监察机关采取留置措施，应当报上一级监察机关批准。省级监察机关采取留置措施，应当报国家监察委员会备案。

留置时间不得超过三个月。在特殊情况下，可以延长一次，延长时间不得超过三个月。省级以下监察机关采取留置措施的，延长留置时间应当报上一级监察机关批准。监察机关发现采取留置措施不当的，应当及时解除。

监察机关采取留置措施，可以根据工作需求提请公安机关配合。公安机关应当依法予以协助。

第四十四条　对被调查人采取留置措施后，应当在二十四小时以内，通知被留置人员所在单位和家属，但有可能毁灭、伪造证据，干扰证人作证或者串供等有碍调查情形的除外。有碍调查的情形消失后，应当立即通知被留置人员所在单位和家属。

监察机关应当保障被留置人员的饮食、休息和安全，提供医疗服务。讯问被留置人员应当合理安排讯问时间和时长，讯问笔录由被讯问人阅看后签名。

被留置人员涉嫌犯罪移送司法机关后，被依法判处管制、拘役和有期徒刑的，留置一日折抵管制二日，折抵拘役、有期徒刑一日。

第四十五条　监察机关根据监督、调查结果，依法作出如下处置：

（一）对有职务违法行为但情节较轻的公职人员，按照管理权限，直接或者委托有关机关、人员，进行谈话提醒、批评教育、责令检查，或者予以诫勉；

（二）对违法的公职人员依照法定程序作出警告、记过、记大过、降级、撤职、开除等政务处分决定；

（三）对不履行或者不正确履行职责负有责任的领导人员，按照管理权限对其直接作出问责决定，或者向有权作出问责决定的机关提出问责建议；

（四）对涉嫌职务犯罪的，监察机关经调查认为犯罪事实清楚，证据确实、充分的，制作起诉意见书，连同案卷材料、证据一并移送人民检察院依法审查、提起公诉；

（五）对监察对象所在单位廉政建设和履行职责存在的问题等提出监察建议。

监察机关经调查，对没有证据证明被调查人存在违法犯罪行为的，应当撤销案件，并通知被调查人所在单位。

第四十六条 监察机关经调查，对违法取得的财物，依法予以没收、追缴或者责令退赔；对涉嫌犯罪取得的财物，应当随案移送人民检察院。

第四十七条 对监察机关移送的案件，人民检察院依照《中华人民共和国刑事诉讼法》对被调查人采取强制措施。

人民检察院经审查，认为犯罪事实已经查清，证据确实、充分，依法应当追究刑事责任的，应当作出起诉决定。

人民检察院经审查，认为需要补充核实的，应当退回监察机关补充调查，必要时可以自行补充侦查。对于补充调查的案件，应当在一个月内补充调查完毕。补充调查以二次为限。

人民检察院对于有《中华人民共和国刑事诉讼法》规定的不起诉的情形的，经上一级人民检察院批注，依法作出不起诉的决定。监察机关认为不起诉的决定有错误的，可以向上一级人民检察院提请复议。

第四十八条 监察机关在调查贪污贿赂、失职渎职等职务犯罪案件过程中，被调查人逃匿或者死亡，有必要继续调查的，经省级以上监察机关批准，应当继续调查并作出结论。被调查人逃匿，在通缉一年后不能到案，或者死亡的，由监察机关提请人民检察院依照法定程序，向人民法院提出没收违法所得的申请。

　　第四十九条　监察对象对监察机关作出的涉及本人的处理决定不服的，可以在收到处理决定之日起一个月内，向作出决定的监察机关申请复审，复审机关应当在一个月内作出复审决定；监察对象对复审决定仍不服的，可以在收到复审决定之日起一个月内，向上一级监察机关申请复核，复核机关应当在二个月内作出复核决定。复审、复核期间，不停止原处理决定的执行。复核机关经审查，认定处理决定有错误的，原处理机关应当及时予以纠正。

第六章　反腐败国际合作

　　第五十条　国家监察委员会统筹协调与其他国家、地区、国际组织开展的反腐败国际交流、合作，组织反腐败国际条约实施工作。

　　第五十一条　国家监察委员会组织协调有关方面加强与有关国家、地区、国际组织在反腐败执法、引渡、司法协助、被判刑人的移管、资产追回和信息交流等领域的合作。

　　第五十二条　国家监察委员会加强对反腐败国际追讨追赃和防逃工作的组织协调，督促有关单位做好相关工作：

　　（一）对于重大贪污贿赂、失职渎职等职务犯罪案件，被调查人逃匿到国（境）外，掌握证据比较确凿的，通过开展境外追讨合作，追捕归案；

　　（二）向赃款赃物所在国请求查询、冻结、扣押、没收、追缴、返还涉案资产；

　　（三）查询、监控涉嫌职务犯罪的公职人员及其相关人员进出国（境）和跨境资金流动情况，在调查案件过程中设置防逃程序。

第七章　对监察机关和监察人员的监督

　　第五十三条　各级监察委员会应当接受本级人民代表大会及其常务委员会的监督。

各级人民代表大会常务委员会听取和审议本级监察委员会的专项工作报告，组织执法检查。

县级以上各级人民代表大会及其常务委员会举行会议时，人民代表大会代表或者常务委员会组成人员可以依照法律规定的程序，就监察工作中的有关问题提出询问或者质询。

第五十四条　监察机关应当依法公开监察工作信息，接受民主监督、社会监督、舆论监督。

第五十五条　监察机关通过设立内部专门的监督机构等方式，加强对监察人员执行职务和遵守法律情况的监督，建设忠诚、干净、担当的监察队伍。

第五十六条　监察人员必须模范遵守宪法和法律，忠于职守、秉公执法，清正廉洁、保守秘密；必须具有良好的政治素质，熟悉监察业务，具备运用法律、法规、政策和调查取证等能力，自觉接受监督。

第五十七条　对于监察人员打听案情、过问案件、说情干预的，办理监察事项的监察人员应当及时报告。有关情况应当登记备案。

发现办理监察事项的监察人员未经批准接触被调查人、涉案人员及其特定关系人，或者存在交往情形的，知情人应当及时报告。有关情况应当登记备案。

第五十八条　办理监察事项的监察人员有下列情形之一的，应当自行回避，监察对象、检举人及其他有关人员也有权要求回避：

（一）是监察对象或者检举人的近亲属的；

（二）担任过本案的证人的；

（三）本人或者其近亲属与办理的监察事项有利害关系的；

（四）有可能影响监察事项公正处理的其他情形的。

第五十九条　监察机关涉密人员离岗离职后，应当遵守脱密期管理规定，严格履行保密义务，不得泄露相关秘密。

监察人员辞职、退休三年内，不得从事与监察和司法工作相关联且可能发生利益冲突的职业。

第六十条　监察机关及其工作人员有下列行为之一的，被调查人及其近亲属有权向该机关申诉：

（一）留置法定期限届满，不予以解除的；

（二）查封、扣押、冻结与案件无关的财物的；

（三）应当解除查封、扣押、冻结措施而不解除的；

（四）贪污、挪用、私分、调换以及违反规定使用查封、扣押、冻结的财物的；

（五）其他违反法律法规、侵害被调查人合法权益的行为。

受理申诉的监察机关应当在受理申诉之日起一个月内作出处理决定。申诉人对处理决定不服的，可以在收到处理决定之日起一个月内向上一级监察机关申请复查，上一级监察机关应当在收到复查申请之日起二个月内作出处理决定，情况属实的，及时予以纠正。

第六十一条　对调查工作结束后发现立案依据不充分或者失实，案件处置出现重大失误，监察人员严重违法的，应当追究负有责任的领导人员和直接责任人员的责任。

第八章　法律责任

第六十二条　有关单位拒不执行监察机关作出的处理决定，或者无正当理由拒不采纳监察建议的，由其主管部门、上级机关责令改正，对单位给予通报批评；对负有责任的领导人员和直接负责人员依法给予处理。

第六十三条　有关人员违反本法规定，有下列行为之一的，由其所在单位、主管部门、上级机关或者监察机关责令改正，依法给予处理：

（一）不按要求提供有关材料，拒绝、阻碍调查措施实施等拒不配合监察机关调查的；

（二）提供虚假情况，掩盖事实真相的；

（三）串供或者伪造、隐匿、毁灭证据的；

（四）阻止他人揭发检举、提供证据的；

（五）其他违反本法规定的行为，情节严重的。

第六十四条　监察对象对控告人、检举人、证人或者监察人员进行报复陷害的；控告人、检举人、证人捏造事实诬告陷害监察对象的，依法给予处理。

第六十五条 监察机关及其工作人员有下列行为之一的，对负有责任的领导人员和直接负责人依法给予处理：

（一）未经批准、授权处置问题线索，发现重大案情隐瞒不报，或者私自留存、处理涉案材料的；

（二）利用职权或者职务上的影响干预调查工作、以案谋私的；

（三）违法窃取、泄露调查工作信息，或者泄露举报事项、举报受理情况以及举报人信息的；

（四）对被调查人或者涉案人员逼供、诱供，或者侮辱、打骂、虐待、体罚或者变相体罚的；

（五）违反规定处置查封、扣押、冻结的财物的；

（六）违反规定发生办案安全事故，或者发生安全事故后隐瞒不报、报告失实、处置不当的；

（七）违反规定采取留置措施的；

（八）违反规定限制他人出境，或者不按规定解除出境限制的；

（九）其他滥用职权、玩忽职守、徇私舞弊的行为。

第六十六条 违反本法规定，构成犯罪的，依法追究刑事责任。

第六十七条 监察机关及其工作人员行使职权，侵犯公民、法人和其他组织的合法权益造成损害的，依法给予国家赔偿。

第九章 附 则

第六十八条 中国人民解放军和中国人民武装警察部队开展监察工作，由中央军事委员会根据本法制定具体规定。

第六十九条 本法自公布之日起施行。《中华人民共和国行政监察法》同时废止。

国家监察委员会管辖规定（试行）

第一章　总　则

第一条　为明确国家监察委员会管辖范围，根据《中华人民共和国监察法》，结合工作实际，制定本规定。

第二条　本规定所称管辖，是指国家监察委员会对监察对象职务违法和职务犯罪进行监督调查处置的权限和分工。

第三条　国家监察委员会同中央纪律检查委员会合署办公，在党中央集中统一领导下，按照管辖职责开展监督调查处置，按照干部管理权限和属地管辖相结合的原则，实行分级分工负责。

第二章　监察对象

第四条　监察委员会监督的对象是《中华人民共和国监察法》第十五条规定的行使公权力的公职人员和有关人员，主要是指：

（一）公务员和参照公务员管理的人员，包括中国共产党各级机关的公务员；各级人民代表大会及其常务委员会机关、人民政府、监察委员会、人民法院、人民检察院的公务员；中国人民政治协商会议各级委员会机关的公务员；民主党派机关和工商业联合会机关的公务员；参照《中华人民共和国公务员法》管理的人员。

（二）法律、法规授权或者受国家机关依法委托管理公共事务的组织中从事公务的人员，包括银行保险、证券等监督管理机构的工作人员，注册会计师协会、医师协会等具有公共事务管理职能的行业协会的工作人员，以及法定检验检测检疫鉴定机构的工作人员等。

（三）国有企业管理人员，包括国有独资、控股、参股企业及其分支机构等国家出资企业中，由党组织或者国家机关、国有公司、企业、事业单位提名、推荐、任命、批准等，从事领导、组织、管理、监督等活动的人员。

（四）公办的教育、科研、文化、医疗卫生、体育等单位中从事管理的人员，包括这类单位及其分支机构中从事领导、组织、管理、监督等活动的人员。

（五）基层群众性自治组织中从事管理的人员，包括农村村民委员会、城市居民委员会等基层群众性自治组织中从事集体事务管理的人员，以及协助人民政府从事行政管理工作的人员。

（六）其他依法履行公职的人员，包括人大代表、政委委员、党代会代表、人民陪审员、人民监督员、仲裁员等；其他在国家机关、国有公司、企业、事业单位、群团组织中依法从事领导、组织、管理、监督等公务活动的人员。

第三章　监督检查和调查职务违法

第五条　国家监察委员会履行监督职责应当与党内监督有机统一，加强日常监督，运用党章党规党纪和宪法法律法规，了解掌握公职人员思想、工作、作风、生活情况，加强教育和检查，贯彻惩前毖后、治病救人的方针，深化运用监督执纪"四种形态"，抓早抓小、防微杜渐。

第六条　中央纪律检查委员会、国家监察委员会应当把监督重点，坚定维护习近平总书记党中央的核心、全党的核心地位，维护党中央权威和集中统一领导；检查贯彻执行党和国家的路线方针政策，落实全面从严治党责任、民主集中制原则以及中央八项规定精神的情况；监督检查依法履职、秉公用权、廉洁从政以及恪守社会道德规范的情况。

第七条　中央纪律检查委员会、国家监察委员会要把日常管理监督、巡视监督和派驻监督有机结合，对监督中发现的问题，要及时分类处置，了解和督促被巡视地区和单位整改落实工作。加强对派驻纪检监察组的领导和建设，督促其落实监督责任，定期约谈主要负责人，将监督工作做实做细。

第八条　派驻纪检监察组依法对被监督单位的领导班子和公职人员进行日常监督，善于运用谈话提醒和诫勉谈话等监督方式。发现领导班子和中央管理的公职人员存在问题的，应当及时向中央纪律检查委员会、国家监察委员会报告；发现其他公职人员的问题，应当会同被监督单位党组织开展调查处置，强化监督职责，发挥"探头"作用。

第九条　国家监察委员会调查公职人员在行使公权力过程中，利用职务便利实施的或者与其职务相关联的违法行为，重点调查公职人员涉嫌贪污贿赂、滥用职权、玩忽职守、权力寻租、利益输送、徇私舞弊以及浪费国家资财等职务违法行为。

第十条　国家监察委员会根据监督和调查的结果，依法对公职人员进行处置，政务处分一般应当与党纪处理有效衔接和匹配，防止畸轻畸重。

第四章　职务犯罪案件管辖范围

第十一条　国家监察委员会负责调查行使公权力的公职人员涉嫌贪污贿赂、滥用职权、玩忽职守、权力寻租、利益输送、徇私舞弊以及浪费国家资财等职务犯罪案件。

第十二条　贪污贿赂犯罪案件，包括贪污罪；挪用公款罪；受贿罪；单位受贿罪；利用影响力受贿罪；行贿罪；对有影响力的人行贿罪；对单位行贿罪；介绍贿赂罪；单位行贿罪；巨额财产来源不明罪；隐瞒境外存款罪；私分国有资产罪；私分罚没财物罪；非国家工作人员受贿罪；对非国家工作人员行贿罪；对外国公职人员、国际公共组织官员行贿罪。

第十三条　滥用职权犯罪案件，包括滥用职权罪；国有公司、企业、事业单位人员滥用职权罪；滥用管理公司、证券职权罪；食品监管渎职罪；故意泄露国家秘密罪；报复陷害罪；阻碍解救被拐卖、绑架妇女、儿童罪；帮助犯罪分子逃避处罚罪；违法发放林木采伐许可证罪；办理偷越国（边）境人员出入境证件罪；放行偷越国（边）境人员罪；挪用特定款物罪；非法剥夺公民宗教信仰自由罪；侵犯少数民族风俗习惯罪；打击报复会计、统计人员罪。

第十四条　玩忽职守犯罪案件，包括玩忽职守罪；国有公司、企业、事业单位人员失职罪；签订、履行合同失职被骗罪；国家机关工作人员签订、履行合同失职被骗罪；环境监管失职罪；传染病防治失职罪；商检失职罪；动植物检疫失职罪；不解救被拐卖、绑架妇女、儿童罪；失职造成珍贵文物损毁、流失罪；过失泄露国家秘密罪。

第十五条 徇私舞弊犯罪案件，包括徇私舞弊低价折股、出售国有资产罪；非法批准征收、征用、占用土地罪；非法低价出让国有土地使用权罪；非法经验同类营业罪；为亲友非法牟利罪；枉法仲裁罪；徇私舞弊发售发票、抵扣税款、出口退税罪；商检徇私舞弊罪；动植物检疫徇私舞弊罪；放纵走私罪；放纵制售伪劣商品犯罪行为罪；招收公务员、学生徇私舞弊罪；徇私舞弊不移交刑事案件罪；违法提供出口退税凭证罪；徇私舞弊不征、少征税款罪。

第十六条 公职人员在行使公权力过程中发生的重大责任事故犯罪案件，包括重大责任事故罪；教育设施重大安全事故罪；消防责任事故罪；重大劳动安全事故罪；强令违章冒险作业罪；不报、谎报安全事故罪；铁路运营安全事故罪；重大飞行事故罪；大型群众性活动重大安全事故罪；危险物品肇事罪；工程重大安全事故罪。

第十七条 公职人员在行使公权力过程中发生的其他犯罪案件，包括破坏选举罪；背信损害上市公司利益罪；金融工作人员购买假币、以假币换取货币罪；利用未公开信息交易罪；违法运用资金罪；违法发放贷款罪；吸收客户资金不入账罪；违规出具金融票证罪；对违法票据承兑、付款、保证罪；非法转让、倒卖土地使用权罪；私自开拆、隐匿、毁弃邮件、电报罪；职务侵占罪；挪用资金罪；故意延误投递邮件罪；泄露不应公开的案件信息罪；披露、报道不应公开的案件信息罪；接送不合格兵员罪。

第十八条 公职人员在行使公权力过程中，违反职务廉洁等规定进行权力寻租，或者为谋取政治、经济等方面的特定利益进行利益输送，构成犯罪的，适用受贿罪、行贿罪、为亲友非法牟利罪等规定。

公职人员违反科学决策、民主决策、依法决策程序，违反财经制度，浪费国家资财构成犯罪的，适用贪污罪、徇私舞弊低价折股出售国有资产罪等规定。

第十九条　公职人员既涉嫌严重职务违法或者职务犯罪，又涉嫌其他违法犯罪的案件，由国家监察委员会与最高人民检察院、公安部等机关协商解决管辖问题，一般应当由国家监察委员会为主调查，其他机关予以配合。

第二十条　几个省级监察机关都有管辖权的案件，由最初受理的监察机关管辖。必要时，可以由主要犯罪地的监察机关管辖。省级监察机关之间对案件管辖有争议的，应当报请国家监察委员会解决。

具有下列情形之一，国家监察委员会可以在职责范围内并案调查：

（一）一人犯数罪的；

（二）共同犯罪的；

（三）共同犯罪的公职人员还实施其他犯罪的；

（四）多人实施的犯罪存在关联，并案处理有利于查明事实的。

第二十一条　在诉讼监督活动中发现的司法工作人员利用职权实施的侵犯公民权利、损害司法公正的犯罪，由人民检察院管辖更为适应的可以由人民检察院管辖。

公职人员以外的其他人员涉嫌第十六条、第十七条所列犯罪和非国家工作人员受贿罪，对非国家工作人员行贿罪，对外国公职人员、国际公共组织官员行贿罪的，由公安机关管辖。

第五章　管辖分工和协调

第二十二条　国家监察委员会调查中央管理的公职人员职务违法和职务犯罪案件；有全国性影响的其他重大职务违法和职务犯罪案件。

第二十三条　国家监察委员会可以直接调查或者领导、指挥调查省级监察机关管辖的案件，必要时也可以直接办理地方各级监察机关管辖的案件。

第二十四条　国家监察委员会可以将其管辖案件指定省级监察机关管辖，也可以将省级监察机关管辖的案件指定给其他省级监察机关管辖。

地方监察机关办理国家监察委员会指定管辖的案件过程中，发现新的涉嫌职务违法或者职务犯罪线索，应当及时报送国家监察委员会。对案件涉及的重要情况、重大问题，应当及时请示报告。

第二十五条　省级监察机关认为所管辖的案件重大、复杂，需要由国家监察委员会管辖的，可以报请移送国家监察委员会管辖。国家监察委员会受理后，认为需要调查的，可以自行调查，也可以指定其他省级监察机关办理。

第二十六条　国家监察委员会在调查中指定异地管辖，需要在异地起诉、审判的，应当在移送审查起诉前与人民检察院、人民法院协商指定管辖等相关事宜。

第二十七条　中央纪律检查委员会、国家监察委员会派驻纪检监察组负责调查被监督单位非中央管理的局级及以下公职人员的职务违法和职务犯罪案件，派驻纪检监察组可以与北京市监察委员会联合开展调查。

第二十八条　派驻纪检监察组调查其所管辖的职务犯罪案件，认为由北京市监察委员会调查更为适宜的，应当经驻在单位党组（党委）同意，并向国家监察委员会报备后，移交北京市监察委员会调查。北京市监察委员会根据具体情况决定自行调查或者指定下级监察机关调查。

北京市监察委员会认为有依法需要回避等情形的，应当报请国家监察委员会指定其他监察机关管辖。

北京市监察委员会作出立案调查决定的，对调查过程中的重要情况，应当及时通报派驻纪检监察组；作出不予立案调查或者撤销案件等决定的，应当征求派驻纪检监察组的意见。派驻纪检监察组应当将上述情况及时向国家监察委员会对口联系纪检监察室报备，纪检监察室接报后，应当及时向分管领导同志报告。

第二十九条　工作地点在地方、干部管理权限在主管部门的公职人员涉嫌职务违法或者职务犯罪的，由派驻该单位的纪检监察组管辖。派驻纪检监察组认为由其工作所在地监察机关调查更为适宜的，应当及时向其工作所在地有关监察机关协商决定，并履行相应的审批程序。

第三十条　本规定由国家监察委员会负责解释。

第三十一条　本规定自发布之日起施行。

国家监察委员会与最高人民检察院
办理职务犯罪案件工作衔接办法

为加强党对反腐败工作的集中统一领导，促进国家监察委员会和最高人民检察院在办理职务犯罪案件过程中互相配合、互相制约，建立权威高效、衔接顺畅的工作机制，根据《中华人民共和国监察法》《中华人民共和国刑事诉讼法》，结合工作实际，制定本办法。

第一章　国家监察委员会案件审理

第一条　案件调查部门收集、固定、审查被调查人涉嫌职务犯罪的供述和辩解、证人证言、物证、书证等证据材料，应严格遵循刑事审判关于证据的要求和标准。

首次讯问、询问时应当告知被调查人、证人有关权利义务等事项；讯问、询问应当制作完整的笔录，注明具体起止时间、地点，并由调查人员和被调查人、证人签名；对关键事实，一般应制作多份笔录，由被调查人书写自书材料。不得在多份笔录之间相互复制；避免提示性、诱导性提问。

讯问以及搜查、查封、扣押等重要取证工作应全程同步录音录像。

第二条　经调查，被调查人涉嫌职务犯罪事实清楚、证据确实充分，需要追究刑事责任的，调查部门应形成调查报告、《起诉意见书》和移送审理的请示，按程序报批后，连同全部案卷、同步录音录像等材料一并移送案件审理室。对被调查人采取留置措施的，应在留置期限届满 30 日前移送审理。

调查报告应载明被调查人的基本情况、调查简况、涉嫌职务犯罪事实、被调查人的态度和认识、涉案款物情况、调查部门意见、法律依据以及是否移送检察机关依法提起公诉等内容。将被调查人忏悔反思材料、涉案款物报告、《起诉建议书》等材料作为附件。

《起诉建议书》应载明被调查人基本情况，调查简况，采取留置措施的时间，涉嫌职务犯罪事实以及证据，被调查人从重、从轻、减轻等情节，提出对被调查人起诉的理由和法律依据，采取强制措施的建议，并注明移送案卷数及涉案款物等内容。

第三条 被调查人涉嫌职务犯罪的案卷材料应参照刑事诉讼要求装订成卷，并按照犯罪事实分别组卷。一般应包括全部证据、法律手续和文书等材料：

（一）证据材料。包括主体身份材料，被调查人供述和辩解，证人证言，物证，书证，视听资料，电子数据，鉴定意见，勘验、检查、搜查笔录等。

（二）法律手续和文书。包括立案决定书、留置决定书、留置通知书、查封、扣押、限制出境等相关文书。

（三）被调查人到案经过等材料。包括被调查人如何到案，调查部门接触被调查人之前是否掌握其犯罪线索、掌握何种犯罪线索，被调查人是否如实供述犯罪事实、供述何种犯罪事实，被调查人是否有自动投案、检举揭发等从宽处罚情形的说明以及相关证据材料。

报请领导审批的内部审批文件，另行归入违纪违法问题案卷。

第四条 案件审理室收到调查部门移送的报告及全部案卷材料后，经审核符合移送条件的，按程序报批后予以受理；经审核不符合要求的，按程序报批后，可暂缓受理或者不予受理，并通知调查部门及时补充、更正。

第五条 调查取证工作基本结束，已经查清涉嫌职务犯罪主要事实并提出倾向性意见，但存在重大、疑难、复杂问题等情形的，案件审理室可以提前介入审理。

需提前介入审理的，调查部门应在正式移送审理10日前提出，与案件审理室沟通，并报双方分管领导批准后实施。调查部门应将相关情况及时告知案件监督管理室。

第六条 案件审理室受理案件后，应当成立2人以上组成的审理组，全面审理案卷材料，按照事实清楚、证据确凿、定性准确、处理恰当、手续完备、程序合法的要求，提出审理意见。

案件审理室根据案件审理情况，可以与被调查人谈话，核对违纪和违法犯罪事实，听取辩解意见，了解有关情况。

第七条　审理中，对存在主要事实不清、证据不足等问题的，按程序报批后，由案件审理室退回调查部门重新调查。

对基本事实清楚，但需要补充完善证据的，按程序报批后，由案件审理室退回调查部门补充调查。

重新调查或者补充调查结束后，调查部门应及时将补证情况报告及相关材料移送案件审理室。

第八条　审理形成审理意见后应当报请案件审理室室务会议讨论。

案件审理室与调查部门就重大问题意见不一致的，由分管案件审理室的委领导主持召开审理协调会议，对有关问题进行研究。

第九条　审理工作结束后，案件审理室应形成审理报告，并在审查调查部门《起诉建议书》的基础上形成《起诉意见书》，作为审理报告附件，按程序报批后，提请审议。

第十条　审理报告应载明被调查人的基本情况、调查简况、违纪违法或者涉嫌职务犯罪的事实、被调查人的态度和认识、涉案款物情况、调查部门意见，并提出给予处分、涉案款物处置以及是否移送检察机关依法提起公诉等审理意见。

第十一条　国家监察委员会根据工作需要，设立法律专家咨询委员会。

对案件涉及专业技术问题或者具体业务政策、规定的，按程序报批后，可以向法律专家咨询委员会咨询。根据需要，可以采取会议或者书面等方式咨询。

在审理阶段，对存在重大、疑难、复杂问题等情形的，按程序报批后，由案件审理室组织法律专家咨询委员会论证。参加论证人员应当对论证问题提出书面意见，并由法律专家委员会形成会议纪要。

咨询、论证工作必须严格遵循保密规定，相关人员应严格履行保密义务。

第二章　最高人民检察院提前介入工作

第十二条　国家监察委员会办理的重大、疑难、复杂案件在进入案件审理阶段后，可以书面商请最高人民检察院派员介入。

第十三条　最高人民检察院在收到提前介入书面通知后，应当及时指派检察官带队介入，并成立工作小组。

第十四条　工作小组应当在 15 日内审核案件材料，对证据标准、事实认定、案件定性及法律适用提出书面意见，对是否需要采取强制措施进行审查。

书面意见应当包括提前介入工作的基本情况、审查认定的事实、定性意见、补正意见以及需要研究和说明的问题等内容。

第十五条　国家监察委员会案件审理室对最高人民检察院工作小组书面意见审核后，需要补正的，按程序报批后，及时交由调查部门进行补正。补正工作结束后，调查部门应当形成补正情况报告，并将调取的证据材料装订成卷后，一并移送案件审理室。

第三章　国家监察委员会向最高人民检察院移送案件

第十六条　国家监察委员会决定移送的案件，案件审理室应当将《起诉意见书》及时移交案件监督管理室，由案件监督管理室出具移送函，连同《起诉意见书》一并移送最高人民检察院。由调查部门负责移送被调查人、全部案卷材料、涉案款物等。案件移送前，应当按程序报批后作出党纪处分、政务处分决定，需要终止人大代表资格的，应当提请有关机关终止人大代表资格。案件移送最高人民检察院后，国家监察委员会调查部门应当跟踪了解案件办理情况，发现问题及时报告，不得违规过问、干预案件办理工作。

第十七条　《起诉意见书》主要内容包括：

（一）被调查人基本情况；

（二）案件来源及立案；

（三）留置的时间；

（四）依法查明的犯罪事实和证据清单；

（五）被调查人从重、从轻、减轻等情节；

（六）涉案款物情况；

（七）涉嫌罪名和法律依据；

（八）对被调查人采取强制措施的建议；

（九）其他需要说明的情况。

第十八条　对调查人采取留置措施的，国家监察委员会应当在正式移送起诉 10 日前书面通知最高人民检察院移送事宜。

案件材料移送路途时间不计入办案期限。

第十九条　国家监察委员调查的职务犯罪案件需要在异地起诉、审判的，一般应当在移送起诉 20 日前，由最高人民检察院商最高人民法院办理指定管辖事宜，并由最高人民检察院向国家监察委员会通报。

第四章　检察机关审查起诉

第二十条　对于国家监察委员会移送的案件，最高人民检察院案件管理部门接收案卷材料后，应当立即审查下列内容：

（一）案卷材料齐备、规范，符合有关规定的要求；

（二）移送的款项或者物品与移送清单相符；

（三）被调查人在案情况。

第二十一条　最高人民检察院案件管理部门认为具备条件的，应当及时进行登记，并立即将案卷材料移送公诉部门办理；认为不具备受理条件的，应当商国家监察委员会相关部门补送材料。

第二十二条　最高人民检察院公诉部门经审查认为有犯罪事实需要追究刑事责任的，应当立即决定采取强制措施，并与国家监察委员会调查部门办理交接手续。国家监察委员会对被调查人的留置措施自其被检察机关采取强制措施之时自动解除。

最高人民检察院公诉部门在审查期间，检察官应当持《起诉意见书》和检察提讯证提讯犯罪嫌疑人。

对于正在被留置的被调查人，一般应当予以逮捕。如果犯罪嫌疑人涉嫌的罪行较轻，或者患有严重疾病、生活不能自理，是怀孕或者正在哺乳自己婴儿的妇女，不逮捕不致发生社会危险性的，可以采取取保候审或者监视居住措施。

第二十三条 对于确定指定管辖的，应当综合考虑当地人民检察院、人民法院、看守所等的办案力量、办案场所以及交通等因素决定，一般应当指定人民检察院分院、州、市、人民检察院审查起诉。

对于一人犯数罪、共同犯罪、多个犯罪嫌疑人实施的犯罪相关联，并案处理有利于查明案件事实和诉讼进行的，可以并案指定由同一人民检察院审查起诉。

第二十四条 最高人民检察院作出指定管辖决定后，应当在10日内将案卷材料交由被指定的人民检察院办理。

被指定的人民检察院应当重新作出强制措施决定。犯罪嫌疑人被采取监视居住、逮捕措施的，最高人民检察院应当与被指定的人民检察院办理移交犯罪嫌疑人的手续。

第二十五条 被指定的人民检察院应当自收到案卷材料之日起3日内，告知犯罪嫌疑人有权委托辩护人，并告知其如果经济困难或者其他原因没有聘请辩护人的，可以依法申请法律援助。

第二十六条 被指定的人民检察院审查移送起诉的案件，应当查明：

（一）犯罪嫌疑人身份状况是否清楚，包括姓名、性别、国籍、出生年月日、职业和单位等；单位犯罪的，单位的相关情况是否清楚；

（二）犯罪事实、情节是否清楚；实施犯罪的时间、地点、手段、犯罪事实、危害后果是否明确；

（三）认定犯罪性质和罪名的意见是否正确；有无法定的从重、从轻、减轻或者免除处罚的情节及酌定从重、从轻情节；共同犯罪案件的犯罪嫌疑人在犯罪活动中的责任的认定是否恰当；

（四）证明犯罪事实的证据材料包括采取技术调查措施的决定书及证据材料是否随案移送；证明相关财产系违法所得的证据材料是否随案

移送；不宜移送的证据的清单、复制件、照片或者其他证明文件是否随案移送；

（五）证据是否确实、充分，是否依法收集，有无应当排除非法证据的情形；

（六）调查的各种手续和文书是否完备；

（七）有无遗漏罪行和其他应当追究刑事责任的人；

（八）是否属于不应当追究刑事责任的；

（九）有无附带民事诉讼；对于国家财产、集体财产遭受损失的，是否需要由人民检察院提起附带民事诉讼；

（十）涉案财物是否查封、扣押、冻结并妥善保管，清单是否齐备；对被害人合法财产的返还和对违禁品或者不宜长期保存的物品的处理是否妥当，移送的证明文件是否完备；

（十一）其他需要审查的事项。

第二十七条　国家监察委员会调查取得的证据材料，可以在刑事诉讼中作为证据使用。被指定的人民检察院应当对取证合法性进行审查。

国家监察委员会对调查过程的录音、录像不随案移送最高人民检察院。最高人民检察院认为需要调取与指控犯罪有关并且需要对证据合法性进行审查的讯问录音录像，可以同国家监察委员会沟通协商后予以调取。所有因案件需要接触录音、录像的人员，应当对录音、录像的内容严格保密。

第二十八条　被指定的人民检察院在审查起诉过程中，发现需要补充提供证据的，可以列明需补充证据的目录及理由，由最高人民检察院同国家监察委员会沟通协商。

第二十九条　在审查起诉阶段，被指定的人民检察院认为可能存在非法取证行为，需要调查核实的，应当报最高人民检察院批准。

第三十条　被指定的人民检察院可以采取以下方式进行调查核实：

（一）讯问犯罪嫌疑人；

（二）询问在场人员及证人；

（三）听取辩护律师意见；

（四）进行伤情、病情检查或者鉴定；

（五）其他调查核实方式。

被指定的人民检察院认为需要国家监察委员会对证据收集的合法性作出书面说明或者提供相关证明材料，应当报最高人民检察院，由最高人民检察院同国家监察委员会沟通协商。

第三十一条 最高人民检察院对于调取讯问录音录像、体检记录等材料的申请，经审查认为申请调取的材料与证明证据收集的合法性有联系的，应当同国家监察委员会沟通协商；认为与证明证据收集的合法性没有联系的，应当决定不予调取。

第三十二条 被指定的人民检察院调查完毕后，应当提出排除或者不排除非法证据的处理意见，报最高人民检察院批准决定。最高人民检察院经与国家监察委员会沟通协商后，作出决定。

被排除的非法证据应当随案移送，并写明为依法排除的非法证据。

第三十三条 被指定的人民检察院对案件进行审查后，认为犯罪嫌疑人的犯罪事实已经查清，证据确实、充分，依法应当追究刑事责任的，应当报最高人民检察院批准后，作出起诉决定，并由最高人民检察院向国家监察委员会通报。对拟作不起诉决定，或者改变犯罪性质、罪名的，应当报最高人民检察院，由最高人民检察院与国家监察委员会沟通协商。

第三十四条 对国家监察委员会移送的案件，最高人民检察院公诉部门应当与最高人民法院相关审判庭共同制定审判预案，对可能出现的突发情况和问题提出应对措施，保证起诉、审判等工作顺利进行。对案件涉及重大复杂敏感问题的，应当及时与国家监察委员会沟通协商，必要时提请中央政法委员会协调，确保案件办理的政治效果、法律效果和社会效果。

第三十五条 国家监察委员会调查的案件，被调查人逃匿，在通缉一年后不能到案，或者死亡，依照刑法规定应当追缴其违法所得及其他涉案财产的，国家监察委员会应当写出没收违法所得意见书，连同相关证据材料一并移送最高人民检察院。

国家监察委员会在移送没收违法所得意见书之前，应当与最高人民检察院、最高人民法院协商办理指定管辖有关事宜。

第三十六条　对于国家监察委员会移送的没收违法所得案件，被指定的人民检察院拟提出没收违法所得申请的，应当报最高人民检察院批准。在审查过程中认为需要补充证据的，或者拟作不提出没收违法所得申请的，应当报最高人民检察院，由最高人民检察院同国家监察委员会沟通协商。

第五章　退回补充调查和自行补充侦查

第三十七条　移送审查起诉的案件，犯罪事实不清、证据不足的，应当退回国家监察委员会补充调查。被指定的人民检察院经审查，拟退回补充调查的，应当报最高人民检察院批准。最高人民检察院在作出决定前，应当与国家监察委员会沟通协商，具体由最高人民检察院公诉部门和国家监察委员会案件审理室进行对接。

需要退回补充调查的案件，应当以最高人民检察院的名义出具退回补充调查决定书、补充调查提纲，连同案卷材料由最高人民检察院一并送交国家监察委员会案件监督管理室。

第三十八条　最高人民检察院决定退回补充调查的案件，补充调查期间，犯罪嫌疑人沿用人民检察院作出的强制措施。被指定的人民检察院应当将退回补充调查情况书面通知看守所。国家监察委员会需要讯问被调查人的，被指定的人民检察院应当予以配合。

第三十九条　对于退回国家监察委员会补充调查的案件，调查部门应当在一个月内补充调查完毕并形成补充调查报告，经案件审理室审核后按程序报批。

补充调查以二次为限。

补充调查结束后需要提起公诉的，应当由国家监察委员会重新移送最高人民检察院。审查起诉期限重新计算。

第四十条　被指定的人民检察院经审查，认为本案定罪量刑的基本犯罪事实已经查清，但具有下列情形之一的，经报最高人民检察院批准，并同时通报国家监察委员会后，可以自行补充侦查：

（一）证人证言、犯罪嫌疑人供述和辩解、被害人陈述的内容主要情节一致，个别情节不一致且不影响定罪量刑的；

（二）书证、物证等证据材料需要补充鉴定的；

（三）其他由被指定的人民检察院查证更为便利、更有效率、更有利于查清案件事实的情形。

第四十一条 自行补充侦查的案件，应当在审查起诉期间补充侦查完毕。

被指定的人民检察院自行补充侦查的，可以由最高人民检察院商国家监察委员会提供协助。

自行补充侦查完毕后，被指定的人民检察院应当制作补充侦查终结报告并附相关证据材料，报最高人民检察院批准后入卷，同时抄送国家监察委员会。

第四十二条 被指定的人民检察院发现新的职务犯罪线索的，应当在3日内报最高人民检察院。经批准后，通过最高人民检察院转交国家监察委员会。

第四十三条 被指定的人民检察院经审查发现有下列情形的，经报最高人民检察院批准，分别作出如下处理：

（一）犯罪嫌疑人没有犯罪事实，或者有《中华人民共和国刑事诉讼法》第十五条规定的情形之一的，可以将案件退回国家监察委员会处理，也可以作出不起诉决定；

（二）经二次退回补充调查仍然认为证据不足，不符合起诉条件的，应当作出不起诉决定；

（三）犯罪情节轻微，依照刑法规定不需要判处刑罚或者免除刑罚的，可以作出不起诉决定。

最高人民检察院在批准不起诉决定前，应当与国家监察委员会沟通协商。

第四十四条 不起诉决定书应当由被指定的人民检察院作出，通过最高人民检察院送达国家监察委员会。国家监察委员会认为不起诉决定书确有错误的，应当在收到不起诉决定书后 30 日内向最高人民检察院申请复议。

第四十五条　对于国家监察委员会对不起诉决定申请复议的案件，最高人民检察院应当另行指定检察官审查提出意见，并自收到复议申请后 30 日内，经由检察长或者检察委员会决定后，以最高人民检察院的名义答复国家监察委员会。

最高人民检察院的复议决定可以撤销或者变更原有不起诉决定，交由下级人民检察院执行。

第四十六条　人民检察院决定不起诉的案件，对国家监察委员会随案移送的涉案财产，经最高人民检察院批准，应当区分不同情形，作出相应处理：

（一）因犯罪嫌疑人死亡而决定不起诉，符合《中华人民共和国刑事诉讼法》第二百八十条规定的没收程序条件的，按照本办法的相关规定办理；

（二）因其他原因决定不起诉，对于查封、扣押、冻结的犯罪嫌疑人违法所得及其他涉案财产需要没收的，应当提出检察意见，退回国家监察委员会处理；

（三）对于冻结的犯罪嫌疑人存款、汇款、债券、股票、基金份额等财产，能够查明需要返还被害人的，可以通知金融机构返还被害人；对于查封、扣押的犯罪嫌疑人的违法所得及其他涉案财产能够查明需要返还被害人的，直接决定返还被害人。

最高人民检察院批准上述决定前，应当与国家监察委员会沟通。

公职人员政务处分暂行规定

第一条 为了规范监察机关的政务处分工作，促进所有行使公权力的公职人员（以下简称公职人员）依法履职、秉公用权、廉洁从政从业、坚持道德操守，根据《中华人民共和国监察法》，制定本规定。

第二条 公职人员有违法违规行为应当承担法律责任的，在国家有关公职人员政务处分的法律出台前，监察机关可以根据被调查的公职人员的具体身份，依照相关法律、法规，国务院决定和规章对违法行为及其适用处分的规定，给予政务处分。

第三条 监察机关实施政务处分的依据，主要包括《中华人民共和国监察法》《中华人民共和国公务员法》《中华人民共和国法官法》《中华人民共和国检察官法》《中华人民共和国企业国有资产法》《行政机关公务员处分条例》《事业单位人事管理条例》《事业单位工作人员处分暂行规定》《国有企业领导人廉洁从业若干规定》以及《农村基层干部廉洁履行职责若干规定（试行）》等。

第四条 公职人员依法履行职务的行为受法律保护，非因法定事由，非经法定程序，不受政务处分。

第五条 给予公职人员政务处分，应当坚持法律面前一律平等，实事求是、公平公正，做到事实清楚、证据确凿、定性准确、处理恰当、程序合法、手续完备；坚持民主集中制，集体讨论决定；坚持惩前毖后、治病救人方针，与违法行为的性质、情节、危害程度相适应。

第六条 监察机关对违法的公职人员可以依法作出警告、记过、记大过、降级、撤职、开除等政务处分决定。

公职人员政务处分的期间、政务处分适用规则，可以根据被调查的公职人员的具体身份情况，适用法律、法规、国务院决定和规章。

第七条 公职人员中的中共党员严重违犯党纪涉嫌犯罪的，应当由党组织先作出党纪处分决定，并由监察机关依法给予政务处分后，再依法追究其刑事责任。

非中共党员的公职人员涉嫌犯罪的，应当先由监察机关依法给予政务处分，再依法追究刑事责任。

公职人员中的中共党员依法受到行政处罚和刑事责任追究的，党组织、监察机关可以根据生效的行政处罚决定和司法机关的生效判决、裁定、决定及其认定的事实、性质和情节，依纪依法给予党纪、政务处分。

第八条　监察机关对公职人员中的中共党员给予政务处分，一般应当与党纪处分的轻重程度相匹配。其中，受到撤销党内职务、留党察看处分的，如果担任公职，应当依法给予其撤职等政务处分。严重违犯党纪、严重触犯刑律的公职人员必须依法开除公职。

第九条　对基层群众性自治组织、国有企业等单位中从事管理的人员，或者未列入国家机关人员编制的受国家机关依法委托管理公共事务的组织中从事公务的人员、其他依法履行公职的人员，监察机关可以依法采取下列处理措施：

（一）依据《中华人民共和国监察法》采取谈话提醒、批评教育、责令检查、诫勉；

（二）依据本规定第三条有关法规采取警示谈话、通报批评、停职检查、责令辞职。

对前款人员，监察机关可以依法向有关机关、单位提出下列监察建议：

（二）调离岗位、降职、免职、罢免。

上述处理措施可以单独使用，也可以合并使用。

第十条　公职人员受到开除以外的政务处分，在受处分期间有悔改表现，并且没有再发生违法行为的，处分期满后自动解除。

事业单位工作人员在受处分期间有重大立功表现，按照有关规定给予个人记功以上奖励的，经作出处分决定的监察机关批准后，可以提前解除处分。

处分解除后，受处分的公职人员不再受原处分影响。受到降级或者撤职处分的，处分解除不视为恢复原级别、原职务。

第十一条 对公职人员给予政务处分，由监察机关按照管理权限依法作出决定。有下列情形的，应当履行有关手续：

（一）对经各级人民代表大会及其常务委员会选举或者决定任命的公职人员给予撤职、开除处分的，应当先由人民代表大会及其常务委员会依法罢免、撤销或者免去其职务，再由监察机关依法作出处分决定。

（二）对经中国人民政治协商会议各级委员会全体会议及其常务委员会选举或者决定任命的公职人员给予撤职、开除处分的，应当先由政协全体会议及其常务委员会免去其职务后，再由监察机关依法作出处分决定。

（三）对各级人大代表、政协委员给予政务处分，应当向其所在的人大常委会或者政协常委会通报。

（四）对基层群众性自治组织中从事管理的人员给予责令辞职等处理的，由县级监察机关向其所在的基层群众性自治组织及上级管理单位（机构）提出建议。

第十二条 公职人员有违法行为，已经被立案调查，不宜继续履行职责的，监察机关可以决定暂停其履行职务。

被调查的公职人员在被监察机关立案调查期间，不得交流、出境、辞去公职或者办理退休手续。监察机关应当在立案决定书中写明上述要求，并告知被调查人所在单位。

第十三条 监察机关经过调查、审理，决定给予公职人员政务处分或者免予处分的，按照下列程序办理：

（一）将调查认定的事实及拟给予政务处分的依据告知被调查的公职人员，听取其陈述和申辩，并对其陈述的事实、理由和证据进行复核，记录在案。被调查的公职人员提出的事实、理由和证据成立的，应予采信；

（二）按照处分决定权限，履行审批手续后，作出对该公职人员给予处分或者免予处分的决定；

（三）印发政务处分决定；

（四）将政务处分决定送达受处分人和所在单位，并在一定范围内宣布；

（五）对于受到降级以上政务处分的，应当在一个月内办理职务、工资及其他有关待遇等相应变更手续；

（六）将政务处分决定存入受处分公职人员的档案。

政务处分决定的内容和生效日期，参照《行政机关公务员处分条例》有关规定执行。给予开除以外政务处分的，应当在处分决定中写明处分期间。

第十四条　监察机关对本级党委管理的公职人员依法作出政务处分决定后，除依照本规定第十三条送达受处分人所在单位执行外，还应当根据受处分人的具体身份函告相应的机关或者群团组织等单位。

受处分人系民主党派和无党派人士的，同时函告本级党委统战部以及相应的民主党派机关或者相关单位。

第十五条　公职人员受到开除处分后，其本人档案按照国家有关规定转递管理。

第十六条　对公职人员不服政务处分决定的复审、复核，按照《中华人民共和国监察法》的规定办理。变更、撤销政务处分的情形和法律后果，根据受处分的公职人员的具体身份，依照或者参照《行政机关公务员处分条例》《事业单位工作人员处分暂行规定》等规定执行。

第十七条　对公职人员不履行或者不正确履行职责负有管理责任的领导人员，监察机关可以依据或者参照《中国共产党问责条例》《关于实行党政领导干部问责的暂行规定》等规定，按照管理权限对其作出通报批评、诫勉、停职检查、责令辞职等问责决定，或者向有权作出问责决定的机关提出降职、免职等问责建议。

第十八条　有违法行为应当受到政务处分的公职人员，在监察机关作出处分决定前已经退休的，不再给予处分；监察机关可以对其立案调查，依法应当给予降低、撤职、开除处分的，应当按照规定降低或者取消其享受的待遇。

有违法行为应当受到政务处分的公职人员，在监察机关作出处分决定前已经辞去公职或者死亡的，不再给予处分，但是监察机关可以立案调查，对其违法取得的财物和用于违法的财物，依照本规定第二十一条处理。

第十九条　公职人员有违法行为的，任免机关、单位可以履行主体责任，依照《中华人民共和国公务员法》等规定，对公职人员给予处分。

对公职人员的同一违法行为，监察机关已经给予政务处分的，任免机关、单位不再给予处分；任免机关、单位已经给予处分的，监察机关不再给予政务处分。

第二十条　下级监察机关根据上级监察机关的指定管辖决定，对不属于本监察机关管辖范围的监察对象立案调查的，应当按照管理权限交有处分权的监察机关依法作出政务处分决定，或者交由其任免机关、单位给予处分。

第二十一条　公职人员违法取得的财物和用于违法的财物，除依法应当由其他机关没收、追缴或者责令退赔的，由监察机关没收、追缴或者责令退赔。违法取得的财物应当退还原所有人或者原持有人的，予以退还；属于国家财产以及不应当退还或者无法退还原所有人或者原持有人的，上缴国库。

第二十二条　本规定由中央纪律检查委员会、国家监察委员会负责解释。

第二十三条　本规定自发布之日起施行。

国家监察委员会特约监察员工作办法

第一章　总　则

第一条　为深化国家监察体制改革，充分发挥中央纪律检查委员会和国家监察委员会合署办公优势，推动监察机关依法接受民主监督、社会监督、舆论监督，规范特约监察员工作，根据《中华人民共和国监察法》，制定本办法。

第二条　特约监察员是国家监察委员会根据工作需要，按照一定程序优选聘请，以兼职形式履行监督、咨询等相关职责的公信人士。

特约监察员主要从全国人大代表中优选聘请，也可以从全国政协委员，中央和国家机关有关部门工作人员，各民主党派成员、无党派人士，企业、事业单位和社会团体代表，专家学者，媒体和文艺工作者，以及一线代表和基层群众中优选聘请。

第三条　特约监察员工作应当坚持以习近平新时代中国特色社会主义思想为指导，聚焦中央纪委检查委员会和国家监察委员会中心工作，专注服务于全面从严治党、党风廉政建设和反腐败工作大局，着重发挥对监察机关及其工作人员的监督作用，着力发挥参谋咨询、桥梁纽带、舆论引导作用。

第二章　聘请、换届、解聘

第四条　特约监察员应当具备下列条件：

（一）坚持中国共产党领导和拥护党的路线、方针、政策，走中国特色社会主义道路，遵守中华人民共和国宪法和法律、法规，具有中华人民共和国国籍；

（二）有较高的业务素质，具备与履行职责相应的专业知识和工作能力，在各自领域有一定代表性和影响力；

（三）热心全面从严治党、党风廉政建设和反腐败工作，有较强的责任心，认真履行职责，热爱特约监察员工作；

（四）坚持原则、实事求是，密切联系群众，公正廉洁、作风正派，遵守职业道德和社会公德；

（五）身体健康。

第五条 受到党纪处分、政务处分、刑事处罚的人员，以及其他不适宜担任特约监察员的人员，不得聘请为特约监察员。

第六条 特约监察员的聘请由国家监察委员会依照下列程序进行：

（一）根据工作需要，会同有关部门、单位提出特约监察员推荐人选，并征得被推荐人所在单位及本人同意；

（二）会同有关部门、单位对特约监察员推荐人选进行考察；

（三）经中央纪委国家监委对考察情况进行研究，确定聘请特约监察员人选；

（四）聘请人选名单及意见抄送特约监察员所在单位及推荐单位，并在中央纪委国家监委组织部备案；

（五）召开聘请会议，颁发聘书，向社会公布特约监察员名单。

第七条 特约监察员在国家监察委员会领导班子产生后换届，每届任期与本届领导班子任期相同，连续任职一般不超过两届。

特约监察员受聘期满自然解聘。

第八条 特约监察员具有下列情形之一的，国家监察委员会会商推荐单位予以解聘，由推荐单位书面通知本人及所在单位：

（一）受到党纪处分、政务处分、刑事处罚的；

（二）因工作调整、健康状况等原因不宜继续担任特约监察员的；

（三）本人申请辞任特约监察员的；

（四）无正当理由连续一年不履行特约监察员职责和义务的；

（五）有其他不宜继续担任特约监察员的情形的。

第三章　职责、权利、义务

第九条 特约监察员履行下列职责：

（一）对纪检监察机关及其工作人员履行职责情况进行监督，提出加强和改进纪检监察工作的意见、建议；

（二）对制定纪检监察法律法规、出台重大政策、起草重要文件、提出监察建议等提供咨询意见；

（三）参见国家监察委员会组织的调查研究、监督检查、专项工作；

（四）宣传纪检监察工作方针、政策和成效；

（五）办理国家监察委员会委托的其他事项。

第十条　特约监察员履行职责享有下列权利：

（一）了解国家监察委员会和各省、自治区、直辖市监察委员会开展监察工作、履行监察职责情况，提出意见、建议和批评；

（二）根据履职需要并按程序报批后，查阅、获得有关文件和材料；

（三）参加或者列席国家监察委员会组织的有关会议；

（四）参加国家监察委员会组织的有关业务培训；

（五）了解、反映有关行业、领域廉洁从政从业情况及所提意见建议办理情况；

（六）受国家监察委员会委托开展工作时，享有与受托工作相关的法定权限。

第十一条　特约监察员应当履行下列义务：

（一）模范遵守宪法和法律，保守国家秘密、工作秘密以及因履行职责掌握的商业秘密和个人隐私，廉洁自律、接受监督；

（二）学习、掌握有关纪律监察法律法规和业务；

（三）参加国家监察委员会组织的活动，遵守国家监察委员会有关工作制度，按照规定的权限和程序认真履行职责；

（四）履行特约监察员职责过程中，遇有利益冲突情形时主动申请回避；

（五）未经国家监察委员会同意，不得以特约监察员身份发表言论、出版著作，参加有关社会活动；

（六）不得以特约监察员身份谋取任何私利和特权。

第四章　履职保障

第十二条　国家监察委员会为特约监察员依法开展对监察机关及其工作人员监督等工作提供必要的工作条件和便利。

第十三条　国家监察委员会特约监察员因履行本办法规定职责所支出的相关费用，由国家监察委员会按规定核报。

特约监察员履行本办法规定职责所需经费，列入国家监察委员会业务经费保障范围。

第十四条　国家监察委员会负责特约监察员工作的办事机构设在办公厅，履行下列职责：

（一）统筹协调特约监察员相关工作，完善工作机制，制定工作计划，对国家监察委员会相关部门落实特约监察员工作机制和计划情况进行督促检查，总结、报告特约监察员年度工作情况；

（二）组织开展特约监察员聘请、解聘等工作；

（三）组织特约监察员参加有关会议或者活动，定期开展走访，通报工作、交流情况，听取意见、建议；

（四）受理、移送、督办特约监察员提出的意见、建议和批评，并予以反馈；

（五）协调有关部门，定期向特约监察员提供有关刊物、资料，组织开展特约监察员业务培训；

（六）承担监察机关特约监察员工作的联系和指导，组织经验交流，加强和改进特约监察员工作；

（七）对特约监察员进行动态管理和考核；

（八）加强与特约监察员所在单位及推荐单位的沟通联系，了解特约监察员工作情况，反馈特约监察员履职情况，并征求意见、建议；

（九）办理其他相关工作。

第十五条　特约监察员不脱离本职工作岗位，工资、奖金、福利待遇由所在单位负责。

第五章　附　则

第十六条　本办法由国家监察委员会负责解释。

第十七条　本办法自 2018 年 8 月 24 日起施行。2013 年 10 月 10 日原监察部公布的《监察机关特邀监察员工作办法》同时废止。

中国共产党纪律检查机关
监督执纪工作规则

（2019 年 1 月 1 日）

第一章　总　则

第一条　为了加强党对纪律检查和国家监察工作的统一领导，加强党的纪律建设，推进全面从严治党，规范纪律监察机关监督执纪工作，根据《中国共产党章程》和有关法律，结合纪检监察体制改革和监督执纪工作实践，制定本规则。

第二条　坚持以马克思列宁主义、毛泽东思想、邓小平理论、"三个代表"重要思想、科学发展观、习近平新时代中国特色社会主义思想为指导，全面贯彻纪律检查委员会和监察委员会合署办公要求，依规依纪依法严格监督执纪，坚持打铁必须自身硬，把权力关进制度笼子，建设忠诚干净担当的纪检监察干部队伍。

第三条　监察执纪工作应当遵循以下原则：

（一）坚持和加强党的全面领导，牢固树立政治意识、大局意识、核心意识、看齐意识，坚定中国特色社会主义道路自信、理论自信、制度自信、文化自信，坚决维护习近平总书记党中央的核心、全党的核心地位，坚决维护党中央权威和集中统一领导，严守政治纪律和政治规矩，体现监督执纪工作的政治性，构建党统一指挥、全面覆盖、权威高效的监督体系；

（二）坚持纪律检查工作双重领导体制，监督执纪工作以上级纪委领导为主，线索处置、立案审查等在向同级党委报告的同时应当向上级纪委报告；

（三）坚持实事求是，以事实为依据，以党章党规党纪和国家法律法规为准绳，强化监督、严格执纪，把握政策、宽严相济，对主动投案、主动交代问题的宽大处理，对拒不交代、欺瞒组织的从严处理；

（四）坚持信任不能代替监督，执纪者必先守纪，以更高的标准、更严的要求约束自己，严格工作程序，有效管控风险，强化对监督执纪各环节的监督制约，确保监督执纪工作经得起历史和人民的检验。

第四条　坚持惩前毖后、治病救人，把纪律挺在前面，精准有效运用监督执纪"四种形态"，把思想政治工作贯穿监督执纪全过程，严管和厚爱结合，激励和约束并重，注重教育转化，促使党员自觉防止和纠正违纪行为，惩治极少数，教育大多数，实现政治效果、纪法效果和社会效果相统一。

第二章　领导体制

第五条　中央纪律检查委员会在党中央领导下进行工作。地方各级纪律检查委员会和基层纪律检查委员会在同级党的委员会和上级纪律检查委员会双重领导下进行工作。

党委应当定期听取、审议同级纪律检查委员会和监察委员会的工作报告，加强对纪委监委工作的领导、管理和监督。

第六条　党的纪律检查机关和国家监察机关是党和国家自我监督的专责机关，中央纪委和地方各级纪委贯彻党中央关于国家监察工作的决策部署，审议决定监委依法履职中的重要事项，把执纪和执法贯通起来，实现党内监督和国家监察的有机统一。

第七条　监督执纪工作实行分级负责制：

（一）中央纪委国家监委负责监督检查和审查调查中央委员、候补中央委员，中央纪委委员，中央管理的领导干部，党中央工作部门、党中央批准设立的党组（党委），各省、自治区、直辖市党委、纪委等党组织的涉嫌违纪或者职务违法、职务犯罪问题。

（二）地方各级纪委监委负责监督检查和审查调查同级党委委员、候补委员，同级纪委委员，同级党委管理的党员、干部以及监察对象，同级党委工作部门、党委批准设立的党组（党委），下一级党委、纪委等党组织的涉嫌违纪或者职务违法、职务犯罪问题。

（三）基层纪委负责监督检查和审查同级党委管理的党员，同级党委下属的各级党组织的涉嫌违纪问题；未设立纪律检查委员会的党的基层委员会，由该委员会负责监督执纪工作。

地方各级纪委监委依照规定加强对同级党委履行职责、行使权力情况的监督。

第八条 对党的组织关系在地方、干部管理权限在主管部门的党员、干部以及监察对象涉嫌违纪违法问题，应当按照谁主管谁负责的原则进行监督执纪，由设在主管部门、有管辖权的纪检监察机关进行审查调查，主管部门认为有必要的，可以与地方纪检监察机关联合审查调查。地方纪检监察机关接到问题线索反映的，经与主管部门协调，可以对其进行审查调查，也可以与主管部门组成联合审查调查组，审查调查情况及时向对方通报。

第九条 上级纪检监察机关有权指定下级纪检监察机关对其他下级纪检监察机关管辖的党组织和党员、干部以及监察对象涉嫌违纪或者职务违法、职务犯罪问题进行审查调查，必要时也可以直接进行审查调查。上级纪检监察机关可以将其直接管辖的事项指定下级纪检监察机关进行审查调查。

纪检监察机关之间对管辖事项有争议的，由其共同的上级纪检监察机关确定；认为所管辖的事项重大、负责，需要由上级纪检监察机关管辖的，可以报请上级纪检监察机关管辖。

第十条 纪检监察机关应当严格执行请示报告制度。中央纪委定期向党中央报告工作，研究涉及全局的重大事项、遇有重要问题以及作出立案审查调查决定、给予党纪政务处分等事项应当及时向党中央请示报告，既要报告结果也要报告过程。执行党中央重要决定的情况应当专题报告。

地方各级纪检监察机关对作出立案审查调查决定、给予党纪政纪处分等重要事项，应当向同级党委请示汇报并向上级纪委监委报告，形成明确意见后再正式行文请示。遇有重要事项应当及时报告。

纪检监察机关应当坚持民主集中制，对于线索处置、谈话函询、初步核实、立案审查调查、案件审理、处置执行中的重要问题，经集体研究后，报纪检监察机关相关负责人、主要负责人审批。

第十一条　纪检监察机关应当建立监督检查、审查调查、案件监督管理、案件审理相互协调、相互制约的工作机制。市地级以上纪委监委实行监督检查和审查调查部门分设，监督检查部门主要负责联系地区和部门、单位的日常监督检查和对涉嫌一般违纪问题线索处置，审查调查部门主要负责对涉嫌严重违纪或者职务违法、职务犯罪问题线索进行初步核实和立案审查调查；案件监督管理部门负责对监督检查、审查调查工作全过程进行监督管理，案件审理部门负责对需要给予党纪政务处分的案件审核把关。

纪检监察机关在工作中需要协助的，有关组织和机关、单位、个人应当依规依纪依法予以协助。

第十二条　纪检监察机关案件监督管理部门负责对监督执纪工作全过程进行监督管理，做好线索管理、组织协调、监督检查、督促办理、统计分析等工作。党风政风监督部门应当加强对党风政风建设的综合协调，做好督促检查、通报曝光和综合分析等工作。

第三章　监督检查

第十三条　党委（党组）在党内监督中履行主体责任，纪检监察机关履行监督责任，应当将纪律监督、监察监督、巡视监督、派驻监督结合起来，重点检查遵守、执行党章党规党纪和宪法法律法规，坚定理想信念，增强"四个意识"，坚定"四个自信"，维护习近平总书记核心地位，维护党中央权威和集中统一领导，贯彻执行党和国家的路线方针政策以及重大决策部署，坚持主动作为、真抓实干，落实全面从严治党责任、民主集中制原则、选人用人规定以及中央八项规定精神，巡视巡察整改，依法履行、秉公用权、廉洁从政从业以及恪守社会道德规范等情况，对发现的问题分类处置、督促整改。

第十四条　纪委监委（纪检监察组、纪检监察工委）报请或者会同党委（党组）定期召开专题会议，听取加强党内监督情况专题报告，综合分析所联系的地区、部门、单位政治生态状况，提出加强和改进的意见及工作措施，抓好组织实施和督促检查。

第十五条 纪检监察机关应当结合被监督对象的职责，加强对行使权力情况的日常监督，通过多种方式了解监督对象的思想、工作、作风、生活情况，发现苗头性、倾向性问题或者轻微违纪问题，应当及时约谈提醒、批评教育、责令检查、诫勉谈话，提高监督的针对性和实效性。

第十六条 纪检监察机关应当畅通来信、来访、来电和网络等举报渠道，建设覆盖纪检监察系统的检举举报平台，及时受理检举控告，发挥党员和群众的监督作用。

第十七条 纪检监察机关应当建立健全党员领导干部廉政档案，主要内容：

（一）任免情况、人事档案情况、因不如实报告个人有关事项受到处理的情况等；

（二）巡视巡察、信访、案件监督管理以及其他方面移交的问题线索和处置情况；

（三）开展谈话函询、初步核实、审查调查以及其他工作形成的有关材料；

（四）党风廉政意见回复材料；

（五）其他反映廉政情况的材料。

廉政档案应当动态更新。

第十八条 纪检监察机关应当做好干部选拔任用党风廉政意见回复工作，对反映问题线索认真核查，综合用好巡视巡察等其他监督成果，严把政治关、品行关、作风关、廉洁关。

第十九条 纪检监察机关对监督中发现的突出问题，应当向有关党组织或者单位提出纪律检查建议或者监察建议，通过督促召开专题民主生活会、组织开展专项检查等方式，督查督办，推动整改。

第四章　线索处置

第二十条　纪检监察机关应当加强对问题线索的集中管理、分类处置、定期清理。信访举报部门归口受理同级党委管理的党组织和党员、干部以及监察对象涉嫌违纪或者职务违法、职务犯罪问题的信访举报，统一接收有关纪检监察机关、派驻或者派出机构以及其他单位移交的相关信访举报，移送本机关有关部门，深入分析信访形势，及时反映损害群众最关心、最直接、最现实的利益问题。

巡视巡察工作机构和审计机关、行政执法机关、司法机关等单位发现涉嫌违纪或者职务违法、职务犯罪问题线索，应当及时移交纪检监察机关案件监督管理部门统一办理。

监督检查部门、审查调查部门、干部监督部门发现的相关问题线索，属于本部门受理范围的，应当送案件监督管理部门备案；不属于本部门受理范围的，经审批后移送案件监督管理部门，由其按程序转交相关监督执纪部门办理。

第二十一条　纪检监察机关应当结合问题线索所涉及地区、部门、单位总体情况，综合分析，按照谈话函询、初步核实、暂存待查、予以了结4类方式进行处置。

线索处置不得拖延和积压，处置意见应当在收到问题线索之日起1个月内提出，并制定处置方案，履行审批手续。

第二十二条　纪检监察机关对反映同级党委委员、候补委员，纪委常委、监委委员，以及所辖地区、部门、单位主要负责人的问题线索和线索处置情况，应当及时向上级纪检监察机关报告。

第二十三条　案件监督管理部门对问题线索实行集中管理、动态更新、定期汇总核对，提出分办意见，报纪检监察机关主要负责人批准，按程序移送承办部门。承办部门应当指定专人负责管理问题线索，逐件编号登记、建立管理台账。线索管理处置各环节应当由经手人员签名，全程登记备查。

第二十四条　纪检监察机关应当根据工作需要，定期召开专题会议，听取问题线索综合情况汇报，进行分析研判，对重要检举事项和反映问题集中的领域进行深入研究，提出处置要求，做到件件有着落。

第二十五条　承办部门应当做好线索处置归档工作，归档材料齐全完整，载明领导批示和处置过程。案件监督管理部门定期汇总、核对问题线索及处置情况，向纪检监察机关主要负责人报告，并向相关部门通报。

第五章　谈话函询

第二十六条　各级党委（党组）和纪检监察机关应当推动加强和规范党内政治生活，经常拿起批评和自我批评的武器，及时开展谈话提醒、约谈函询，促使党员、干部以及监察对象增强党的观念和纪律意识。

第二十七条　纪检监察机关采取谈话函询方式处置问题线索，应当起草谈话函询报批请示，拟订谈话方案和相关工作预案，报程序报批。需要谈话函询下一级党委（党组）主要负责人的，应当报纪检监察机关主要负责人批准，必要时向同级党委主要负责人报告。

第二十八条　谈话应当由纪检监察机关相关负责人或者承办部门负责人进行，可以由被谈话人所在党委（党组）、纪委监委（纪检监察组、纪检监察工委）有关负责人陪同；经批准也可以委托被谈话人所在党委（党组）主要负责人进行。

谈话应当在具备安全保障条件的场所进行。由纪检监察机关谈话的，应当制作谈话笔录，谈话后可以视情况由被谈话人写出书面说明。

第二十九条　纪检监察机关进行函询应当以办公厅（室）名义发函给被反映人，并抄送其所在党委（党组）和派驻纪检监察组主要负责人。被函询人应当在收到函件后15个工作日内写出说明材料，由其所在党委（党组）主要负责人签署意见后发函回复。

被函询人为党委（党组）主要负责人的，或者被函询人所作说明涉及党委（党组）主要负责人的，应当直接发函回复纪检监察机关。

第三十条　承办部门应当在谈话结束或者收到函询回复后1个月内

写出情况报告和处置意见，按程序报批。根据不同情形作出相应处理：

（一）反映不实，或者没有证据证明存在问题的，予以采信了结，并向被函询人发函反馈。

（二）问题轻微，不需要追究纪律责任的，采取谈话提醒、批评教育、责令检查、诫勉谈话等方式处理。

（三）反映问题比较具体，但被反映人予以否认且否认理由不充分具体的，或者说明存在明显问题的，一般应当再次谈话或者函询；发现被反映人涉嫌违纪或者职务违法、职务犯罪问题需要追究纪律和法律责任的，应当提出初步核实的建议。

（四）对诬告陷害者，依规依纪依法予以查处。

必要时可以对被反映人谈话函询的说明情况进行抽查核实。

谈话函询材料应当存入廉政档案。

第三十一条　被谈话函询的党员干部应当在民主生活会、组织生活会上就本年度或者上年度谈话函询问题进行说明，讲清组织予以采信了结的情况；存在违纪问题的，应当进行自我批评，作出检讨。

第六章　初步核实

第三十二条　党委（党组）、纪委监委（纪检监察组）应当对具有可查性的涉嫌违纪或者职务违法、职务犯罪问题线索，扎实开展初步核实工作，收集客观性证据，确保真实性和准确性。

第三十三条　纪检监察机关采取初步核实方式处置问题线索，应当制作工作方案，成立核查组，履行审批程序。被核查人为下一级党委（党组）主要负责人的，纪检监察机关应当报同级党委主要负责人批准。

第三十四条　核查组经批准可以采取必要措施收集证据，与相关人员谈话了解情况，要求相关组织作出说明，调取个人有关事项报告，查阅复制文件、账目、档案等资料，查核资产情况和有关信息，进行鉴定勘验。对被核查人及相关人员主动上交的财物，核查组应当予以暂扣。

需要采取技术调查或者限制出境等措施的，纪检监察机关应当严格履行审批手续，交有关机关执行。

第三十五条　初步核实工作结束后，核查组应当撰写初步核实情况报告，列明被核查人基本情况、反映的主要问题、办理依据以及初步核实结果、存在疑点、处理建议，由核查组全体人员签名备查。

承办部门应当综合分析初步核实情况，按照拟立案审查调查、予以了结、谈话提醒、暂存待查，或者移送有关党组织处理等方式提出处置意见。

初步核实情况报告应当报纪检监察机关主要负责人审批，必要时向同级党委主要负责人报告。

第七章　审查调查

第三十六条　党委（党组）应当按照管理权限，加强对党员、干部以及监察对象涉嫌严重违纪或者职务违法、职务犯罪问题调查处置工作，定期听取重大案件情况报告，加强反腐败协调机构的机制建设，坚定不移、精准有序惩治腐败。

第三十七条　纪检监察机关经过初步核实，对党员、干部以及监察对象涉嫌违纪或者职务违法、职务犯罪，需要追究纪律或者法律责任的，应当立案审查调查。

凡报请批准立案的，应当已经掌握部分违纪或者职务违法、职务犯罪事实和证据，具备进行审查调查的条件。

第三十八条　对符合立案条件的，承办部门应当起草立案审查调查呈批报告，经纪检监察机关主要负责人审批，报同级党委主要负责任人批准，予以立案审查调查。

立案审查调查决定应当向被审查调查人宣布，并向被审查调查人所在党委（党组）主要负责人通报。

第三十九条　对涉嫌严重违纪或者职务违法、职务犯罪人员立案审查调查，纪检监察机关主要负责人应当主持召开由纪检监察机关相关负责人参加的专题会议，研究批准审查调查方案。

纪检监察机关相关负责人批准成立审查调查组，确定审查调查谈话方案、外查方案，审批重要信息查询、涉案财物查扣等事项。

监督检查、审查调查部门主要负责人组织研究提出审查调查谈话方案、外查方案和处置意见建议，审批一般信息查询，对调查取证审核把关。

审查调查组组长应当严格执行审查调查方案，不得擅自更改；以书面形式报告审查调查进展情况，遇有重要事项及时请示。

第四十条 审查调查组可以依照党章党规和监察法，经审批进行谈话、讯问、询问、留置、查封、冻结、搜查、调取、查封、扣押（暂扣、封存）、勘验检查、鉴定，提请有关机关采取技术调查、通缉、限制出境等措施。

承办部门应当建立台账，记录使用措施情况，向案件监督管理部门定期备案。

案件监督管理部门应当核对检查，定期汇总重要措施使用情况并报告纪委监委领导和上一级纪检监察机关，发现违规违纪违法使用措施的，区分不同情况进行处理，防止擅自扩大范围、延长时限。

第四十一条 需要对被审查调查人采取留置措施的，应当依据监察法进行，在24小时内通知其所在单位和家属，并及时向社会公开发布。因可能毁灭、伪造证据，干扰证人作证或者串供等有碍调查情形而不宜通知或者公开的，应当按程序报批并记录在案。有碍调查的情形消失后，应当立即通知被留置人员所在单位和家属。

第四十二条 审查调查工作应当依照规定由两人以上进行，按照规定出示证件，出具书面通知。

第四十三条 立案审查调查方案批准后，应当由纪检监察机关相关负责人与被审查调查人谈话，宣布立案决定，讲明党的政策和纪律，要求被调查人端正态度、配合审查调查。

审查调查应当充分听取被审查调查人陈述，保障其饮食、休息，提供医疗服务，确保安全。严格禁止使用违反党章党纪党规和国家法律的手段，严禁逼供、诱供、侮辱、打骂、虐待、体罚或者变相体罚。

第四十四条 审查调查期间，对被审查调查人以同志相称，安排学习党章党规党纪以及相关法律法规，开展理想信念宗旨教育，通过深入细致的思想政治工作，促使其深刻反省、认识错误、交代问题，写出忏悔反思材料。

第四十五条 外查工作必须严格按照外查方案执行，不得随意扩大审查调查范围、变更审查调查对象和事项，重要事项应当及时请示报告。

外查工作期间，未经批准，监督执纪人员不得单独接触任何涉案人员及其特定关系人，不得擅自采取审查调查措施，不得从事与外查事项无关的活动。

第四十六条 纪检监察机关应当严格依规依纪依法收集、鉴别证据，做到全面、客观，形成相互印证、完整稳定的证据链。

调查取证应当收集原物原件，逐件清点编号，现场登记，由在场人员签字盖章，原物不便搬运、保存或者取得原件确有困难的，可以将原物封存并拍照录像或者调取原件副本、复印件；谈话应当现场制作谈话笔录并由被谈话人阅看后签字。已调取证据必须及时交审查调查组统一保管。

严禁以威胁、引诱、欺骗以及其他违规违纪违法方式收集证据；严禁隐匿、损毁、篡改、伪造证据。

第四十七条 查封、扣押（暂扣、封存）、冻结、移交涉案财物，应当严格履行审批手续。

执行查封、扣押（暂扣、封存）措施，监督执纪人员应当会同原财物持有人或者保管人、见证人，当面逐一拍照、登记、编号，现场填写登记表，由在场人员签名。对价值不明物品应当及时鉴定，专门封存保管。

纪检监察机关应当设立专用账户、专门场所，指定专门人员保管涉案财物，严格履行交接、调取手续，定期对账核实。严禁私自占有、处置涉案财物及其孳息。

第四十八条 对涉嫌严重违纪或者职务违法、职务犯罪问题的审查调查谈话、搜查、查封、扣押（暂扣、封存）涉案财物等重要取证工作应当全过程进行录音录像，并妥善保管，及时归档，案件监督管理部门定期核查。

第四十九条　对涉嫌严重违纪或者职务违法、职务犯罪问题的审查调查，监督执纪人员未经批准并办理相关手续，不得将被审查调查人或者其他重要的谈话、询问对象带离推定的谈话场所，不得在未配置监控设备的场所进行审查调查或者其他重要的谈话、询问，不得在谈话期间关闭录音录像设备。

第五十条　监督检查、审查调查部门主要负责人、分管领导应当定期检查审查调查期间的录音录像、谈话笔录、涉案财物登记资料，发现问题及时纠正并报告。

纪检监察机关相关负责人应当通过调取录音录像等方式，加强对审查调查全过程的监督。

第五十一条　查明涉嫌违纪或者职务违法、职务犯罪问题后，审查调查应当撰写事实材料，与被审查调查人见面，听取意见。被审查调查人应当在事实材料上签署意见，对签署不同意见或者拒不签署意见的，审查调查组应当作出说明或者注明情况。

审查调查工作结束，审查调查组应当集体讨论，形成审查调查报告，列明被审查调查人基本情况、问题线索来源及审查调查依据、审查调查过程，主要违纪或者职务违法、职务犯罪事实，被审查调查人的态度和认识，处理建议及党纪法律依据，并由审查调查组组长以及有关人员签名。

对审查调查过程中发现的重要问题和意见建议，应当形成专题报告。

第五十二条　审查调查报告以及忏悔反思材料，违纪或者职务违法、职务犯罪事实材料，涉案财物报告等，应当按程序报纪检监察机关主要负责人批准，连同全部证据和程序材料，依照规定移送审理。

审查调查全过程形成的材料应当案结卷成、事毕归档。

第八章　审　理

第五十三条　纪检监察机关应当对涉嫌违纪或者违法、犯罪案件严格依规依纪依法审核把关，提出纪律处理或者处分的意见，做到事实清楚、证据确凿、定性准确、处理恰当、手续完备、程序合规。

纪律处理或者处分必须坚持民主集中制原则，集体讨论决定，不允许任何个人或者少数人决定和批准。

第五十四条 坚持审查调查与审理相分离的原则，审查调查人员不得参与审理。纪检监察机关案件审理部门对涉嫌违纪或者职务违法、职务犯罪问题，依照规定应当给予纪律处理或者处分的案件和复议复查案件进行审核处理。

第五十五条 审理工作按照以下程序进行：

（一）案件审理部门收到审查调查报告后，经审核符合移送条件的予以受理，不符合移送条件的可以暂缓受理或者不予受理。

（二）对于重大、复杂、疑难案件，监督检查、审查调查部门已查清主要违纪或者职务违法、职务犯罪事实并提出倾向性意见的；对涉嫌违纪或者职务违法、职务犯罪行为性质认定分歧较大的，经批准案件审理部门可以提前介入。

（三）案件审理部门受理案件后，应当成立由两人以上组成的审理组，全面审理案卷材料，提出审理意见。

（四）坚持集体审议原则，在民主讨论基础上形成处理意见；对争议较大的应当及时报告，形成一致意见后再作出决定。案件审理部门根据案件审理情况，应当与被审查调查人谈话，核对违纪或者职务违法、职务犯罪事实，听取辩解意见，了解有关情况。

（五）对主要事实不清、证据不足的，经纪检监察机关主要负责人批准，退回监督检查、审查调查部门重新审查调查；需要补充完善证据的，经纪检监察机关相关负责人批准，退回监督检查、审查调查部门补充审查调查。

（六）审理工作结束后应当形成审理报告，内容包括被审查调查人基本情况、审查调查简况、违纪违法或者职务犯罪事实、涉案财物处置、监督检查或者审查调查部门意见、审理意见等。审理报告应当体现党内审查特色，依据《中国共产党纪律处分条例》认定违纪事实性质，分析被审查调查人违反党章、背离党的性质宗旨的错误本质，反映其态度、认识以及思想转变过程。涉嫌职务犯罪需要追究刑事责任的，还应当形成《起诉意见书》，作为审理报告附件。

对给予同级党委委员、候补委员，同级纪委委员、监委委员处分的，在同级党委审议前，应当与上级纪委监委沟通并形成处理意见。

审理工作应当在受理之日起1个月内完成，重大复杂案件经批准可以适当延长。

第五十六条　审理报告报经纪检监察机关主要负责人批准后，提请纪委常委会会议审议。需报同级党委审批的，应当在报批前以纪检监察机关办公厅（室）名义征求同级党委组织部门和被审查调查人所在党委（党组）意见。

处分决定作出后，纪检监察机关应当通知受处分党员所在党委（党组），抄送同级党委组织部门，并依照规定在1个月内向其所在党的基层组织中的全体党员以及本人宣布。处分决定执行情况应当及时报告。

第五十七条　被审查调查人涉嫌职务犯罪的，应当由案件监督管理部门协调办理移送司法机关事宜。对于采取留置措施的案件，在人民检察院对犯罪嫌疑人先行拘留后，留置措施自动解除。

案件移送司法机关后，审查调查部门应当跟踪了解处理情况，发现问题及时报告，不得违规过问、干预处理工作。

审理工作完成后，对涉及的其他问题线索，经批准应当及时移送有关纪检监察机关处置。

第五十八条　对被审查调查人违规违纪违法所得财物，应当依规依纪依法予以收缴、责令退赔或者登记上交。

对涉嫌职务犯罪所得财物，应当随案移送司法机关。

对经认定不属于违规违纪违法所得的，应当在案件审结后依规依纪依法予以返还，并办理签收手续。

第五十九条　对不服处分决定的申诉，由批准或者决定处分的党委（党组）或者纪检监察机关受理；需要复议复查的，由纪检监察机关相关负责人批准后受理。

申诉办理部门成立复查组，调阅原案案卷，必要时可以进行取证，经集体研究后，提出办理意见，报纪检监察机关相关负责人批准或者纪委常委会会议研究决定，作出复议复查决定。决定应当告知申诉人，抄送相关单位，并在一定范围内宣布。

坚持复议复查与审查审理分离，原案审查、审理人员不得参与复议复查。

复议复查工作应当在3个月内办结。

第九章　监督管理

第六十条　纪检监察机关应当严格依照党内法规和国家法律，在行使权力上慎之又慎，在自我约束上严之又严，强化自我监督，健全内控机制，自觉接受党内监督、社会监督、群众监督，确保权力受到严格约束，坚决防止"灯下黑"。

纪检监察机关应当加强对监督执纪工作的领导，切实履行自身建设主体责任，严格教育、管理、监督，使纪检监察干部成为严守纪律、改进作风、拒腐防变的表率。

第六十一条　纪检监察机关应当严格干部准入制度，严把政治安全关，纪检监察干部必须忠诚坚定、担当尽责、遵纪守法、清正廉洁，具备履行职责的基本条件。

第六十二条　纪检监察机关应当加强党的政治建设、思想建设、组织建设，突出政治功能，强化政治引领。审查调查组有正式党员3人以上的，应当设立临时党支部，加强对审查调查组成员内的教育、管理、监督，开展政策理论学习，做好思想政治工作，及时发现问题、进行批评纠正，发挥战斗堡垒作用。

第六十三条　纪检监察机关应当加强干部队伍作风建设，树立依规依法、纪律严明、作风深入、工作扎实、谦虚谨慎、秉公执纪的良好形象，力戒形式主义、官僚主义，力戒特权思想，力戒口大气粗、颐指气使，不断提高思想政治水平和把握政策能力，建设让党放心、人民信赖的纪检监察干部队伍。

第六十四条　对纪检监察干部打听案情、过问案件、说情干预的，受请托人应当向审查调查组组长和监督检查、审查调查部门主要负责人报告并登记备案。

发现审查调查组成员未经批注解除被审查调查人、涉案人员及其特定关系人，或者存在交往情形的，应当及时向审查调查组组长和监督检查、审查调查部门主要负责人直至纪检监察机关主要负责人报告并登记备案。

第六十五条　严格执行回避制度。审查调查审理人员是被审查调查人或者检举人近亲属、本案证人、利害关系人，或者存在其他可能影响公正审查调查审理情形的，不得参与相关审查调查审理工作，应当主动申请回避，被审查调查人、检举人以及其他有关人员也有权要求其回避。选用借调人员、看护人员、审查场所，应当严格执行回避制度。

第六十六条　审查调查组需要借调人员的，一般应当从审查调查人才库选用，由纪检监察机关组织部门办理手续，实行一案一借，不得连续多次借调。加强对借调人员的管理监督，借调结束后由审查调查组写出鉴定。借调单位和党员干部不得干预借调人员岗位调整、职务晋升等事项。

第六十七条　监督执纪人员应当严格执行保密制度，控制审查调查工作事项知悉范围和时间，不准私自留存、隐匿、查阅、摘抄、复制、携带问题线索和涉案材料，严禁泄露审查调查工作情况。

审查调查组成员工作期间，应当使用专用手机、电脑、电子设备和存储介质，实行编号管理，审查调查工作结束后收回检查。

汇报案情、传递审查调查材料应当使用加密设施，携带案卷材料应当专人专车、卷不离身。

第六十八条　纪检监察机关相关涉密人员离岗离职后，应当遵守脱密期管理规定，严格履行保密义务，不得泄露相关秘密。

监督执纪人员辞职、退休3年内，不得从事与纪检监察和司法工作相关联、可能发生利益冲突的职业。

第六十九条　纪检监察机关开展谈话应当做到全程可控。谈话前做好风险评估、医疗保障、安全防范工作以及应对突出事项的预案；谈话中及时研判谈话内容以及案情变化，发现严重职务违法、职务犯罪，依照监察法需要采取留置措施的，应当及时采取留置措施；谈话结束前做好被谈话人思想工作，谈话后按程序与相关单位或者人员交接，并做好跟踪回访等工作。

第七十条　建立健全安全责任制，监督检查、审查调查部门主要负责人和审查调查组组长是审查调查安全第一责任人，审查调查组应当指定专人担任安全员。被审查调查人发生安全事故的，应当在 24 小时内逐级上报至中央纪委，及时做好舆论引导。

发生严重安全事故的，或者存在严重违规违纪违法行为的，省级纪检监察机关主要负责人应当向中央纪委作出检讨，并予以通报、严肃问责追责。

案件监督管理部门应当组织开展经常性检查和不定期抽查，发现问题及时报告并督促整改。

第七十一条　对纪检监察干部越权接触相关地区、部门、单位党委（党组）负责人，私存线索、跑风漏气，违反安全保密规定，接受请托、干预审查调查、以案谋私、办人情案，侮辱、打骂、虐待、体罚或者变相体罚被审查调查人，以违规违纪违法方式收集证据，截留挪用、侵占私分涉案财物，接受宴请和财物等行为，依规依纪严肃处理；涉嫌职务违法、职务犯罪的，依法追究刑事责任。

第七十二条　纪检监察机关在维护监督执纪工作纪律方面失职失责的，予以严肃问责。

第七十三条　对案件处置出现重大失误，纪检监察干部涉嫌严重违纪或者职务违法、职务犯罪的，开展"一案双查"，既追究直接责任，还应当严肃追究有关领导人员责任。

建立办案质量责任制，对滥用职权、失职失责造成严重后果的，实行终身问责。

第十章　附　则

　　第七十四条　各省（自治区、直辖市）党委、中央和国家机关工委可以根据本规则，结合工作实际，制定实施细则。

　　中央军事委员会可以根据本规则，制定相关规定。

　　第七十五条　纪委监委派驻纪检监察组、纪检监察工委除执行制定本规则外，还应当执行党中央以及中央纪委相关规定。

　　国有企事业单位纪检监察机构结合实际执行本规则。

　　第七十六条　本规则由中央纪律检查委员会负责解释。

　　第七十七条　本规则自 2019 年 1 月 1 日起施行。2017 年 1 月 15 日中央纪委印发的《中国共产党纪律检查机关监督执纪工作规则（试行）》同时废止。此前发布的其他有关纪检监察就干监督执纪工作的规定，凡与本规则不一致的，按照本规则执行。

中国共产党问责条例

第一条 为了坚持党的领导，加强党的建设，全面从严治党，保证党的路线方政政策和党中央重大决策部署贯彻落实，规范和强化党的问责工作，根据《中国共产党章程》，制定本条例。

第二条 党的问责工作坚持马克思列宁主义、毛泽东思想、邓小平理论、"三个代表"重要思想、科学发展观、习近平新时代中国特色社会主义思想为指导，增强"四个意识"，坚定"四个自信"，坚决维护习近平总书记党中央的核心地位、全党的核心地位，坚决维护党中央权威和集中统一领导，围绕统筹推进"五位一体"总体布局和协调推进"四个全面"战略布局，落实管党治党政治责任，督促各级党组织、党的领导干部负责守责尽责，践行忠诚干净担当。

第三条 党的问责工作应当坚持以下原则：

（一）依规依纪、实事求是；

（二）失责必问、问责必严；

（三）权责一致、错责相当；

（四）严管和厚爱结合、激励和约束并重；

（五）惩前毖后、治病救人；

（六）集体决定、分清责任。

第四条 党委（党组）应当履行全面从严治党主体责任，加强对本地区本部门本单位问责工作的领导，追究在党的建设、党的事业中失职失责党组织和党的领导干部的主体责任、监督责任、领导责任。

纪委应当履行监督专责，协助同级党委开展问责工作。纪委派驻（派出）机构按照职责权限开展问责工作。

党的工作机关应当依据职能履行监督职责，实施本机关本系统本领域的问责工作。

第五条 问责对象是党组织、党的领导干部，重点是党委（党组）、党的工作机关及其领导成员，纪委、纪委派驻（派出）机构及其领导成员。

　　第六条　问责应当分清责任。党组织领导班子在职责范围内负有全面领导责任，领导班子主要负责人和直接主管的班子成员在职责范围内承担主要领导责任，参与决策和工作的班子成员在职责范围内承担重要领导责任。

　　对党组织问责的，应当同时对该党组织中负有责任的领导班子成员进行问责。

　　党组织和党的领导干部应当坚持把自己摆进去、把职责摆进去、把工作摆进去，注重从自身找问题、查原因，勇于担当、敢于负责，不得向下级党组织和干部推卸责任。

　　第七条　党组织、党的领导干部违反党章和其他党内法规，不履行或者不正确履行职责，有下列情形之一，应当予以问责：

　　（一）党的领导弱化，"四个意识"不强，"两个维护"不力，党的基本理论、基本路线、基本方略没有得到有效贯彻执行，在贯彻新发展理念，推进经济建设、政治建设、文化建设、社会建设、生态文明建设中，出现重大偏差和失误，给党的事业和人民利益造成严重损失，产生恶劣影响的；

　　（二）党的政治建设抓得不实，在重大原则问题上未能同党中央保持一致，贯彻落实党的路线方针政策和执行党中央重大决策部署不力，不遵守重大事项请示报告制度，有令不行、有禁不止，阳奉阴违、欺上瞒下，团团伙伙、拉帮结派问题突出，党内政治生活不严肃不健康，党的政治建设工作责任制落实不到位造成严重后果或者恶劣影响的；

　　（三）党的思想建设缺失，党性教育特别是理想信念宗旨教育流于形式，意识形态工作责任制落实不到位，造成严重后果或者恶劣影响的；

　　（四）党的组织建设薄弱，党建工作责任制不落实，严重违反民主集中制原则，不执行领导班子议事决策规则，民主生活会、"三会一课"等党的组织生活制度不执行，领导干部报告个人有关事项制度执行不力，党组织软弱涣散，违规选拔任用干部等问题突出，造成恶劣影响的；

（五）党的作风建设松懈，落实中央八项规定及其实施细则精神不力，"四风"问题得不到有效整治，形式主义、官僚主义问题突出，执行党中央决策部署表态多调门高、行动少落实差，脱离实际、脱离群众，拖沓敷衍、推诿扯皮，造成严重后果的；

（六）党的纪律建设抓得不严，维护党的政治纪律、组织纪律、廉洁纪律、群众纪律、工作纪律、生活纪律不力，导致违规违纪行为多发，造成恶劣影响的；

（七）推进党风廉政建设和反腐败斗争不坚决、不扎实，削减存量、遏制增量不力，特别是对不收敛、不收手，问题线索反映集中、群众反映强烈，政治问题和经济问题交织的腐败案件放任不管，造成恶劣影响的；

（八）全面从严治党主体责任、监督责任落实不到位，对公权力的监督制约不力，好人主义盛行，不负责不担当，党内监督乏力，该发现的问题没有发现，发现问题不报告不处置，领导巡视巡察工作不力，落实巡视巡察整改要求走过场、不到位，该问责不问责，造成严重后果的；

（九）履行管理、监督职责不力，职责范围内发生重特大生产安全事故、群体性事件、公共安全事件，或者发生其他严重事故、事件，造成重大损失或者恶劣影响的；

（十）在教育医疗、生态环境保护、食品药品安全、扶贫脱贫、社会保障等涉及人民群众最关心最直接最现实的利益问题上不作为、乱作为、慢作为、假作为，损害和侵占群众利益问题得不到整治，以言代法、以权压法、徇私枉法问题突出，群众身边腐败和作风问题严重，造成恶劣影响的；

（十一）其他应当问责的失职失责情形。

第八条　对党组织的问责，根据危害程度以及具体情况，可以采取以下方式：

（一）检查。责令作出书面检查并切实整改。

（二）通报。责令整改，并在一定范围内通报。

（三）改组。对失职失责，严重违犯党的纪律、本身又不能纠正的，应当予以改组。

对党的领导干部问责，根据危害程度以及具体情况，可以采取以下方式：

（一）通报。进行严肃批评，责令作出书面检查、切实整改，并在一定范围内通报。

（二）诫勉。以谈话或者书面方式进行诫勉。

（三）组织调整或者组织处理。对失职失责、危害较重，不适应担任现职的，应当根据情况采取停职检查、调整职务、责令辞职、免职、降职等措施。

（四）纪律处分。对失职失责、危害严重，应当给予纪律处分的，依照《中国共产党纪律处分条例》追究纪律责任。

上述问责方式，可以单独使用，也可以依据规定合并使用。问责方式有影响期的，按照有关规定执行。

第九条　发现有本条例第七条所列问责情形，需要进行问责调查的，有管理权限的党委（党组）、纪委、党的工作机关应当经主要负责人审批后，及时启动问责调查程序。其中，纪委、党的工作机关对同级党委直接领导的党组织及其主要负责人启动问责调查，应当报同级党委主要负责人批准。

应当启动问责调查未及时启动的，上级党组织应当责令有管理权限的党组织启动。根据问题性质或者工作需要，上级党组织也可以直接启动问责调查，也可以指定其他党组织启动。

对被立案审查的党组织、党的领导干部问责的，不再另行启动问责调查程序。

第十条　启动问责调查后，应当组织调查组，依规依纪依法开展调查，查明党组织、党的领导干部失职失责问题，综合考虑主客观因素，正确区分贯彻执行党中央或者上级决策部署过程中出现的执行不当、执行不力、不执行等不同情况，精准提出处理意见，做到事实清楚、证据确凿、依据充分、责任分明、程序合规、处理恰当，防止问责不力或者问责泛化、简单化。

第十一条 查明调查对象失职失责问题后，调查组应当撰写事实材料，与调查对象见面，听取其陈述和申辩，并记录在案；对合理意见，应当予以采纳。调查对象应当在事实材料上签署意见，对签署不同意见或者拒不签署的，调查组应当作出说明或者注明情况。

调查工作结束后，调查组应当集体讨论，形成调查报告，列明调查对象基本情况、调查依据、调查过程，问责事实，调查对象的态度、认识及其申辩，处理意见以及依据，由调查组组长以及有关人员签名后，履行审批手续。

第十二条 问责决定应当由有管理权限的党组织作出。

对同级党委直接领导的党组织、纪委和党的工作机关报经同级党委或者其主要负责人批准，可以采取检查、通报方式进行问责。采取改组方式问责的，按照党章和有关党内法规规定的权限、程序执行。

对同级党委管理的领导干部，纪委和党的工作机关报经同级党委或者其主要负责人批准，可以采取通报、诫勉方式进行问责；提出组织调整或者组织处理的建议。采取纪律处分方式问责的，按照党章和有关党内法规规定的权限、程序进行。

第十三条 问责决定作出后，应当及时向被问责党组织、被问责领导干部及其所在党组织宣布并督促执行。有关问责情况应当向纪委和组织部门通报，纪委应当将问责决定材料归入被问责领导干部廉政档案，组织部门应当将问责决定材料归入被问责领导干部的人事档案，并报上一级组织部门备案；涉及组织调整或者组织处理的，相应手续应当在1个月内办理完毕。

被问责领导干部应当向作出问责决定的党组织写出书面检讨，并在民主生活会、组织生活会或者其他会议上作出深刻检查。建立健全问责典型问题通报曝光制度，采取组织调整或者组织处理、纪律处分方式问责的，应当以适当方式公开。

第十四条　被问责党组织、被问责领导干部及其所在党组织应当深刻汲取教训，明确整改措施。作出问责决定的党组织应当加强督促检查，推动以案促改。

第十五条　需要对问责对象作出政务处分或者其他处理的，作出问责决定的党组织应当通报相关单位，相关单位应当及时处理并将结果通报或者报告作出问责决定的党组织。

第十六条　实行终身问责，对失职失责性质恶劣、后果严重的，不论其责任人是否调离转岗、提拔或者退休等，都应当严肃问责。

第十七条　有下列情形之一的，可以不予问责或者免予问责：

（一）在推进改革中因缺乏经验、先行先试出现的失误，尚无明确限制的探索性试验中的失误，为推动发展的无意过失；

（二）在集体决策中对错误决策提出明确反对意见或者保留意见的；

（三）在决策实施中已经履职尽责，但因不可抗力、难以预见等因素造成损失的。

对上级错误决定提出改正或者撤销意见未被采纳，而出现本条例第七条所列问责情形的，依照前款规定处理。上级错误决定明显违法违规的，应当承担相应的责任。

第十八条　有下列情形之一，可以从轻或者减轻问责：

（一）及时采取补救措施，有效挽回损失或者消除不良影响的；

（二）积极配合问责调查工作，主动承担责任的；

（三）党内法规规定的其他从轻、减轻情形。

第十九条　有下列情形之一，可以从重或者加重问责：

（一）对党中央、上级党组织三令五申的指示要求，不执行或者执行不力的；

（二）在接受问责调查和处理中，不如实报告情况，敷衍塞责、推卸责任，或者唆使、默许有关部门和人员弄虚作假，阻扰问责工作的；

（三）党内法规规定的其他从重、加重情形。

第二十条　问责对象对问责决定不服的，可以自收到问责决定之日起 1 个月内，向作出问责决定的党组织提出书面申诉。作出问责决定的党组织接到书面申诉后，应当在 1 个月内作出申诉处理决定，并以书面形式告知提出申诉的党组织、党员领导干部及其所在党组织。

申诉期间，不停止问责决定的执行。

第二十一条　问责决定作出后，发现问责事实不清楚、证据不确凿、依据不充分、责任不清晰、程序不合规、处理不恰当，或者存在其他不应当问责、不精准问责情况的，应当及时予以纠正。必要时，上级党组织可以直接纠正或者责令作出问责决定的党组织予以纠正。

党组织、党的领导干部滥用问责，或者在问责工作中严重不负责任，造成不良影响的，应当严肃追究责任。

第二十二条　正确对待被问责干部，对影响期满、表现好的干部，符合条件的，按照干部选拔任用有关规定正常使用。

第二十三条　本条例所涉及的审批权限均指最低审批权限，工作中根据需要可以按照更高层级的审批权限报批。

第二十四条　纪委派驻（派出）机构除执行本条例外，还应当执行党中央以及中央纪委相关规定。

第二十五条　中央军事委员会可以根据本条例制定相关规定。

第二十六条　本条例由中央纪律检查委员会负责解释。

第二十七条　本条例自 2019 年 9 月 1 日起施行。2016 年 7 月 8 日中共中央印发的《中国共产党问责条例》同时废止。此前发布的有关问责的规定，凡与本条例不一致的，按照本条例执行。

参考文献

一、论文类

1. 茅铭晨："论宪法申诉权的落实和发展"，载《现代法学》2002 年第 6 期。

2. 陈力丹："论我国舆论监督的性质和存在的问题"，载《新闻与传播》2003 年第 9 期。

3. 贺仁海："从私力救济到公力救济——权利救济的现代性话语"，载《法商研究》2004 年第 1 期。

4. 杨宇冠、吴小军："《联合国反腐败公约》资产追回机制与我国刑事诉讼法的完善"，载《当代法学》2005 年第 1 期。

5. 杨爱华、李小红："破窗理论与反腐败'零容忍'预惩机制"，载《中国行政管理》2006 年第 4 期。

6. 丁建军："公民程序性权利及其价值考量"，载《山东社会科学》2006 年第 9 期。

7. 储槐植、郭明跃："联合国反腐败公约与中国反腐败国际合作研究"，载《刑法论丛》2007 年第 1 期。

8. 秦奥蕾："论我国救济性基本权利"，载《法学论坛》2009 年第 3 期。

9. 孙哲、赵可金："美国国会对腐败问题的治理"，载《清华大学学报（哲学社会科学版）》2009 年第 2 期。

10. 王晓鑫："浅谈中国国际司法协助工作的历史与发展"，载《中国司法》2011 年第 9 期。

11. 刘志欣、董礼杰："诉讼程序中限制出境措施的完善与救济——对公民出境自由的限制与救济"，载《法律适用》2011 年第 13 期。

12. 姜明安："论行政裁量的自我规制"，载《行政法学研究》2012 年第 1 期。

13. 杨立新："侵权赔偿责任与国家赔偿责任的交叉与分野"，载《中国审判》2013 年第 12 期。

14. 刘松山："当代中国处理立法与改革关系的策略"，载《法学》2014 年第 1 期。

15. 陈洪兵："'国家工作人员'司法认定的困境与出路"，载《东方法学》2015 年第 2 期。

16. 张磊："腐败犯罪境外追逃追赃的反思与对策"，载《当代法学》2015 年第 3 期。

17. 王锴："我国国家公法责任体系的构建"，载《清华法学》2015 年第 3 期。

18. 楼伯坤："APEC 成员合作反腐司法一体化机制构建"，载《中国法学》2016 年第 2 期。

19. 姜明安："论法治反腐"，载《行政法学研究》2016 年第 2 期。

20. 韩琳："《联合国反腐败公约》与中国反腐败国际合作——基于《公约》在中国实施评估的视角"，载《广州大学学报（社会科学版）》2016 年第 3 期。

21. 魏晓娜："完善认罪认罚从宽制度：中国语境下的关键词展开"，载《法学研究》2016 年第 4 期。

22. 马怀德："国家监察体制改革的重要意义和主要任务"，载《国家行政学院学报》2016 年第 6 期。

23. 李晓明："法治反腐：反腐败机构的整合与重构"，载《法治研究》2016 年第 6 期。

24. 张晋藩："中国古代监察机关的权力地位与监察"，载《国家行政学院学报》2016 年第 6 期。

25. 熊秋红："认罪认罚从宽的理论审视与制度完善"，载《法学》2016 年第 10 期。

26. 童之伟："将监察体制改革全程纳入法治轨道之方略"，载《法学》2016 年第 12 期。

27. 童之伟："对监察委员会自身的监督制约如何强化"，载《法学评论》2017 年第 1 期。

28. 吴建雄、李春阳："健全国家监察组织架构研究"，载《湘潭大学学报（哲学社会科学版）》2017 年第 1 期。

29. 姜明安："国家监察立法应处理的主要法律关系"，载《环球法律评论》2017 年第 2 期。

30. 江国华、彭超："国家监察立法的六个基本问题"，载《江汉论坛》2017 年第 2 期。

31. 郭华："监察委员会与司法机关的衔接协调机制探索——兼论刑事诉讼法的修改"，载《贵州民族大学学报（哲学社会科学版）》2017 年第 2 期。

32. 焦洪昌、叶远涛："监察委员会的宪法定位"，载《国家行政学院学报》2017 年第 2 期。

33. 陈光中："关于我国监察体制改革的几点看法"，载《环球法律评论》2017 年第 2 期。

34. 熊秋红："监察体制改革中职务犯罪侦查权比较研究"，载《环球法律评论》2017 年第 2 期。

35. 张晋藩："中国古代监察思想、制度与法律论纲——历史经验的总结"，载《环球法律评论》2017 年第 2 期。

36. 陈越峰："监察措施的合法性研究"，载《环球法律评论》2017 年第 2 期。

37. 马怀德："《国家监察法》的立法思路与立法重点"，载《环球法律评论》2017 年第 2 期。

38. 于安："反腐败是构建国家监察体制的主基调"，载《中国法律评论》2017 年第 2 期。

39. 吴建雄："论国家监察体制改革的价值基础与制度构建"，载《中共中央党校学报》2017 年第 2 期。

40. 张建伟："法律正当程序视野下的新监察制度"，载《环球法律评论》

2017 年第 2 期。

41. 叶海波："国家监察体制改革试点的法治路径"，载《四川师范大学学报（社会科学版）》2017 年第 3 期。

42. 朱福惠、张晋邦："监察体制改革与宪法修改之学理阐释"，载《四川师范大学学报（社会科学版）》2017 年第 3 期。

43. 朱福惠："国家监察体制之宪法史观察——兼论监察委员会制度的时代特征"，载《武汉大学学报》2017 年第 3 期。

44. 陈光中、姜丹："关于《监察法（草案）》的八点修改意见"，载《比较法研究》2017 年第 3 期。

45. 魏昌东："国家监察委员会改革方案之辨正：属性、职能与职责定位"，载《法学》2017 年第 3 期。

46. 姜明安："国家监察立法的若干问题探讨"，载《法学杂志》2017 年第 3 期。

47. 李红勃："迈向监察委员会：权力监督中国模式的法治化转型"，载《法治研究》2017 年第 3 期。

48. 马岭："关于监察制度立法问题的探讨"，载《法学评论》2017 年第 3 期。

49. 韩大元："论国家监察体制改革中的若干宪法问题"，载《法学评论》2017 年第 3 期。

50. 叶青、王小光："检察机关监督与监察委员会监督比较分析"，载《中共中央党校学报》2017 年第 3 期。

51. 秦前红："国家监察委员会制度试点改革中的两个问题"，载《四川师范大学学报》2017 年第 3 期。

52. 陈光中、邵俊："我国监察体制改革若干问题思考"，载《中国法学》2017 年第 4 期。

53. 郑贤君："试论监察委员会之调查权"，载《中国法律评论》2017 年第 4 期。

54. 吴建雄："国家监察体制改革的法治逻辑与法治理念"，载《中南大学学报（社会科学版）》2017 年第 4 期。

55. 沈岿："论宪制改革试验的授权主体——以监察体制改革试点为分析样

本"，载《当代法学》2017 年第 4 期。

56. 王旭："国家监察机构设置的宪法学思考"，载《中国政法大学学报》2017 年第 5 期。

57. 张文显："关于构建中国特色法学体系的几个问题"，载《中国大学教学》2017 年第 5 期。

58. 白皓、杨强强："国家监察体制改革进路研究"，载《河北法学》2017 年第 5 期。

59. 罗亚苍："国家监察体制改革的实践考察和理论省思"，载《理论与改革》2017 年第 5 期。

60. 卞建林："监察机关办案程序初探"，载《法律科学（西北政法大学学报）》2017 年第 6 期。

61. 张翔、赖伟能："基本权利作为国家权力配置的消极规范——以监察制度改革试点中的留置措施为例"，载《法律科学（西北政法大学学报）》2017 年第 6 期。

62. 冯俊伟："国家监察体制改革中的程序分离和衔接"，载《法律科学（西北政法大学学报）》2017 年第 6 期。

63. 汪海燕："监察制度与《刑事诉讼法》的衔接"，载《政法论坛》2017 年第 6 期。

64. 刘艳红："监察委员会调查权运作的双重困境及其法治路径"，载《法学论坛》2017 年第 6 期。

65. 杨建顺："国家监察体制改革十大课题"，载《中国法律评论》2017 年第 6 期。

66. 马岭："论监察委员会的宪法条款设计"，载《中国法律评论》2017 年第 6 期。

67. 李帆、樊轶侠："中国政府公务人员规模与结构研究：基于国际比较视角"，载《中国人民大学学报》2017 年第 6 期。

68. 薛丰民、黄鹏："中国反腐败境外追逃实践之劝返模式研究"，载《郑州大学学报》2017 年第 6 期。

69. 洪宇、任建明："国家监察体制的历史演进与改革方向"，载《理论视野》2017 年第 7 期。

70. 吴思奇："论国家监察委员会的留置措施及其合法性"，载《学理论》2017 年第 11 期。

71. 杨红："被监察者的权利及其保障研究"，载《行政法学研究》2017 年第 11 期。

72. 龙宗智："监察与司法协调衔接的法规范分析"，载《政治与法律》2018 年第 1 期。

73. 陈卫东："职务犯罪调查程序若干问题研究"，载《政治与法律》2018 年第 1 期。

74. 戴涛："监察体制改革背景下调查权与侦查权研究"，载《国家行政学院学报》2018 年第 1 期。

75. 左卫民、安琪："监察委员会调查权：性质、行使与规制的审思"，载《武汉大学学报（哲学社会科学版）》2018 年第 1 期。

76. 马怀德："再论国家监察立法的主要问题"，载《行政法学研究》2018 年第 1 期。

77. 郑曦："监察委员会技术侦查权研究"，载《学习与探索》2018 年第 1 期。

78. 徐汉明："国家监察体权的属性探究"，载《法学评论》2018 年第 1 期。

79. 张咏涛："留置措施的基本内涵与规范运行"，载《新疆师范法学学报（哲学社会科学版）》2018 年第 1 期。

80. 唐亮："监察体制改革与检察机关之归位"，载《河北法学》2018 年第 1 期。

81. 梁三利："留置取代'两规'措施的法治化路径"，载《天津行政学院学报》2018 年第 1 期。

82. 曹亘平："对监察委的监督制约严密而有效——多把'连环锁'确保监察权良性运行"，载《人民论坛》2018 年第 1 期。

83. 吴建雄："国家监察体制改革与新时代中国特色社会主义监督体系构建"，载《统一战线学研究》2018 年第 1 期。

84. 叶必丰："论公务员的廉洁义务"，载《东方法学》2018 年第 1 期。

85. 李洪雷："论我国监察机关的名与实"，载《当代法学》2018 年第 1 期。

86. 吴建雄："对国家监察立法的认识与思考"，载《武汉科技大学学报》2018 年第 2 期。

87. 周长军："监察委员会调查职务犯罪的程序构造研究"，载《法学论坛》2018 年第 2 期。

88. 纵博："监察体制改革中的证据制度问题探讨"，载《法学》2018 年第 2 期。

89. 张翔："我国国家权力配置原则的功能主义解释"，载《中外法学》2018 年第 2 期。

90. 秦前红："我国监察机关的宪法定位——以国家机关相互间的关系为中心"，载《中外法学》2018 年第 3 期。

91. 姜明安："论监察法的立法目的与基本原则"，载《行政法学研究》2018 年第 4 期。

92. 陈光中、兰哲："监察制度改革的重大成就与完善期待"，载《行政法学研究》2018 年第 4 期。

93. 陈瑞华："论监察委员会的性质"，载《中国人民大学学报》2018 年第 4 期。

94. 侯志山："国家监察：中国特色监督的创举"，载《中国党政干部论坛》2018 年第 4 期。

95. 杜倩博："监察委员会内部机构设置与运行机制：流程导向的组织变革"，载《中共中央党校学报》2018 年第 4 期。

96. 吴建雄、王友武："监察与司法衔接的价值基础、核心要素与规则构建"，载《国家行政学院学报》2018 年第 4 期。

97. 周乐军："'对人监察'抑或'对事监察'——论我国监察委员会监察权的边界"，载《时代法学》2018 年第 4 期。

98. 张云霄："国家监察体制改革法治化进程初探"，载《法学杂志》2018 年第 5 期。

99. 谢超："《监察法》对中国特色反腐败工作的法治影响"，载《法学杂志》2018 年第 5 期。

100. 王飞跃："监察留置适用中的程序问题"，载《法学杂志》2018 年第 5 期。

101. 江国华、何盼盼："中国特色监察法治体系论纲"，载《新疆师范大学学报（哲学社会科学版）》2018 年第 5 期。

102. 钟纪言："赋予监察委员会宪法地位，健全党和国家监督体系"，载《中国人大》2018 年第 5 期。

103. 秦宗文："讯问录音录像的功能定位：从自律工具到最佳证据"，载《法学家》2018 年第 5 期。

104. 李庚："为什么要赋予监察机关相应的监察权限——确保惩治腐败的有效性和威慑力"，载《中国纪检监察》2018 年第 6 期。

105. 吕品："党内监督与国家监察有机统一彰显中国特色的治理道路"，载《中国纪检监察》2018 年第 6 期。

106. 张杰："监察法适用中的重要问题"，载《法学》2018 年第 6 期。

107. 董娟："中国纪检监察派驻制度的梳理与追溯"，载《甘肃理论学刊》2018 年第 6 期。

108. 梁梦霞："监察法填补了权力监督的空白"，载《中国纪检监察》2018 年第 7 期。

109. 钟纪轩："深化国家监察体制改革、健全党和国家监督体系"，载《求是》2018 年第 9 期。

110. 张云霄："《监察法》与《刑事诉讼法》衔接探析"，载《法学杂志》2019 年第 1 期。

111. 彭新林："国家监察体制改革：历史借鉴与现实动因"，载《法学杂志》2019 年第 1 期。

112. 华小鹏："监察权运行中的若干重大问题探讨"，载《法学杂志》2019 年第 1 期。

113. 刘艳红："《监察法》与其他规范衔接的基本问题研究"，载《法学论坛》2019 年第 1 期。

114. 刘艳红："职务犯罪案件非法证据的审查与排除——以《监察法》与《刑事诉讼法》之衔接为背景"，载《法学评论》2019 年第 1 期。

115. 姚莉："监察案件的立案转化与'法法衔接'"，载《法商研究》2019 年第 1 期。

116. 卞建林："配合与制约——监察调查与刑事诉讼的衔接"，载《法商研究》2019 年第 1 期。

117. 庄德水："监察委员会有效运行的结构化逻辑分析"，载《理论与改革》2019 年第 1 期。

118. 李翔："论《监察法》实施对刑事实体法的影响与完善"，载《东南大学学报（哲学社会科学版）》2019 年第 1 期。

119. 洪浩："刑事诉讼视域下的国家监察机关：定位、性质及其权力配置"，载《法学论坛》2019 年第 1 期。

120. 陈瑞华："论国家监察权的性质"，载《比较法研究》2019 年第 1 期。

121. 江国华："正当性、权限与边界——特别权力关系理论与党内法规之证成"，载《法律科学》2019 年第 1 期。

122. 陈伟："监察法与刑法的衔接协调与规范运行"，载《中外法学》2019 年第 2 期。

123. 程雷："刑事诉讼法与监察法的衔接难题与破解之道"，载《中国法学》2019 年第 2 期。

124. 王秀梅、黄玲林："监察法与刑事诉讼法衔接若干问题研究"，载《法学论坛》2019 年第 2 期。

125. 谭宗泽："论国家监察对象的识别标准"，载《政治与法律》2019 年第 2 期。

126. 金承光："《监察法》施行后的理论、实务与人才培养探索——'2019 年监察法理论与实践暨监察人才培养'学术研讨会综述"，载《西南政法大学学报》2019 年第 3 期。

127. 秦前红、刘怡达："国家监察体制改革的法学关照"，载《比较法研究》2019 年第 3 期。

128. 李少文："国家监察体制改革的宪法控制"，载《当代法学》2019 年第 3 期。

129. 卞建林、陶加培："论监察法与刑事诉讼法衔接中录音录像制度"，载《中国刑事法杂志》2019 年第 3 期。

130. 曾哲、杨庆："大陆法系国家之监察法权立法言说"，载《河北法学》2019 年第 3 期。

131. 宗婷婷、王敬波："国家监察对象的认定标准"，载《中共中央党校（国家行政学院）学报》2019 年第 4 期。

132. 秦前红："监察法学的研究方法刍议"，载《河北法学》2019 年第 4 期。

133. 吴建雄、张咏涛："论国家监察创制的文化自信"，载《中共中央党校（国家行政学院）学报》2019 年第 4 期。

134. 徐继敏、张洪亮："论监察留置裁量及其有效规制"，载《法学论坛》2019 年第 4 期。

135. 金成波、张航："推进以监察法为中心的反腐败立法体系化"，载《理论与改革》2019 年第 4 期。

136. 习近平："在新的起点上深化国家监察体制改革"，载《求是》2019 年第 5 期。

137. 徐汉明、李少波："《监察法》与《刑事诉讼法》实施衔接路径探究"，载《法学杂志》2019 年第 5 期。

138. 秦前红、石泽华："新时代监察法学理论体系的科学建构"，载《武汉大学学报（哲学社会科学版）》2019 年第 5 期。

139. 李红勃："监察法规的法律地位及其规范体系简析"，载《现代法学》2019 年第 5 期。

140. 吴建雄、马少猛："构筑监察法统一话语的学科讨论平台"，载《行政管理改革》2019 年第 6 期。

141. 谭家超："《监察法》实施过程中监察建议的制度建构"，载《法学》2019 年第 7 期。

142. 常保国、刘思涵："《监察法》中监察对象范围的认定标准"，载《学术前沿》2019 年第 7 期。

143. 唐冬平："公安协助配合监察事项范围之限缩"，载《法学》2019 年第 8 期。

144. 倪铁："监察刑事调查权的程序重塑"，载《法学》2019 年第 8 期。

145. 吴建雄："监察法学学科创立的价值基础及其体系构建"，载《法学杂志》2019 年第 9 期。

146. 朱福惠："论监察法上政务处分之适用及其法理"，载《法学杂志》2019 年第 9 期。

147. 朱全宝："论检察机关的提前介入：法理、限度与程序"，载《法学杂志》2019 年第 9 期。

148. 张云霄：“《监察法》实施中的若干问题与完善建议”，载《法学杂志》2020 年第 1 期。

二、著作类

1. 蔡定剑：《国家监督制度》，中国法制出版社 1991 年版。

2. 曾繁茂：《中国共产党纪律检查概论》，中国方正出版社 1996 年版。

3. 林吕建：《权力错位与监控》，中国方正出版社 1996 年版。

4. ［美］迈克尔·D. 贝勒斯：《法律的原则——一个规范的分析》，张文显等译，中国大百科全书出版社 1996 年版。

5. 季卫东：《法治秩序的建构》，中国政法大学出版社 1998 年版。

6. 郑利平：《腐败的经济分析》，中共中央党校出版社 2000 年版。

7. 陈奇星等：《行政监督论》，上海人民出版社 2001 年版。

8. 胡鞍钢：《中国：挑战腐败》，浙江人民出版社 2001 年版。

9. ［英］阿克顿：《自由与权力》，侯建等译，商务印书馆 2001 年版。

10. 张康之：《公共行政中的哲学与伦理》，中国人民大学出版社 2004 年版。

11. 杨宇冠、吴高庆：《〈联合国反腐败公约〉解读》，中国人民公安大学出版社 2004 年版。

12. ［美］艾尔·巴比：《社会研究方法》，邱泽奇译，华夏出版社 2005 年版。

13. 陈正云、李翔、陈鹏展：《〈联合国反腐败公约〉——全球反腐败的法律基石》，中国民主法制出版社 2006 年版。

14. 张晋藩：《中国监察法制史稿》，商务印书馆 2007 年版。

15. 毛昭晖：《中国行政效能监察——理论、模式与方法》，中国人民大学出版社 2007 年版。

16. 黄风：《国际刑事司法合作的规则与实践》，北京大学出版社 2008 年版。

17. 龙宗智：《证据法的理念、制度与方法》，法律出版社 2008 年版。

18. 陈力丹：《舆论学——舆论导向研究》，中国广播电视出版社 2008

年版。

19. 黄风：《资产追回问题比较研究》，北京师范大学出版社 2010 年版。

20. 赵贵龙：《中国历代监察制度》，法律出版社 2010 年版。

21. 陈瑞华：《论法学研究方法——法学研究的第三条道路》，北京大学出版社 2009 年版。

22. 陈泽宪：《〈联合国反腐败公约〉与中国刑事法制的完善》，中国检察出版社 2010 年版。

23. 张士金：《资产追回国际法律合作问题研究》，中国人民公安大学出版社 2010 年版。

24. 李翔：《反腐败国际刑事合作机制研究》，北京大学出版社 2011 年版。

25. 姜明安主编：《行政法与行政诉讼法》，北京大学出版社、高等教育出版社 2011 年版。

26. 卓泽渊：《法政治学研究》，法律出版社 2011 年版。

27. 任建明：《反腐败制度与创新》，中国方正出版社 2012 年版。

28. 裴兆斌：《追缴腐败犯罪所得国际司法协助研究》，中国人民公安大学出版社 2013 年版。

29. 高家伟：《公正高效权威视野下的行政司法制度研究》，中国人民公安大学出版社 2013 年版。

30. 彭新林：《腐败犯罪案件程序问题要论》，中国政法大学出版社 2013 年版。

31. 李翔：《反腐败法律体系构建的中国路径研究》，上海人民出版社 2013 年版。

32. 沈跃东：《宪法上的监察专员研究》，法律出版社 2014 年版。

33. 陈林林、夏立安主编：《法理学导论》，法律出版社 2014 年版。

34. 陈红：《国家赔偿法》，厦门大学出版社 2015 年版。

35. ［法］让-皮埃尔·布鲁恩等：《追缴腐败犯罪资产：从业者指南》，王晓鑫译，中国政法大学出版社 2015 年版。

36. 孙笑侠：《司法的特性》，法律出版社 2016 年版。

37. 兰小等：《腐败与反腐败的经济学》，北京大学出版社 2016 年版。

38. 黄风：《中国境外追逃追赃经验与反思》，中国政法大学出版社 2016

年版。

39. 谢丽珍：《违法所得没收特别程序研究》，法律出版社 2016 年版。

40. 张晋藩主编：《中国古代监察法制史》（修订版），江苏人民出版社 2017 年版。

41. 胡冬华：《反腐败国际追赃司法机制研究》，法律出版社 2017 年版。

42. 中共中央纪律检查委员会、中华人民共和国国家监察委员会法规室编写：《〈中华人民共和国监察法〉释义》，中国方正出版社 2018 年版。

43. 董和平：《宪法学》（第 4 版），法律出版社 2018 年版。

44. 秦前红等：《国家监察制度改革研究》，法律出版社 2018 年版。

45. 江国华：《中国监察学法》，中国政法大学出版社 2018 年版。

46. 江国华编著：《国家监察立法研究》，中国政法大学出版社 2018 年版。

47. 杨宇冠：《监察法与刑事诉讼法衔接问题研究》，中国政法大学出版社 2018 年版。

48. 谢尚果、申君贵主编：《监察法教程》，法律出版社 2018 年版。

49. 胡锦光、韩大元：《中国宪法》，法律出版社 2018 年版。

50. 焦利：《清代监察法及其效能分析》，法律出版社 2018 年版。

51. 陈晓枫、钟盛：《中国传统监察法制与司法文明》，武汉大学出版社 2018 年版。

52. 姜明安：《监察工作理论与实务》，中国法制出版社 2018 年版。

53. 王虎华主编：《国际公法学》（第 4 版），北京大学出版社 2016 年版。

54. 吴建雄、廖永安主编：《反腐败：监察与司法的法法衔接》，中国检察出版社 2019 年版。

55. 郭华：《监察制度改革与监察调查权的界限》，经济科学出版社 2019 年版。

56. 《宪法学》编写组：《宪法学》，高等教育出版社、人民出版社 2019 年版。

57. ［奥］恩斯特·A. 克莱默：《法律方法论》，周万里译，法律出版社 2019 年版。

58. 《国际公法学》编写组：《国家公法学》（第 2 版），高等教育出版社 2019 年版。

三、报纸类

1. 习近平："关于《中共中央关于全面推进依法治国若干重大问题的决定》的说明"，载《人民日报》2014年10月29日。

2. 习近平："在第十八届中央纪律检查委员会第六次全体会议上的讲话"，载《人民日报》2016年5月4日。

3. 高波："国家监察体制改革：政治改革和反腐治本的新探索"，载《人民日报》2016年11月15日。

4. 吴建雄："国家监察体制改革的前瞻性思考"，载《中国社会科学报》2017年2月15日。

5. 沈思："国家监察体制改革中法治保障初步思考"，载《中国纪检监察报》2017年2月15日。

6. 吴建雄："夺取反腐败压倒性胜利要培植法治反腐理念"，载《学习时报》2017年11月6日。

7. 郑光魁："全面推开国家监察体制改革试点"，载《中国纪检监察报》2017年11月11日。

8. 王丹："党性和人民性的高度统一"，载《中国纪检监察报》2019年3月10日。

9. 李建国："关于《中华人民共和国监察法（草案）》的说明"，载《人民日报》2018年3月14日。

10. 冯留建："监督执纪问责，必须坚持惩前毖后、治病救人"，载《光明日报》2018年4月19日。

11. 姚文胜："监察权是符合党和人民意志的宪定权"，载《中国纪检监察报》2018年4月26日。

12. 高伟："监察建议运用研究"，载《中国纪检监察报》2018年5月23日。

13. 李兵："北京完善监督范围、创新监督方式、提升监督实效——履行好监督这个首要职责"，载《中国纪检监察报》2018年5月30日。

14. 贺夏蓉："准确把握监察机关的政治属性"，载《中国纪检监察报》2018年6月4日。

15. 陈东升："开展监察法学研究、破解反腐法律难题"，载《法制日报》2018 年 6 月 15 日。

16. 魏刚："首份监察建议书的背后"，载《中国纪检监察报》2018 年 7 月 4 日。

17. 黄亚雄："创新方式方法高效履行监督职责"，载《中国纪检监察报》2018 年 7 月 12 日。

18. 姜宏伟："聚焦第一职责、提高监察效能"，载《中国纪检监察报》2018 年 7 月 26 日。

19. 张元星："构建科学规范的监察官制度"，载《学习时报》2018 年 8 月 6 日。

20. 侯召溪、徐睿："两份监察建议书追踪"，载《中国纪检监察报》2018 年 8 月 14 日。

21. 颜新文："内部运转高效外部衔接顺畅"，载《中国纪检监察报》2018 年 8 月 29 日。

22. 乔子轩："从三份监察建议书看怎样推进标本兼治——重庆各级监察机关贯彻落实监察法有关要求掠影"，载《中国纪检监察报》2019 年 1 月 2 日。

23. 郭云峰等："探索延伸政治监督触角的北京实践"，载《北京日报》2019 年 3 月 18 日。

24. 肖飒："关于党内问责与监察问责的两点思考"，载《中国纪检监察报》2019 年 9 月 25 日。

25. 晏春云："运用纪检监察建议做好问责以案促改工作"，载《中国纪检监察报》2019 年 9 月 25 日。

26. 叶强："在准确界定问责对象上下功夫"，载《中国纪检监察报》2019 年 9 月 25 日。

27. 江金权："新中国成立 70 年来反腐败斗争的经验与启示"，载《中国纪检监察报》2019 年 9 月 26 日。

28. 山东省纪委监委第六监督检查室："着力提高问责政治性精准性实效性——对开展党内问责工作的实践和思考"，载《中国纪检监察报》2019 年 9 月 26 日。

致　谢

在撰写此书之前，我有过较大的疑虑，担心自己的学术水平和实务能力无法胜任此项任务。但是在好友们的鼎力支持下，我鼓起来勇气，开始艰辛地创作。一路走来，感觉实属不易，就像登山一般，不断地进行艰难攀爬，直到完稿，达到山巅。回望来时路，竟为自己的执着而感动！在本书出版之际，我想对老师和好友们道声深深的感谢！

衷心感谢我的导师——中国社会科学院法学所刑法室主任刘仁文教授在百忙之中认真审阅书稿并提出宝贵的建议！导师求真严谨的学术作风、虚怀若谷的胸襟使我深深受益！

在此我要向著名法学家高铭暄先生表达晚辈崇高的敬意，感谢先生于百忙之中为书作序。感谢北京市法学会《法学杂志》编审付强教授、中国政法大学刑事诉讼法学研究所所长卫跃宁教授、中国社会科学院法学研究所刘洪岩研究员、中国人民大学法学院副院长程雷教授、中国人民公安大学侦查与刑事科学技术学院井晓龙副教授、北京市人民检察院研究室主任王志坤同志、北京盈科（合肥）律师事务所邢红霞律师、河南六齐律师事务所张文涛律师等在写作过程中给予宝贵的理论指导和审核！

感谢中央纪委国家监委驻商务部纪检监察组宋玉成同志、

最高人民检察院办公厅王凤涛同志、河南省人民检察院监察处处长王建波同志、福建省公安厅法制总队张兆雄同志、河南省律师协会副会长兼洛阳市律师协会会长王红举同志、北京市朝阳区人民检察院第九检察部主任刘静同志、四川省成都市公安局袁培同志、北京中银律师事务所陈艳律师、北京大成（苏州）律师事务所田磊律师等在写作中过程中给予宝贵的实务指导和交流！

感谢中国人民公安大学侦查与刑事科学技术学院杨光、宗帅斌两位同学以及安徽师范大学法学院刘晴晴、邵梅两位同学在资料收集和文字校对方面给予的大力支持！

最后还要深深感谢中国政法大学出版社各位领导和责任编辑丁春晖老师的鼎力支持！

张云霄

2020 年 1 月

作者简介

张云霄，河南灵宝人，中共党员，纪检监察员，中国人民公安大学现代侦查技战法研究中心研究员、中国政法大学国家监察与反腐败研究中心特聘研究员，西安电子科技大学经济管理学院客座教授。长期从事纪检监察工作和检察工作，曾获得北京市检察机关"十佳调研标兵"、北京市检察机关职务犯罪侦查人才等荣誉称号。曾参与最高人民检察院国家司法体制改革工作以及《检察官法》和《人民检察院组织法》修改工作。

主要研究方向为：监察法学、刑法学（侧重职务犯罪和经济犯罪的研究）以及侦查学。在《法学杂志》《湖南社会科学》《甘肃社会科学》《人民论坛》《人民检察》《中国司法》《法制日报》《检察日报》《人民公安报》等发表论文百余篇；著有《职务犯罪侦查前沿问题研究》（法律出版社）、《多维度视角下刑事被害人救助制度研究》（中国人民公安大学出版社、群众出版社）。